외우지 않고 **통**으로 이해하는

통유럽사 1

외우지 않고 **통**으로 이해하는

통유럽사 1

김상훈 지음

다산
초당

대학 강단에서 상당한 세월 철학을 강의해오면서 느낀 점은 학생들이 철학사를 비롯한 역사 공부에 대해 대부분 따분하고 어렵게만 생각한다는 것입니다. 그 원인에는 여러 가지가 있겠지만, 무엇보다 그 분야를 소개하는 책들이 다소 진부하고 딱딱하게 쓰여 있기 때문이 아닐까 생각합니다. 이런 면에서 유럽의 역사를 소개한 지금까지의 서적들도 예외는 아닙니다.

그런데 이번 다산에듀에서 펴낸《외우지 않고 통으로 이해하는 통유럽사》는 기존의 선입견을 뒤집는 작품임에 틀림없습니다.

첫째, 이 책은 산뜻한 표지와 더불어 지루하지 않게 적절히 배치된 사진이 읽는 사람의 눈길을 사로잡습니다. 책이란 우선 독자들의 호기심을 불러일으켜야 합니다. 읽기 싫은데도 억지로 읽는 것과 읽고 싶어 어쩔 줄 몰라 하는 것과는 독서의 효과면에서 엄청난 차이를 불러일으킵니다. 특히 영상세대라 불리는 요즘의 청소

5

년들에게 이 책은 매우 흥미로운 책으로 기억될 것이라 생각합니다.

둘째, 책의 구성면에서도 매우 치밀하고 뛰어납니다. 대부분의 독자들이 알고 있음직한 내용을 소제목으로 뽑음으로써 독서 중에 찾아올 수도 있는 피로를 미연에 방지하고자 노력한 면이 엿보입니다. 단원이 끝날 무렵 독자들이 궁금하게 여길 수 있는 주제를 뽑아 흥미롭고 상세하게 설명을 보태주는 '통박사의 역사 읽기' 코너는 악보에서 보자면 일종의 쉼표라 할 수 있겠습니다. 독자들은 이 대목에서 다시 한 번 호흡을 가다듬고 다음 장을 기대할 것입니다.

셋째, 이 책의 장점은 입체적인 구성에 있습니다. 원래 역사란 '시간'에 대한 기록입니다. 그런데 이 책 가운데에는 지도, 즉 '공간'에 대한 기록도 함께 들어 있습니다. 시간과 공간이 한데 만남으로써 독자들의 사고를 한 차원 높게 끌어올리고자 했습니다.

넷째, 이 책은 생생하게 살아 있습니다. 역사는 흘러간 노래가 아닙니다. 역사는 지나가버린 과거를 단지 논하는 것이 아닙니다. 역사는 이 시대에, 지금의 관점에서 새롭게 쓰여야 합니다. 그런 점에서 이 책은 유럽의 역사를 그저 나열하는 식이 아닌, 역사적 통찰의 눈으로 살피고 있습니다. 각각의 시대를 이끌어간 주요 인물과 사건에 주목하고 있는 것입니다. 그리하여, 자칫 박제의 모습으로나 우리 앞에 서야 할 영웅들에게 새로운 생명을 불어넣고 있습니다. 죽은 뼈들에게 힘줄이 생기고 피가 돌아 마침내 지금의 우리들에게 분명한 목소리를 전해주고 있는 것입니다. 아울러, 혼돈의 시대를 살아가는 현대인들에게 과연 지금의 상황에서 내가 어떻게 행동하고 실천할 것인지에 대한 숙고의 시간을 제공해줍니다.

그동안 우리는 한반도를 둘러싼 강국들, 즉 미국과 일본, 중국과 러시아에만 집중한 측면이 없잖아 있었습니다. 그러나 앞으로 우리나라와 유럽연합EU이 자유무역협정FTA를 체결하면, 일본에서 출발한 철도 노선이 한반도를 통과하여 중국이나 러시아를 거쳐 유럽까지 연결될 텐데 이미 거대 시장으로 성장해버린 유럽공동체와 맞닥뜨리지 않을 수 없을 것입니다. 이를 위해서라도 우리는 그들의 역사와 그 역사에 대한 인식을 분명히 알지 않으면 안 됩니다.

이 책은 과거를 알고, 현재를 성찰하고, 미래를 준비하기 위해 꼭 필요하다고 말씀드립니다.

2010년 3월

강성률
- 광주교육대학교 교수,《청소년을 위한 서양철학사》저자

울창한 숲이 있습니다. 가까이에서는 그 숲이 얼마나 울창한지 알 수 없습니다. 페루 남부 지역에서 서기 100년 이후부터 발달했던 고대 나스카 문명의 유적을 떠올리면 그 이유를 알 수 있습니다. 땅 위에 그려진 그림이 워낙 크기 때문에 높은 곳에 올라가야 비로소 그 모양을 알아볼 수 있습니다. 울창한 숲도 하늘 높은 곳에서 바라봐야 그 숲이 얼마나 큰지를 깨닫게 됩니다.

세계사 공부의 기본은 이와 같습니다. 넓은 시야를 가지고 각국의 역사적 사건을 바라보며 연관성을 찾아내는 것입니다. 그렇지 않고서 무턱대고 한두 가지 역사적 사건만 집중적으로 공부하면 세계사 흐름의 큰 틀을 놓칠 수밖에 없습니다. 이런 의미에서 시대순으로 각 대륙의 역사적 사건을 정리한《외우지 않고 통으로 이해하는 통세계사》는 기본 원칙에 충실했다고 할 수 있습니다.

이미 숲이 얼마나 큰지 알고 있기에 그 속의 숲 탐험은 더욱 흥미로울 수 있습니다. 맹수가 살고 있는 지역에 가보니 예상치 못했던 또 다른 맹수를 발견할 수도 있고, 한 번도 보거나 듣지 못했던 진귀한 꽃을 보게 될 수도 있으니까요.

《통세계사》에 이어 대륙별로 통사通史를 준비한 것도 이 때문입니다. 두 권의 분량으로 전 세계의 방대한 역사를 심도 있게 다루는 것은 매우 어렵습니다. 그 때문에 대륙별로 다시 역사를 나눠 좀더 깊이 탐험해보자는 것입니다.

이번《외우지 않고 통으로 이해하는 통유럽사》는 유럽 전역을 '메이저 리그'와 '마이너 리그'로 나눠 역사를 서술하는 방식을 택했습니다. 메이저 리그에 속한 나라의 역사를 각 장의 앞부분에 배치했고, 마이너 리그의 역사는 뒷부분에 따로 설명했습니다. 또한 메이저 리그에 속한 나라들은 시대에 따라 다르게 구성했습니다. 이를테면, 그리스 문명이 한창 전성기를 누릴 때는 그리스의 폴리스들이 메이저 리그였기 때문에 앞부분에서 집중적으로 다뤘습니다. 반면 이때 로마는 마이너 리그였기 때문에 뒷부분에서 다뤘습니다.

《통세계사》의 장점 가운데 하나는 다른 역사 서적들이 조금 소홀히 했던 중앙아시아, 서아시아, 아프리카, 남아메리카 등 이른바 소외된 지역의 역사를 좀더 비중 있게 다뤘다는 것입니다. 이와 마찬가지로《통유럽사》도 영국, 프랑스, 독일 등 전통적인 3대 강국의 이야기뿐만 아니라 북유럽과 동유럽 등 유럽 안에서 소외됐던 나라의 역사도 많이 다뤘습니다. 말 그대로 '통'으로 유럽 역사를 이해하는 데 도움을 주기 위해서입니다.

책이 나오기까지 응원을 아끼지 않았던 가족에게 이 책이 큰 선물이 됐으면 하는 바람입니다.

2010년 3월
김상훈

C O N T E N T S

1장 그리스 시대
기원전 20세기~기원전 4세기

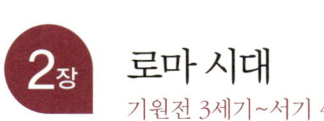

2장 로마 시대
기원전 3세기~서기 4세기

3장 중세 시대
5세기~11세기

4장 중세에서 근대로
12세기~16세기

2권

그리스 시대부터 근대까지

유럽, 어떻게 정의할까?

세계 지도를 봐. 한반도 바로 위쪽에 러시아의 블라디보스토크가 있어. 한반도는 아시아에 속해 있지. 블라디보스토크도 한반도 주변 도시니 아시아에 속할까? 맞는 것 같다고? 그러면 블라디보스토크가 속해 있는 나라인 러시아도 아시아 국가가 되는 셈인가?

혼란스러울 거야. 이번엔 터키를 볼까? 터키는 국토의 대부분이 아시아에 붙어 있어. 터키 국민은 과거 중앙아시아에서 건너온 투르크족의 후손으로 게르만족, 라틴족, 슬라브족 등 '전통 유럽 민족'과 달라. 그런데 세계 지도를 자세히 보면 터키의 이스탄불은 발칸 반도의 끝부분에 있어. 발칸 반도는 유럽에 속하지. 터키는 유럽연합EU 회원국이 되기를 희망하고 있어. 자, 터키는 유럽 국가일까, 아시아

오늘날의 유럽 지도 동쪽으로는 우랄 산맥, 남쪽으로는 지중해를 경계로 아시아, 아프리카와 구분한다.

국가일까?

아메리카, 아프리카, 오세아니아는 다른 대륙과 확연히 구분돼 있는 '한 몸뚱이'야. 반면 유럽은 이처럼 영토와 문화가 뒤엉켜 있어 구분이 쉽지 않단다. 물론 지리적으로 유럽을 나누기는 해. 보통 남쪽으로는 지중해, 동쪽으로는 우랄 산맥, 남동쪽으로는 발칸 반도와 아시아 사이의 보스포루스 해협을 경계로 하지.

그러나 이 경계를 그대로 따르기도 애매모호해. 블라디보스토크와 같은 극동러시아 도시들은 아시아에 속하면서도 유럽 국가의 행사에 참가할 수 있어. 러시아가 유럽 국가이기 때문이야. 또 터키가 유럽연합 회원국이 된다면 터키도 유럽으로 봐야 해. 일단 이 책에서는 지리적 구분을 따랐어. 터키의 역사는 뺐고, 러시아의 역사는 넣었다는 얘기야.

유럽의 정신적 고향은 그리스야. 유럽Europe의 어원 또한 그리스 신화에서 나왔지. 지중해에 인접한 소아시아의 페니키아 땅에 에우로페Europe 공주가 살고 있었어. 제우스신은 공주를 보고 한눈에 반해버렸어. 그는 황소로 변해 공주에게 다가가 그리스 남부 크레타 섬으로 납치해버렸어. 바로 이 에우로페 공주의 이름에서 유럽이 나온 거란다.

이 신화에는 문명이 어떻게 이동했는지 알 수 있는 힌트가 있어. 페니키아는 오늘날 레바논으로, 오리엔트 문명이 발생한 곳이야. 크레타는 유럽의 첫 문명이 탄생한 곳이지. 결국 유럽 문명은 아시아에서부터 넘어왔다는 사실을 알 수 있어. 언어학적으로는 인도유럽어인 셈 어의 '에레브Ereb'에서 유럽이란 말이 탄생했어. 이 말은 저녁이란 뜻인데, 서양을 '해가 지는 곳'으로 보는 것도 여기에서 나온 거란다.

선사 시대의 유럽

아프리카에 첫 인류가 등장한 것은 약 300만 년 전이야. 그 후 인류는 다른 대륙으로 이동했고, 유럽에는 약 200만 년 전쯤 도착한 것으로 추정돼. 50만 년 전 중국의 베이징, 인도네시아의 자바 등에서 발견된 호모에렉투스의 화석이 유럽 일부 지역에서도 발견됐지.

약 15만 년 전 호모사피엔스가 유럽에서도 살기 시작했어. 19세기 말, 독일 서부 뒤셀도르프의 네안데르탈 계곡에서 이들의 유해가 발견됐어. 이들이 살던 곳에는 돌을 쪼개 만든 도끼나 칼 같은 도구의 잔해도 남아 있었어. 네안데르탈인은 사람이 죽으면 버려두지 않고, 땅에 묻었어.

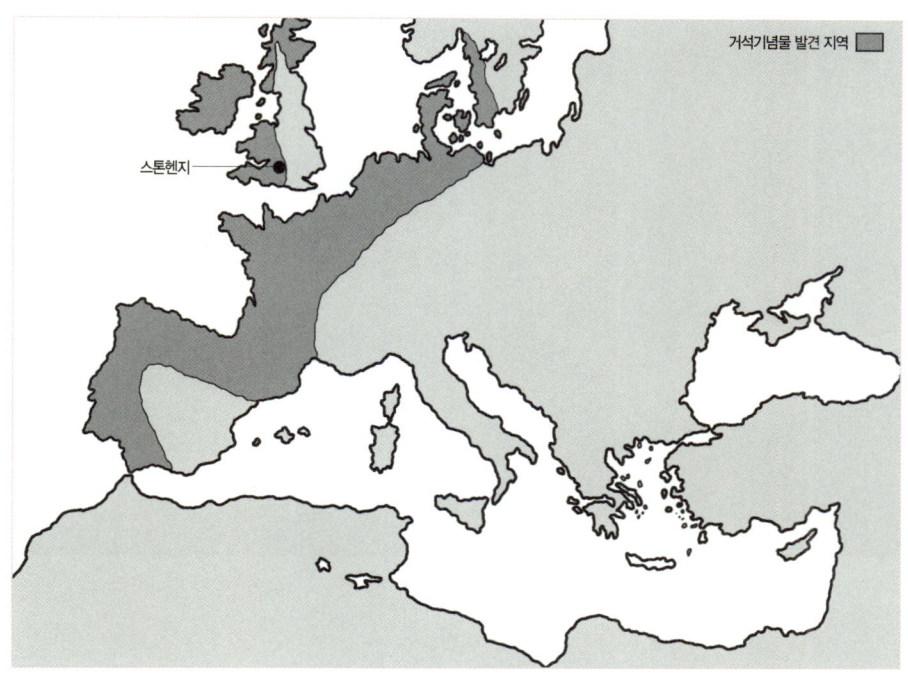

거석기념물 발견 지역

스톤헨지 —

거석기념물 발견 지역 주로 대서양 연안 지대에서 발견됐다. 오리엔트 문명의 영향을 직접 받지는 않은 걸로 추정된다.

현대인의 조상은 약 4만 년 전 등장한 호모사피엔스사피엔스야. 유럽에서도 비슷한 시기에 이 인류가 나타났어. 프랑스 도르도뉴 강 유역에서 호모사피엔스사피엔스에 속하는 남자 세 명, 여자 한 명, 아기 한 명의 뼈가 발견된 거야. 이 크로마뇽인은 그 외에도 독일 남부와 에스파냐에서도 발견됐어. 유럽 전역에 살고 있었다는 증거지.

크로마뇽인이 남긴 대표적인 유적은 프랑스 아키텐의 라스코 동굴벽화와 스페인의 알타미라 동굴벽화야. 라스코 동굴벽화는 1940년 발견됐는데, 총 25개의 동굴에 사슴이나 들소와 같은 사냥감을 포함해 약 2,000개의 벽화가 새겨져 있어.

스톤헨지 거석주라고도 한다. 영국 남부에 장대한 규모로 분포된 유적으로 유명하다. 높이 8미터, 무게 50톤인 거대 석상 80여 개가 세워져 있다고 한다.

1879년 에스파냐 북부 칸타브리아에서 발견된 알타미라 동굴은 라스코 동굴보다 먼저 만들어진 것으로 추정되고 있어. 이 동굴 천장에는 아직도 많은 벽화가 남겨져 있단다. 두 동굴은 모두 세계 문화유산으로 등록돼 있어. 유럽의 구석기인들은 사냥감을 벽에 그렸어. 사냥에서 성공하기를 기원하는 마음이었겠지?

지구의 마지막 빙하기는 기원전 1만 년쯤 끝났어. 유럽의 기후도 따뜻해졌어. 메소포타미아 평원에서는 기원전 8000년 농사가 시작됐지만 유럽은 이보다 늦은 기원전 4000년쯤부터 농사를 짓기 시작했어.

유럽 남부는 오리엔트 문명의 영향을 많이 받았어. 그러나 유럽 서부와 북부는 그렇지 못했지. 이 때문에 이 무렵 유적이 지역에 따라 약간 다른 점이 발견돼. 이베리아 반도의 포르투갈에서 대서양을 따라 쭉 올라가는 지역마다 '거대한 돌덩이' 유적이 있는 게 대표적이야. 우리나라의 고인돌과 비슷한 형태도 있고, 어마어마한 바위를 길게 세운 형태도 있어. 이런 거대한 돌덩이를 '거석기념물'이라고 부른단다. 세계 7대 불가사의 가운데 하나로 알려져 있는 영국의 '스톤헨지'가 가장 대표적인 거석기념물이야. 이런 유적은 포르투갈, 프랑스, 영국, 아일랜드, 스웨덴에서 주로 발견됐어. 그런데 유럽 내륙 지방에는 거석기념물이 없어. 아마도 이 무렵에는 내륙과 대서양 연안이 서로 다르게 발전하고 있었던 것 같아. 이 거석기념물은 농업의 번성을 기원하며 만들어졌을 거란 추측이 많아.

자, 이제 유럽 여행을 본격적으로 떠날 준비가 끝났어. 그럼 출발해볼까?

1장
그리스 시대

기원전 20세기~기원전 4세기

유럽은 문명 중심지가 수천 년간 수차례 이동한 뒤 근대로 접어들었어. 대체로 보면 유럽 동쪽에서 서쪽으로 중심이 이동했다가, 나중에는 중서부 유럽에 정착했지. 현대에는 그 중심이 멀리 아메리카의 미국으로 이동했지만….

어쨌든 유럽 문명, 나아가 서양 문명의 첫 중심지가 바로 그리스였어. 오늘날 유럽은 그리스 문명이 있었기 때문에 존재할 수 있었지. 물론 유럽 전역에서 그리스 문명만 발달한 것은 아니야. 바로 옆에 있는 이탈리아 반도에서는 로마가 꾸준히 성장하고 있었지. 그러나 로마가 나중에 번영할 수 있었던 것도 그리스 문명을 흡수했기 때문에 가능했어.

이 때문에 알렉산더 대왕의 마케도니아가 몰락했고, 문명의 중심이 로마로 이동하는 기원전 4세기까지의 유럽을 '그리스 시대'라고 불러도 손색이 없을 거야. 그리스 문명은 오리엔트 문명의 영향을 받아 남쪽 크레타 섬에서부터 시작됐단다.

그리스 문명과 폴리스의 발달

기원전 2000년쯤, 그리스 남단 크레타 섬에서 크레타 문명이 탄생했어. 유럽 문명의 본격적인 출발점이 바로 이 크레타 문명이지. 어떤 유럽 학자들은 크레타 문명을 달가워하지 않아. 크레타 문명이 오리엔트 문명의 영향을 받아 탄생했고, 문명을 일으킨 주역도 아시아에서 건너간 민족이기 때문이지. 그들이 그렇게 생각하고 싶어도 그리스 문명의 시작은 바로 이 크레타 문명이란다.

크레타 문명 기원전 2000년경~기원전 1400년경과 그 뒤를 이어 그리스 본토에서 탄생한 미케네 문명 기원전 1600년경~기원전 1100년경을 합쳐 '그리스 문명', 혹은 주변 바다의 이름을 따서 '에게 문명'이라고도 불러.

크레타 문명과 미케네 문명

크레타 문명은 청동기 시대 때 발달했어. 이 도시는 오리엔트 문화를 쏙쏙 받아들여 지중해 최고의 상업 중심지가 됐지. 안타깝게도 당시 크레타 문명을 자세하게 알 수는 없어. 크레타 사람들은 '선문자 A'라는 문자를 썼는데, 지금까지도 해독하지 못하고 있어. 이 문자가 해독되면 크레타 사람들의 생활을 더 자세하게 알 수 있을 거야.

다만 크노소스 궁전을 보면 꽤나 번영했다는 것을 짐작할 수 있어. 이 궁전은 전설적인 미노스 왕이 만든 거야. 테세우스, 아리아드네, 미노타우로스, 이카로스 등

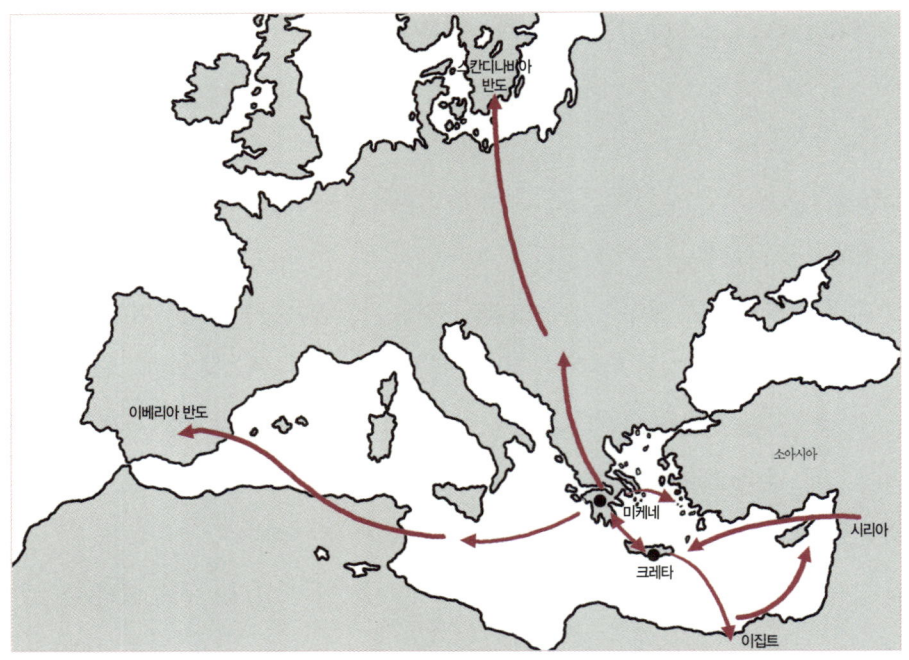

크레타-미케네 문명의 무역로 크레타인들은 이집트, 시리아와 무역을 활발히 했다. 미케네 문명은 그 뒤를 이어 이베리아 반도와 스칸디나비아 반도까지 무역을 넓혔다.

많은 인물이 등장하는 신화의 배경이 바로 이 궁전이란다. 크레타 문명을 미노스 왕의 이름을 따서 '미노아 문명'이라고 부르기도 하지.

크레타 문명이 발달하고 있을 무렵, 유럽 대륙에는 정통 유럽인의 조상인 아리아인들이 정착하고 있었어. 중앙아시아 근방에서 태동한 이들은 동유럽으로 가서 슬라브족의 조상이 됐고, 중부 유럽과 북부 유럽에서는 켈트족과 게르만족의 조상이 됐지. 로마의 라틴족, 그리스의 아카이아족도 모두 아리아 계통의 민족이야.

그리스 펠로폰네소스 반도 동부 해안에 정착한 민족이 아카이아족이었고, 이들이 만든 나라가 미케네 왕국이란다. 이들은 전쟁을 무척 좋아했어. 크레타 섬은 아주 좋은 먹잇감이었지. 기원전 1400년경 미케네는 크레타를 공격해 멸망시켜버렸어. 문명의 중심지는 크레타에서 그리스 본토의 미케네로 옮겨졌지.

한편 미케네 사람들이 썼던 '선문자 B'는 1952년 모두 해독됐어. 그래서 그들이 거대한 돌덩이로 성벽을 쌓았고, 전투적이었으며, 지중해를 넘어 멀리 스칸디나비아반도까지 진출했다는 사실을 알 수 있지. 미케네가 세력을 넓히다 보니 다른 지역과 충돌이 생길 수밖에 없었겠지? 이 전쟁 가운데 대표적인 게 기원전 1200년쯤 터진 트로이 전쟁이야.

소아시아에 있는 트로이의 왕자가 스파르타의 왕비를 납치한 게 전쟁의 이유였지. 그러나 그것 때문이었을까? 그건 아니야. 트로이 전쟁은 스파르타 왕 메넬라오스의 형인 미케네 왕국의 아가멤논 왕이 주도했어. 아마 아가멤논은 이 납치 사건을 핑계로 소아시아의 도시국가들을 뭉개버리고 지중해를 장악하고 싶었을 거야.

10여 년을 끈 트로이 전쟁은 그리스의 승리로 끝났어. '미케네의 황금시대'가 계속되는 걸까? 아니야. 어느 날 큰불이 지중해 일대를 덮쳤어. 미케네는 순식간에 불의 도시가 돼버렸지. 이때가 기원전 1100

호메로스 현존하는 고대 그리스어로 쓰인 가장 오래된 서사시 《일리아드》와 《오디세이아》의 작가다.

년쯤이야. 게다가 비슷한 시기에 도리스인들이 그리스 북쪽에서 남쪽으로 쳐들어왔어. 그들은 미케네인보다 문명 수준은 낮았지만 군사력은 아주 강했지.

도리스인들은 곧 펠로폰네소스 반도를 장악했어. 그리스는 전쟁의 소용돌이에 휩싸였고, 아카이아인들은 그들을 피해 소아시아로 달아났지. 어쩌면 큰불이 아니라 전쟁 때문에 미케네 문명이 파괴된 것인지도 모르지. 도리스인들의 침략 이후 기원전 800년경까지 그리스 역사는 남은 기록이 없어. 그래서 이때를 '그리스의 암흑시대'라고 불러. 작가 호메로스가 이때를 배경으로 여러 작품을 남겼기 때문에 '호메로스의 시대'라고도 부른단다.

 통박사의 **역사 읽기**

✛ 사과 때문에 치른 전쟁

호메로스는 〈일리아드 Iliad〉에서 트로이 전쟁의 원인을 신화적으로 풀어나갔단다. 신들의 만찬에 초대받지 못한 불화의 여신이 황금 사과를 만찬회장에 던졌어. 이 사과에는 '가장 아름다운 여신에게'라고 씌어 있었지. 헤라, 아테나, 아프로디테 등 세 여신이 "사과의 주인은 나야"라고 주장했어. 제우스는 파리스에게 판결을 의뢰했지. 이때 아프로디테가 파리스에게 "나를 뽑아주면 가장 아름다운 여성을 주겠다"라고 말했어. 파리스는 아프로디테가 가장 아름다운 여신이라고 말했지. 그 대가로 아프로디테는 스파르타의 왕비 헬레네를 파리스에게 넘겨줬어. 그다음은 이미 말한 대로야. 신화에 따르면 트로이 전쟁은 사과로 시작된 전쟁인 셈이지.

폴리스의 발전

그리스의 암흑시대, 그 많던 그리스인들은 어디로 갔을까? 일부는 바로 옆 동네인 아티카 반도의 아테네로도 이동했어. 또 일부는 오늘날 터키에 해당하는 소아시아로 도망갔지. 소아시아에 정착한 그리스인들은 이미 그곳에 살고 있는 원주민과 사이가 좋지 않았어. 당연하지 않겠어? 원주민 입장에서 생각해봐. 누군가 자신의 땅을 빼앗고 사는데 기분이 좋겠니?

그리스인들은 원주민의 침략을 막기 위해 성벽을 쌓았어. 자신들끼리는 위아래 계급이 없는 공동체를 건설했는데, 이게 바로 폴리스란다. 폴리스는 소아시아에서

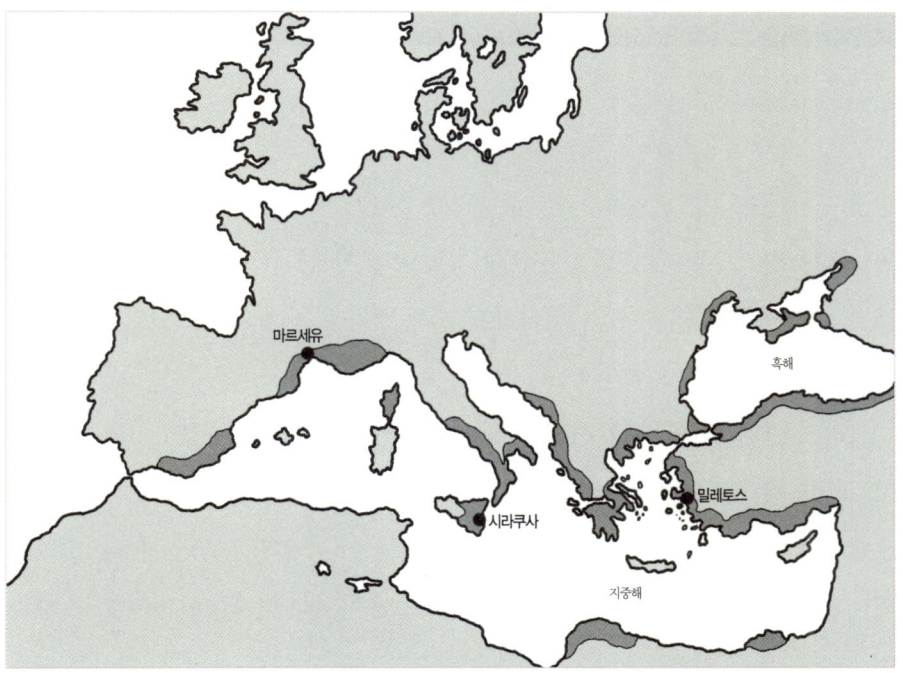

고대 폴리스 분포도 1천여 개의 폴리스들이 지중해와 흑해 주변의 해안 지대에 밀집해 있다. 무역을 원활하게 하기 위해 내륙이 아닌 해안에 도시를 건설한 것이다.

아크로폴리스 신전 고대 그리스의 도시 국가를 폴리스라 일컫는데, 여기에 'akros(높은)'라는 형용사를 붙여 언덕에 위치한 폴리스를 아크로폴리스라고 불렀다.

먼저 생겨났고, 기원전 9세기 후반에 그리스 본토로 퍼져나갔어. 폴리스의 구성은 거의 비슷해. 도시와 농촌으로 구분돼 있었고, 도시에는 신을 모시는 아크로폴리스와 주민 생활의 중심지인 아고라가 있었지. 왕이 있는 폴리스도 있었지만 그 경우에도 왕권은 강하지 않았어.

그리스 혈통이라면 모든 시민은 평등했어. 다만 정치는 귀족들이 거의 장악했고, 평민들은 농사를 담당하다가 전쟁이 터지면 병사로 참전했어. 물론 노예는 자유민의 신분이 될 수 없었지. 여자도 신분이 낮았어. 기원전 776년 시작된 그리스인들의 올림피아 제전에는 외국인이나 노예뿐만 아니라 여자들도 참가할 수 없었어. 그나마 미혼 여성은 관람을 할 수 있었지만 결혼한 여자, 즉 기혼 여성은 그것조차 허용되지 않았어. 혹시라도 남장을 할까봐 모든 참가자는 옷을 벗은 채 경기에 임했단다. 웃기지 않니?

소아시아는 그리스의 식민시였어. 그러나 어디에 있든 그리스인이라면 모두 헬레네스^{그리스}라고 불렀어. 이 헬레네스 폴리스는 서로 교류를 하며 막강한 경제 네트워크로 성장했어. 한때 폴리스가 1천 개를 넘었을 정도였지.

경제력이 좋아지니 인구도 늘어났어. 이때가 기원전 8세기 중반이야. 폴리스가 성장하니 고민거리도 생겼어. 늘어난 인구를 모두 먹여 살리려면 더 많은 땅이 있어야 하는데, 땅덩어리가 한정돼 있는 거야. 방법은 하나밖에 없었어. 해외 식민지를 건설하는 거지. 폴리스들은 서쪽으로 눈을 돌렸어. 이때 나폴리, 마르세유, 비잔티움$^{오늘날의 이스탄불}$과 같은 도시가 건설됐지. 이렇게 해서 헬레네스는 에스파냐에서 흑해까지 약 3,200킬로미터의 지역에 많은 식민지를 건설했단다.

이때가 폴리스의 전성기였을 거야. 자, 폴리스가 해외 식민지를 개척한 이유를 마지막으로 정리해볼까?

첫째, 인구가 늘어남에 따라 농지가 더 많이 필요했어. 둘째, 크고 작은 전쟁으로 발생한 피난민, 즉 '2류 시민'을 따로 관리할 땅이 필요했어. 셋째, 그리스 본토가 잘살려면 공물을 바칠 식민지가 필요했어.

이 세 가지 이유만 놓고 보면 이때의 식민지는 훗날 제국주의 시대의 식민지와는 분명 달라. 식민도시들은 그리스 본토 폴리스로부터 자치권을 인정받았거든. 그러나 이런 '민주적인' 식민지 개념은 시간이 흐르면서 약해졌어. 헬레네스들은 식민지 백성들을 열등한 민족으로 여겼거든. 어쩌면 제국주의 식민 정책과 본질적으로 다르지 않다는 생각이 들어.

리쿠르고스와 드라콘의 법

1천 개가 넘는 폴리스를 모두 살펴볼 수는 없어. 그러나 폴리스의 대표선수 격인 스파르타와 아테네는 짚고 넘어가야겠지?

스파르타는 도리스인들의 후손이 지배하던 폴리스였어. 도리스인은 싸움 빼면 잘하는 게 없었지. 스파르타는 기원전 8세기부터 군국주의 성향을 보이면서 주변 폴리스를 모두 정복했어. 무역과 네트워크를 통해 세력을 넓힌 다른 폴리스와는 많이 다르지?

스파르타의 군국주의는 기원전 9세기에 만들어진 '리쿠르고스 체제'로 확고해

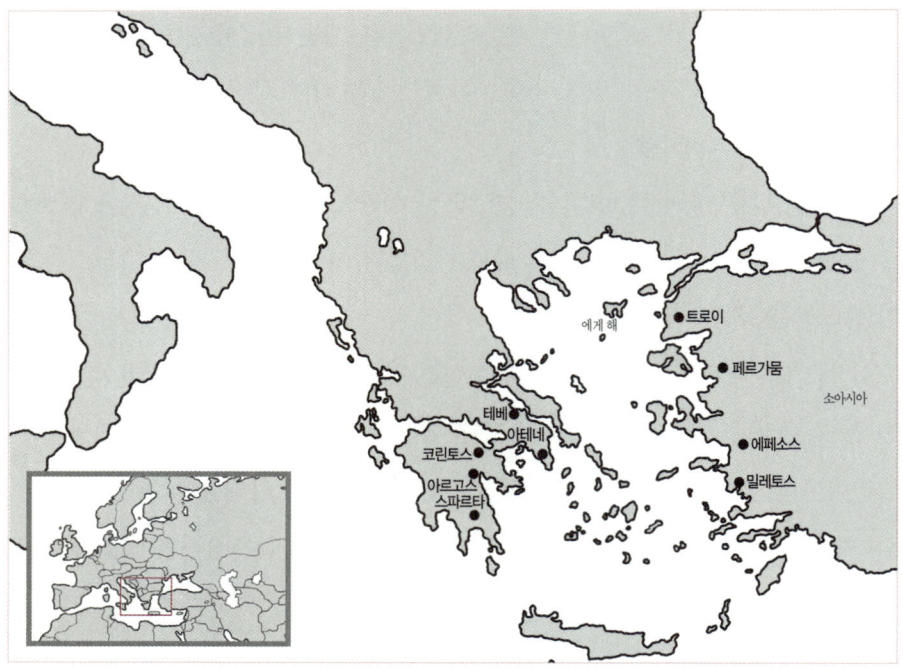

주요 폴리스의 위치 폴리스는 모두 1천 개가 넘었다. 이 가운데 아테네, 스파르타를 비롯해 20~30여 개의 폴리스가 대표적이다. 폴리스들은 서로 교류를 하며 세력을 키웠다.

32

졌어. 리쿠르고스라는 전설의 지도자가 만든 이 법 체제는 아주 냉혹했단다. 귀족과 평민을 가리지 않고 장애가 있거나 허약한 아이들은 산속에 버렸고, 식량도 배급제로 나눠줬어. 때로는 담력을 키우라며 식량을 배급하지 않아, 몰래 훔쳐 먹다가 들켜 맞아 죽는 아이도 생겨났지.

일곱 살에서 서른 살까지 남자라면 모두 집단으로 이런 생활을 해야 했어. 남자들은 농사도 짓지 않았어. 농사는 노예들이 담당했거든. 그러니까 오직 군사 훈련과 전쟁에만 전념한 거야. 튼튼한 남자 아이를 얻을 수 있다면 혈통이 좋은 남자가 이미 결혼한 여자와도 부부관계를 맺을 수 있도록 허용했지. 그야말로 모든 남자를 전사로 키우겠다는 게 바로 리쿠르고스 체제야.

《플루타르크^{플루타르코스} 영웅전》에는 리쿠르고스의 행적이 기록돼 있어. 사실인지 전설인지는 모르겠지만, 이에 따르면 리쿠르고스는 법을 만들고 나서 신탁^{신의 예언}을 듣겠다며 스파르타를 떠나버렸어. 그전에, 자신이 돌아올 때까지 법을 고치지 않겠다는 약속을 스파르타 시민들에게 받아냈지. 신탁 내용은 "리쿠르고스의 법이 스파르타를 강하게 만들 것이다"였어. 리쿠르고스는 자신이 돌아가기 전까지는 법을 고치지 않겠다는 약속을 떠올렸어. 만약 자신이 사라진다면 법은 영원히 고쳐지지 않겠지? 리쿠르고스는 미소를 지으면서 스스로 목숨을 끊었어.

이번엔 아테네를 볼까? 아테네는 스파르타와 달리 무력에 의한 통치가 이뤄진 적이 없었어. 기원전 8세기 이전까지는 아테네도 왕이 다스렸지만, 전설적인 영웅 테세우스가 귀족들이 공동 통치하는 체제로 바꿨지. 아테네의 정치권력은 행정관^{아르콘}인 귀족과 퇴임한 행정관들로 구성된 귀족회의^{아레오파고스 회의}가 장악하고 있었어. 평민들로 구성된 민회가 있기는 했지만 권력은 없었어.

스파르타 시민이 모두 전사로 육성되고 있을 때, 아테네는 지중해 일대 식민시들과 무역을 하며 큰돈을 벌고 있었어. 평민 가운데 엄청난 부자들이 많이 생겨났지. 이 부자 평민들은 군대도 장악하게 됐어. 원래 아테네의 군인들은 무기와 갑옷을 모두 자기 돈으로 마련해야 했기 때문에 그전에는 부유한 귀족이 군대의 중심이었지. 그러나 부자 평민이 많아지면서 중무장 병사 가운데 상당수가 귀족에서 평민으로 바뀐 거야.

부자 평민이 많아지면서 귀족과 평민 사이에 권력 투쟁도 시작됐어. 먼저 귀족들이 선수를 쳤지. 아테네와 코린토스 사이에 있던 도시국가 메가라의 참주인 테아게네스가 부자 평민을 집단으로 학살한 거야. 참주는 권력을 세습하는 귀족을 말해. 원래 폴리스에서는 행정관의 임기도 1년에 불과했어. 권력을 세습하는 법은 없었지.

얼마 후 테아게네스의 사위인 킬론이 아테네를 무력으로 점령했어. 아테네 시민들이 똘똘 뭉쳐 그를 몰아냈어. 귀족들은 겁에 질렸어. 기세등등한 평민들이 무슨 복수를 가할지 모르는 상황이잖아? 이때 등장한 귀족이 바로 드라콘이야. 스파르타에서 리쿠르고스의 법이 만들어지고 약 200여 년이 흐른 기원전 621년, 드라콘은 평민의 요구를 받아들여 그

플루타르크 《플루타르크 영웅전》의 저자로 널리 알려진 고대 그리스 시대의 철학자. 이 책을 통해 그리스 시대의 인물상을 엿볼 수 있다. 작가로서 그밖에 유명한 저작으로는 《도덕론》이 있다.

리스 최초의 성문법을 만들었어. 이것이 곧 드라콘의 법이지.

이 법이 만들어지기 전까지는 귀족들이 자기 맘대로 판결을 내렸어. 그러나 이제는 귀족도 이 법에 따라 판결을 내려야 해. 그렇다고 평민들이 좋아했을까? 글쎄, 법 조항들을 보면 그런 생각이 전혀 안 들 거야. 정말이지 끔찍했거든. 예를 들면 이런 식이야. 물건을 훔치거나 게으름을 피우면 곧바로 사형에 처했어. 가족 가운데 누군가가 살인됐다면 피의 보복을 할 수도 있었어. 이처럼 지나치게 가혹한 조항 때문에 드라콘의 법은 '피로 쓰인 법'이라고 불렀단다. 리쿠르고스와 드라콘 가운데 누가 더 무서운 사람일까?

어쨌든 드라콘의 법이 시행되면서 시민의 권리도 어느 정도 향상됐어. 그러나 사태가 해결되지는 않았어. 부자 평민들이야 귀족들로부터 약간의 정치권력을 나눠 가졌으니 성공이라고 할 수도 있을 거야. 그러나 부자가 아닌 일반 평민은? 귀족에게 빌린 돈을 갚지 못해 노예와 다름없이 살아야 했단다.

솔론과 클레이스테네스

기원전 594년 아테네의 행정관으로 솔론이 임명됐어. 솔론은 그리스의 7대 현인賢人으로 손꼽힐 만큼 모든 계층으로부터 존경을 받았지. 솔론은 행정관 외에 조정자 직책도 받았어. 계층 갈등을 조정해 아테네를 평화롭고 부강하게 만들어달라는 거였지.

조정자답게 솔론은 과감한 개혁을 실시했어. 빈부 격차가 점점 커지는 현실을 고치려면 노예가 더 이상 생겨나지 않도록 하는 것이 중요하다고 판단해 모든 농민의 빚을 없애버렸어. 빚을 갚지 못해 노예로 살아야 했던 농민은 다시 농사를 지을 수 있었고, 토지가 없어 농촌에서 살기 힘든 농민은 도시로 이주해 수공업에 종사했지.

솔론은 정치 개혁도 실시했어. 많은 사람이 정치에 참여할 수 있도록 400인 협의회를 만들었어. 또 모든 시민을 재산에 따라 지주^{전통적인 귀족} · 기사 · 농민 · 노동자 등 네 등급으로 분류하고, 상위 1등급과 2등급은 누구나 고위직이 될 수 있도록 했지. 돈이 있으면 기사가 될 수 있고, 기사는 고위직이 될 수 있는 자격이 생긴 거야. 돈만 있으면 권력을 쥘 수 있는 이러한 정치 형태를 '금권 정치'라고 부른단다.

아테네가 평화를 찾은 것일까? 안타깝게도 아니란다. 솔론이 물러나자 귀족과 평민 모두가 반발했어. 한쪽은 많이 빼앗겼다고 생각했고, 또 다른 한쪽은 빼앗은 게 없다고 생각한 거지. 평민들은 솔론의 친척인 페이시스트라토스를 지지했어. 그가 솔론의 개혁을 이어받을 거라고 생각한 평민들은 그가 참주가 되길 바랐지. 이 뜻에 따라 페이시스트라토스는 기원전 561년 아테네의 첫 참주가 됐단다.

정말로 페이시스트라토스는 솔론의 개혁을 이어받았어. 반대파 귀족들을 모두 추방했고, 그들의 땅을 가난한 농민들에게 나눠줬지. 농민들이 내야 할 세금도 10%로 줄였어.

솔론 당시 빈부의 극심한 차이를 극복하고자 노력한 정치인. 귀족이 아닌 시민들도 재산 소유 정도에 따라 정치에 참여할 수 있게 했다.

이 개혁이 계속 이어졌으면 좋았을 것을…. 그의 뒤를 이어 참주가 된 아들 히피아스는 동생 히파르코스가 암살되고 나서부터 독재자로 돌변했어. 그러자 귀족들은 기원전 510년 스파르타의 왕 클레오메네스를 끌어들여 히피아스를 추방해버렸지. 히피아스는 훗날 페르시아 전쟁 때 페르시아 군대의 길잡이로 아테네에 온단다. 매국노도 이런 매국노가 없겠지?

스파르타를 끌어들였던 귀족 가운데 한 명이 클레이스테네스야. 클레이스테네스도 권력을 잡기까지는 오랜 시간이 걸렸어. 그는 경쟁자였던 페이시스트라토스가 권력을 잡자 해외로 추방되기도 했어. 히피아스가 해외로 추방된 귀족들을 다시 받아들이는 조치를 실시했을 때 국내로 돌아올 수 있었던 거야.

그 후에도 클레이스테네스는 한때 아테네에서 추방됐지만 아테네 시민들의 지지로 다시 귀국할 수 있었지. 바로 이때부터 클레이스테네스는 민회와 힘을 합쳐 개혁을 시작했어. 그 결과 아테네는 고대 민주주의의 기틀을 다지게 됐단다.

그전까지 아테네는 혈연을 중심으로 네 개의 부족이 있었어. 그는 이 부족을 해체하고, 살고 있는 곳에 따라 10개의 시민공동체를 만들었지. 이 촌락 공동체가 이후 아테네 정치의 기본 단위인 '데모스Demos'야. '민주주의Democracy'와 비슷하지? 그는 솔론이 만든 400인 협의회를 강화시켜 500인 협의회를 만들었어. 500인 협의회는 민회에 "이런 정책을 만들어달라" 하고 요구할 수 있었어. 협의회 멤버는 추첨을 통해 뽑았어. 아테네 시민이라면 누구나 협의회 회원이 될 수 있는 자격을 가진 셈이지. 물론, 그럼에도 불구하고 주로 귀족들이 회원이 됐지만….

아테네를 위험에 빠뜨릴 것 같은 사람을 뽑아 10년간 해외로 추방하는 '도편추방제'도 이때 만들어졌어. 이 제도는 페르시아 전쟁이 한창 계속되던 기원전 487년 처음 실시됐지. 처음에는 독재자의 출현을 막는 효과가 있었지만, 나중에는 악

용돼 유능한 인물도 추방당했어. '우민 정치'로 이어진 거야.

어쨌든 솔론과 클레이스테네스는 아테네 민주주의를 크게 발전시킨 인물들이야. 고대 아테네 민주주의의 완성은 기원전 5세기 중반 등장한 페리클레스에 의해 이뤄진단다.

페르시아 전쟁과 펠로폰네소스 전쟁

기원전 6세기부터 기원전 3세기 사이에 그리스와 소아시아에서 사상의 꽃이 활짝 피었어. 이 내용은 깊이 들어가면 책 한 권으로도 모자라기 때문에 개괄적인 것만 살펴볼게.

자연철학자들이 처음에 등장했어. 모두 자연을 중요하게 여겼다는 점에서 같아. 이들은 만물의 근원을 불 헤라클레이토스, 원자 데모크리토스, 물 탈레스, 공기 아낙시메네스라고 주장했지. 자연철학자들은 철학을 신의 영역에서 자연으로 끌어내린 사람들이야. 그들의 뒤를 이어 소피스트들이 등장했지. 이들은 철학을 자연에서 인간으로 다시 끌어내렸어. 비로소 철학이 인간을 연구하기 시작한 거지. "인간이 만물의 척도"라고 주장한 프로타고라스가 대표적인 소피스트야. 마지막으로 '진정한' 철학자들이 등장했어. 인간을 중심 영역에 놓은 사람들이지. 첫 번째가 소크라테스고, 플라톤과 아리스토텔레스가 그 뒤를 이었어.

이렇게 다양한 철학이 번영할 수 있었던 것은 전쟁 때문이기도 해. 어지러운 세상을 냉철하게 보려는 노력이 철학을 더욱 발전시킨 거지. 이때 그리스를 뒤흔들었던 두 차례의 전쟁을 한번 살펴볼까?

제1차 페르시아 전쟁과 밀티아데스

페이시스트라토스가 아테네의 참주가 되고 얼마 지나지 않은 기원전 559년, 이란 땅에 아케메네스 페르시아가 건설됐어. 아케메네스 페르시아는 주변을 모두 정복하고 나서 소아시아로 진출했지. 소아시아의 폴리스들은 '야만족'인 페르시아인의 지배를 거부했어.

이때 소아시아의 남쪽에 밀레토스란 폴리스가 있었는데, 이 지역 폴리스의 큰형님 격이었어. 기원전 499년, 이 밀레토스를 중심으로 그리스 식민시들이 페르시아에 반란을 일으켰어. 페르시아는 반란을 곧 진압했어. 페르시아의 다리우스 대왕**다리우스 1세**은 이참에 그리스 본토를 손보기로 했지. 목표는 아테네였어!

기원전 492년 페르시아의 함대가 다르다넬스 해협에 집결했어. 페르시아 군대

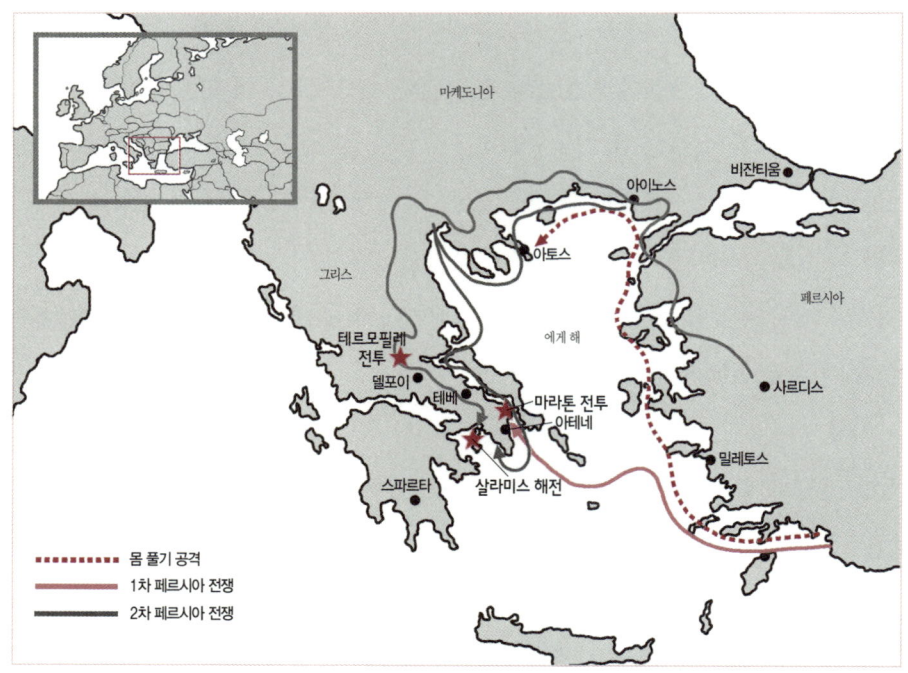

페르시아 전쟁 페르시아는 총 3회에 걸쳐 그리스를 침략했다. 그러나 아테네를 중심으로 한 그리스 연합군이 혈전 끝에 페르시아를 물리쳤다.

는 그리스 북부를 초토화시키고 아테네를 향했어. 하늘이 도왔을까? 아토스 곶을 지나갈 무렵 폭풍우가 들이닥쳤어. 페르시아 함선 300척이 박살났고, 2만 명의 병사가 물에 빠져 숨졌지. 제대로 아테네를 공격해보기도 전에 전쟁이 끝나버린 거야. 이 때문에 이 전쟁을 몸 풀기로 보고 페르시아 전쟁에서 제외하는 학자들도 있어. 이 책에서도 몸 풀기로 칠게.

2년 후 페르시아 군대가 다시 아테네로 진격했어. 이번에는 600척의 함선이 동원됐지. 페르시아 함대는 이번에는 키클라데스 제도를 따라 올라가 에우보이아의 에레트리아에 상륙했어. 페르시아군은 에레트리아를 가볍게 제압하고 나서 아테네로 향했어. 이때 페르시아군을 인도한 사람이 바로 페이시스트라토스의 아들인 매국노 히피아스였단다. 그의 안내를 따라 페르시아군은 아테네로 향했어. 마침내 아테네군과 페르시아군이 아테네 동북쪽 40킬로미터 위치에 있는 마라톤 평원에서 마주쳤지.

이때 페르시아 병사는 2만 명에 이르렀어. 아테네는 1만 명 정도에 불과했지. 스파르타가 힘을 보태줬다면 아테네 병사는 더 많았겠지. 그러나 스파르타는 아테네와 이념이 달랐어. 종교 행사가 있다며 슬쩍 전쟁에서 빠졌단다. 결국 아테네 혼자 죽기 살기로 싸워야 할 운명이 된 거야.

이때, 아테네의 영웅 밀티아데스가 등장했어. 그는 중무장한 보병을 빽빽이 서게 하는 중장보병 밀집대형 전술을 썼어. 페르시아는 주로 활을 쏘는 궁수와 말을 탄 기병으로 구성돼 있었지. 페르시아군은 밀티아데스의 전술을 처음 봤어. 당연히 넓은 마라톤 평원에서는 중장보병 밀집대형 전술이 효과를 발휘할 것이란 사실도 몰랐지.

전투가 시작되자 페르시아군이 한꺼번에 달려들었어. 그러자 아테네군의 중앙부분이 맥없이 무너지는 듯했어. 신이 난 페르시아군은 이게 함정인지도 모르고 더욱더 깊숙이 들어갔어. 사실은, 아테네의 주력부대는 양 날개에 있었단다. 페르시아군이 깊숙이 들어오자 아테네의 주력부대가 페르시아군의 날개 부분을 먼저 물리쳤고 중앙에 있는 페르시아군을 포위하기 시작했어. 페르시아군은 눈 깜짝할 새 무려 6,400여 명의 목숨을 잃고 말았어. 반면 아테네의 사망자는 192명밖에 되지 않았어. 그리스의 대승리였지.

이 승리를 알리기 위해 한 병사가 아테네까지 40킬로미터를 달려간 데서 유래한 스포츠가 바로 마라톤이야. 이 병사는 승전보를 알리고 곧바로 탈진해 죽었어. 미련하다고? 아니야. 마라톤 전투에서 패한 페르시아가 전략을 바꿔 함대를 이용해 아테네를 공격하려고 했기 때문에 빨리 알려야 했단다. 그 덕분에 아테네는 만반의 준비를 할 수 있었고, 페르시아는 결국 철수하고 말았어. 제1차 전쟁은 이렇게 끝났지.

레오니다스와 테미스토클레스

기원전 480년 두 번째 페르시아 전쟁이 터졌어. 다리우스 1세의 아들인 크세르크세스 왕이 직접 군대를 이끌고 그리스를 침략했지. 이번에는 보병만 20만 명에, 별도로 함선이 1천여 척을 넘겼어. 육지와 바다로 동시에 공격해 그리스를 끝장낼 심산이었나봐.

첫 전쟁과는 규모가 다른지라 그리스의 모든 폴리스가 긴장했어. 그들은 모두 모여 대책회의를 가졌어. 어떻게든 페르시아 군대의 진군 속도를 늦춰야 한다는 데 의견이 모아졌어. 스파르타가 육군을, 아테네가 해군을 지휘하기로 했지.

이 제2차 전쟁에서 그 유명한 테르모필레 계곡의 전투가 탄생했어. 영화 〈300〉

테르모필레 계곡의 전투 스파르타 정예군 300명 등을 이끌고 분전했으나 레오니다스는 결국 이 싸움에서 전사하고 말았다.

으로도 만들어진 이야기야. 여기서 '300'은 스파르타의 정예부대인 300인의 군대를 뜻하는 말이야. 이 정예부대를 이끈 영웅은 스파르타의 왕 레오니다스였어. 레오니다스는 테르모필레 계곡이 통로가 매우 험한 협곡이기 때문에 페르시아 대군을 막기에 좋은 장소라고 여겼어.

300인의 군대와 7천여 명의 그리스 연합군은 바로 그 계곡에서 페르시아군을 기다렸어. 페르시아군이 시야에 나타나자 그리스군의 공격이 시작됐어. 레오니다스의 예상대로 페르시아군은 맥을 추지 못했어. 만약 그리스의 배신자가 빙 돌아가는 길이 있다는 사실을 가르쳐주지 않았더라면, 정말로 페르시아군이 테르모필레 계곡을 뚫지 못했을 거야. 결국 우회로를 통해 페르시아군이 그리스군을 덮쳤어. 레오니다스와 300인의 군대가 최후까지 싸웠지만 역부족이었지. 결국 모두 장렬히 전사하고 말았어.

그리스 육군만 뚫린 게 아니야. 해군도 고전하고 있었어. 만약 아테네 사령관 테미스토클레스가 없었다면 그리스는 이때 페르시아에게 패했을 거야.

테미스토클레스는 우선 모든 아테네 시민을 남쪽의 살라미스 섬으로 피신시켰어. 텅 빈 아테네에 들어온 페르시아군은 불을 지르고 건물을 파괴했지. 얼핏 보기엔 테미스토클레스가 전쟁을 포기한 것처럼 보이지만 사실은 작전이었단다. 그는 살라미스 만에 그리스의 모든 함대를 집결시켰어. 페르시아 함대를 유인한 거지. 이곳은 폭이 좁고 물살이 거칠었어. 테미스토클레스는 페르시아의 거대한 함선이 살라미스 만에 들어오면 제 기능을 할 수 없을 거라고 판단한 거야.

예상은 적중했어. 페르시아 함선이 우왕좌왕하고 있을 때 그리스 함선들이 들이받기 시작했어. 그리스군이 페르시아 함선으로 올라가 육박전을 벌였어. 뜻밖의 반격에 당황한 페르시아 함선들이 뒤늦게 도망치기 시작했어. 이렇게 되면 전쟁은 끝난 거나 다름없지. 결국 2차 전쟁도 그리스의 승리로 끝났어. 1차전을 밀티아데스의 군사전술로 이겼다면, 2차전은 테미스토클레스의 전략으로 이긴 셈이지.

페르시아는 그리스에 대한 미련을 버리지 못했어. 다음 해 그리스 땅에 남아 있던 페르시아군이 또다시 아테네로 진격한 거야. 그러나 두 번의 전쟁을 치르면서 그리스는 상당히 강해져 있었지. 페르시아는 또 패했어. 이로써 20여 년간 세 번에 걸친 페르시아 전쟁은 그리스의 최종 승리로 끝났단다. 두 나라는 기원전 448년 칼리아스 화약이란 평화조약을 체결했어. 공식적으로 모든 전쟁은 바로 이때 끝났다고 할 수 있지.

델로스 동맹과 페리클레스

스파르타의 왕 레오니다스가 결사항전을 벌이기는 했지만, 어쨌든 페르시아 전쟁을 최종 승리로 이끈 폴리스는 아테네였어. 그 덕분에 아테네는 그리스의 큰형님으로 우뚝 섰지. 이때부터 그리스 내전인 펠로폰네소스 전쟁이 터지는 기원전 431년까지는 아테네의 전성기였단다. 이 시기에 꼭 알아둬야 할 인물이 아테네의 행정관 페리클레스야. 그 유명한 파르테논 신전도 그가 지시해 만든 거지.

페르시아 전쟁이 모두 끝난 이듬해, 아리스티데스라는 아테네인의 제안으로 폴리스 대표들이 델로스 섬에 모였어. 혹시 모를 페르시아의 침략에 대비하기 위한 모임이었지. 폴리스들은 1년간 논의 끝에 기원전 478년, 델로스 동맹을 만들었어. 이 동맹에 가입한 폴리스는 모두 동등한 권리를 가지는 대신, 동맹 규약에 따라 전쟁에 대비할 수 있는 군자금을 내야 했어. 이 돈은 델로스 섬에 있는 금고에 보관됐지.

여기까지는 문제의 소지가 없어 보여. 그러나 그다음이 문제였어. 델로스 동맹에 스파르타가 가입하지 않아 아테네를 견제할 세력이 없었던 거야. 아테네는 모든 걸 자기 맘대로 했어. 금고를 아예 아테네로 옮겨버리기도 했어. 델로스 동맹을 아테네 동맹이라고도 부르는 것도 이 때문이야. 이런 조치를 취한 인물이 바로 페리클레스였단다.

페리클레스는 기원전 471년 행정관에 선출됐어. 그는 아테네 시민들에게 영웅이나 다름없었어. 우선 그는 귀족들의 특권을 빼앗아 민중에게 돌려줬어. 민회의 권한을 강화시켜 귀족들이 주로 의원으로 있는 500인 평의회보다 더 높은 기관으로 만든 거야. 그전까지 군대 지휘관은 귀족들만 될 수 있었는데, 페리클레스는 지휘관마저 민회에서 뽑도록 했지. 평민의 권한이 상당히 커지지 않았겠니? 이런 점

페리클레스 아테네 전성기의 지도자로, 아테네의 민주주의를 완성했다는 평가를 받는다.

때문에 페리클레스는 솔론, 클레이스테네스에 이어 아테네 민주주의를 완성시킨 인물로 평가받고 있단다. 시민들은 그에게 '제1시민'이란 호칭을 선사했지.

물론 그에 대한 비판도 많아. 일단 30년 넘게 정권을 장악해 사실상 1인 지배를 했다는 점이 비판의 대상이야. 그러나 대부분의 아테네인들이 그를 믿고 따랐기 때문에 논란의 여지는 남아 있지. 다만 그가 맹목적인 애국주의자였다는 비판에는 많은 학자들이 동의하고 있어. 페리클레스는 아테네 발전을 위해서라면 물불을 가리지 않고 다른 폴리스를 억압했거든. 델로스 섬에 있던 금고를 아테네로 옮긴 것만 봐도 그 점을 알 수 있지. 이때부터 아테네가 제국주의처럼 행동한 거야.

아테네로 델로스 금고를 옮기고 몇 년이 흘렀어. 기원전 448년, 아테네와 페르시아가 평화조약칼리아스 화약을 체결했어. 이제 그리스와 페르시아 사이에 전쟁이 터질 확률이 크게 줄어들었지. 그렇다면 응당 델로스 동맹 금고에 모아둔 돈은 폴리스에게 나눠줘야겠지? 그러나 페리클레스는 아랑곳하지 않고 다른 폴리스에게 군자금을 계속 내라고 윽박질렀어. 이쯤 되면 동맹이 아닌, 조공이라고 해야 하지 않을까? 페리클레스는 그것도 모자라 다른 폴리스의 정치에도 간섭했어. 그 폴리스의 영토에 아테네군을 주둔시켰고, 어떤 폴리스에서는 화폐를 만드는 권리까지 빼앗아버린 거야.

폴리스들은 아테네에 불만이 많았어. 스파르타도 그 가운데 하나였지. 델로스 동맹에 속해 있지는 않았지만, 아테네가 큰형님 행세를 하는 게 기분이 나빴던 거야. 게다가 제2차 전쟁 때는 레오니다스와 300인 군대의 결사항전으로 페르시아군의 진격 속도를 늦추는 공을 세우기도 했잖아?

그러나 스파르타는 섣불리 움직이지 않았어. 마침 아테네가 펠로폰네소스 반도로 슬슬 영향력을 확대하기 시작했고, 스파르타는 핑계거리를 잡았어. 게다가 다른 폴리스들도 스파르타에게 "저 깡패 같은 아테네 좀 물리쳐줘"라며 구조신호를 보내는 게 아니겠어? 스파르타는 아테네로 쳐들어갔어. 페리클레스는 현명했어. 무리하게 싸워봤자 득이 되지 않을 걸 알았지. 스파르타와 아테네는 휴전 협정을 맺었고, 그 후로 30년간 싸우지 않기로 했단다.

펠로폰네소스 전쟁과 알키비아데스

이 휴전 협정으로 스파르타는 아테네와 동등한 지위에 올랐어. 그렇지만 아테네는 여전히 폴리스들을 괴롭혔지. 아직도 자기만 큰형이라고 생각한 거야. 스파르타 동맹국들이 다시 스파르타에게 도움을 요청했어. 기원전 431년, 마침내 스파르타가 휴전 협정을 깨고 전쟁을 선포했어. 이 전쟁이 그리스 내전인 펠로폰네소스 전쟁 기원전 431년~기원전 404년이야.

아테네의 행정관 페리클레스는 즉각 성안으로 모든 시민을 대피시켰어. 스파르타 육군이 아테네를 초토화시켜도 성문을 굳게 걸어 잠그고 나오지 않았지. 페리

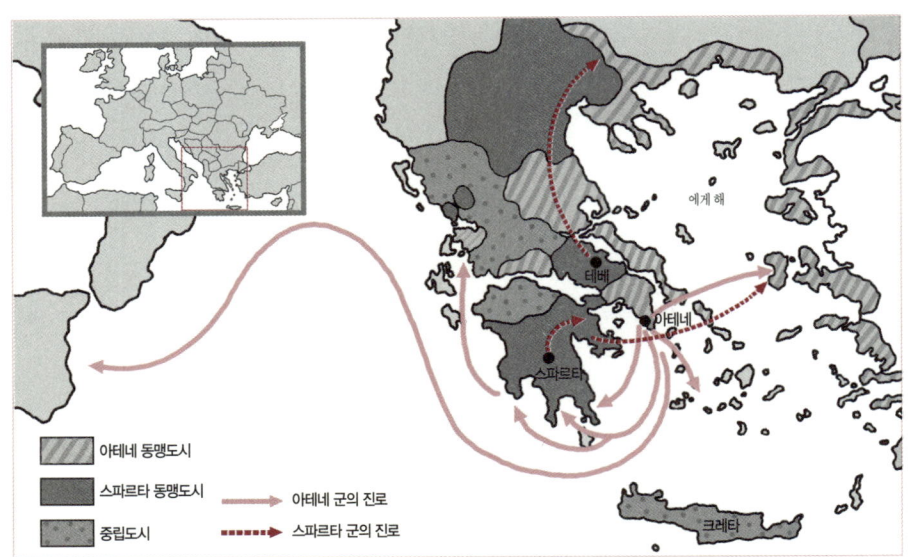

펠로폰네소스 내전 페르시아 전쟁이 끝나고 얼마 지나지 않아 아테네와 스파르타의 편으로 나뉘어 그리스 전체가 전쟁의 소용돌이에 휩싸였다. 이 내전으로 그리스 시대는 막을 내리게 된다.

클레스는 그 대신 펠로폰네소스 반도로 함대를 보내 공격하도록 했어. 육지에서는 수비하고, 바다에서는 공격하는 전략을 택한 거야. 그러나 하늘은 아테네의 편이 아니었나봐. 성안에 전염병이 돌기 시작했고, 어이없게 페리클레스도 전염병에 걸려 죽고 말았어.

기원전 421년, 스파르타와 아테네는 다시 평화조약을 맺고 전쟁을 끝냈어. 그러나 어떻게든 승자를 가리지 않고서는 이 전쟁은 끝나지 않을 운명이었어.

스파르타를 다른 폴리스들로부터 떼어내면 아테네가 승산이 있을까? 많은 아테네인들이 이런 생각을 했나봐. 이러한 주장을 펼친 알키비아데스가 군사령관이 됐어. 페리클레스의 조카였는데, 이 인물에게 문제가 좀 있었어.

알키비아데스는 기원전 415년 시칠리아 원정을 떠났는데, 그가 원정을 떠나고

난 뒤 아테네가 발칵 뒤집혔어. 아테네 신전에 있던 신의 동상이 부서져버린 거야. 누가 그랬냐고? 바로 알키비아데스야. 알키비아데스는 즉각 돌아오라는 명령을 받았지만 귀국하면 벌을 받을 게 뻔했기 때문에 망설였어. 그가 내린 결정은 뜻밖이었어. 바로 적국인 스파르타로 망명한 거야.

생각해봐. 알키비아데스는 아테네의 군사령관이었어. 당연히 아테네군의 약점을 누구보다 잘 알고 있지 않겠니? 그런 인물이 '안내'해준다면 누구나 얼씨구나 하지 않겠어? 실제로 그의 도움을 받은 스파르타군은 시라쿠사에서 아테네 함대를 격파했어. 알키비아데스는 이 정도의 배신으로는 모자랐는지, 페르시아로 건너가 스파르타와 페르시아의 동맹을 주선하기까지 했어. 이 동맹에 따라 페르시아는 스파르타를 돕고, 스파르타는 소아시아의 그리스 식민시를 페르시아가 지배하도록 내버려두기로 했어. 알키비아데스는 아테네를 배신했고, 스파르타는 그리스 전체를 배신한 셈이야.

기원전 413년, 본격적으로 아테네와 스파르타가 다시 붙었어. 제2차 펠로폰네소스 전쟁이 터진 거야. 이 무렵 알키비아데스는 페르시아에서 도피 생활을 하고 있었단다. 스파르타 왕비와 몰래 사귀다가 스파르타 왕에게 발각됐거든. 스파르타 왕은 알키비아데스를 사형에 처하려고 했어. 알키비아데스는 간신

알키비아데스 아테네의 군사령관. 지조 없는 행동으로 아테네를 위기에 빠뜨렸다.

히 페르시아로 도망갈 수 있었어.

멀리 이국에 있으니까 고국이 다시 생각났는지 알키비아데스는 아테네로 돌아오려고 했어. 그러나 아테네는 그의 귀환을 반기지 않았지. 마지막 남은 애국심이었을까? 그는 일종의 용병 자격으로 아테네 해군을 도와 스파르타와 싸웠어. 그의 활약 덕분에 다르다넬스 해협이 모두 아테네의 수중에 들어갔어.

기원전 404년 알키비아데스는 스파르타 첩자에게 암살되고 말았어. 지조도, 애국심도 없이 간에 붙었다 쓸개에 붙었다 했던 풍운아의 일생이 마감되는 순간이었지. 바로 이 해, 아테네도 스파르타에 항복했어. 이로써 30년간 진행된 펠로폰네소스 전쟁이 종지부를 찍었어.

이제 스파르타가 그리스의 큰형님이 됐어. 아테네에는 스파르타군이 주둔했지. 스파르타가 군부주의 국가라는 건 알고 있지? 당연히 아테네의 민주주의도 몰락하고 말았어. 스파르타는 다른 폴리스에서도 무단통치를 했어. 그 결과 그리스 전역에서 스파르타에 대한 반란이 일어났어.

기원전 371년 스파르타 군대가 그리스 중부 지역의 테베 반란군에게 무너졌어. 이 사건은 실로 놀랄 만한 일이야. 스파르타 육군은 그리스 최강이었고, 그 어느 군대도 그들을 이길 수 없다고 생각했었기 때문이지. 그만큼 강한 스파르타 육군을 무너뜨린 테베가 결국 그리스의 주도권을 잡았을까? 아니야. 그 후 주도권은 북쪽의 '야만족'에게 넘어갔어. 그 나라는 바로 마케도니아였지.

통박사의 역사 읽기

✦ 야만인의 범위는?

고대 그리스인들은 자신을 뺀 모든 민족을 야만족(바르바르족)이라고 불렀어. 그러나 그리스는 바로 그 야만족에 의해 멸망했단다. 알렉산더 대왕의 마케도니아가 그리스 북부에 있었는데, 이때까지만 해도 정통 그리스인들은 마케도니아 사람들을 야만족이라고 봤거든. 훗날 로마 시대 때 유럽 땅으로 쳐들어온 게르만족을 로마인들은 야만인이라고 불렀어. 북아프리카에 정착한 게르만족의 이름은 반달족이었는데, 이 민족의 이름이 '파괴와 야만vandalism'이란 영어가 됐지. 로마는 어떻게 됐냐고? 로마도 그리스처럼 야만족에게 무너졌단다.

알렉산더 대왕의 동방원정

　펠로폰네소스 전쟁은 아테네와 스파르타뿐만 아니라 모든 헬레네스 폴리스를 몰락하게 만들었어. 서로 권력을 장악하려다 모두 힘을 잃었으니 지나친 욕심이 얼마나 큰 화를 부르는지 알 수 있겠지?

　테베의 반란을 계기로 스파르타도 몰락했어. 그 후 그리스의 중심은 북부 마케도니아 왕국으로 옮겨갔어. 크레타에서 미케네로, 미케네에서 스파르타와 아테네로 중심이 이동하고 나서 다시 마케도니아로 넘어간 셈이야. 물론 이 마케도니아는 오늘날 존재하는 국가 마케도니아와는 다른 민족이야.

　헬레네스들은 마케도니아를 야만족의 나라로 봤어. 그렇기 때문에 마케도니아인을 같은 그리스인으로 보려 하지 않았지. 그러나 이 생각은 틀려. 헬레네스의 관점대로만 본다면 그리스 중부 이북의 민족은 모두 야만족이 되거든. 엄밀히 말하면 이들은 모두 같은 그리스 민족이라고 해야 돼. 실제 알렉산더가 동방원정 때 내세운 구호도 "야만족인 페르시아가 그리스를 침략한 복수를 하자!"였단다.

영웅 알렉산더

　사실 마케도니아도 순탄하게 강국이 된 건 아니야. 폴리스들이 서로 싸우고 있을 때 마케도니아에서도 왕의 자리를 놓고 치고받는 싸움이 많았어. 이 싸움을 끝낸 왕이 필립포스^{필립 2세}였어.

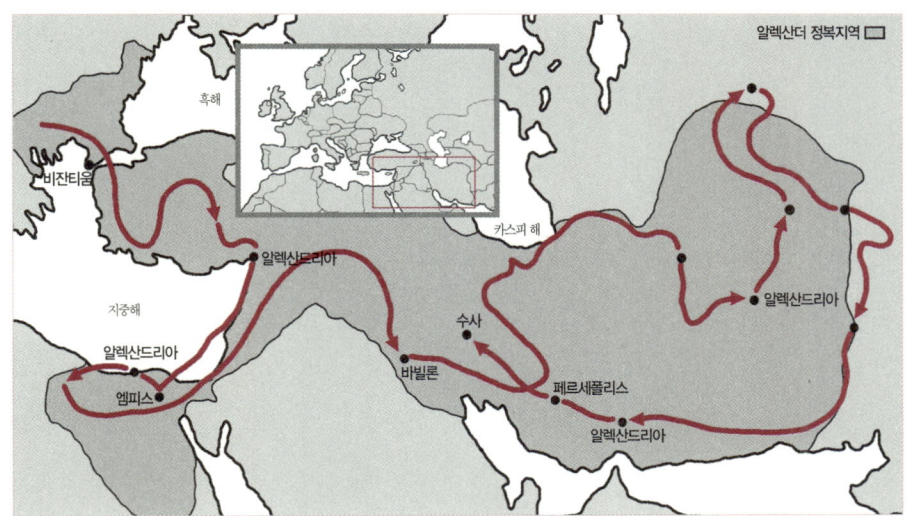

알렉산더의 원정로 마케도니아를 떠난 알렉산더의 군대는 소아시아와 아프리카를 거쳐 페르시아를 정복하고 인도까지 진격했다. 알렉산더는 정복 지역마다 자신의 이름을 딴 알렉산드리아를 건설했다.

필립포스는 젊었을 때 테베 왕국에 인질로 잡혀간 적이 있어. 그때 그는 강력한 군대가 없으면 마케도니아가 강해질 수 없다는 사실을 깨달았지. 그 후 필립포스는 힘을 키웠어. 기원전 4세기 중반부터 필립포스는 트라키아, 테살리아 등 주변의 나라들을 정복하기 시작했어. 폴리스들은 마케도니아의 다음 타깃이 될까봐 공포에 떨었어. 이때 아테네의 유명한 연설가 데모스테네스가 나타났어. 그는 폴리스를 돌아다니면서 "그리스의 자유와 독립을 위해 마케도니아와 맞서 싸워야 한다!"라고 연설했어.

데모스테네스의 연설에 고무된 폴리스들은 연합군을 결성해 마케도니아에 맞서 싸우기로 했어. 기원전 338년 마케도니아와 연합군 사이에 전쟁이 터졌지. 그러나 이미 마케도니아의 군대는 그리스의 최강이었어. 긴 창으로 무장한 마케도니아 장창부대의 용맹은 하늘을 찔렀고, 필립포스의 아들인 알렉산더는 기병대를 이끌면서 신출귀몰했지. 결국 1년 만에 마케도니아의 대승으로 전쟁이 끝나버렸단다.

그리스 전체를 장악한 필립포스는 페르시아 정벌을 제안했어. 페르시아로 관심을 돌림으로써 마케도니아에 대한 적개심을 누그러뜨리려는 의도였겠지. 필립포스가 두렵기도 했겠지만 철천지원수인 페르시아를 정벌하자니 누가 반대하겠니? 결국 그의 의도대로 페르시아 정벌을 위한 그리스 연맹이 결성됐어. 그러나 필립포스는 꿈을 이루지 못하고 기원전 336년 암살되고 말았단다. 그의 뒤를 이어 알렉산더 _{알렉산드로스}가 왕에 올랐지.

마케도니아 왕이 바뀌는 어수선한 때를 틈타 데모스테네스가 또 "마케도니아를 몰아내자!"며 궐기를 촉구했어. 다시 폴리스의 반란이 일어났지. 하지만 이 반란은 알렉산더 군대에 의해 곧바로 진압됐어. 알렉산더는 아버지 필립포스보다 훨씬 잔인하고 거칠었어. 자신에게 저항하면 어떻게 되는지를 똑똑히 보여주기 위해 반란이 가장 심했던 테베를 폐허로 만들고, 살아남은 시민은 모두 노예로 팔아버렸단다. 알렉산더 얘기가 나왔으니, 마저 해볼까?

알렉산더는 어렸을 때부터 영웅의 기질을 보였어. 용맹하기로 치자

데모스테네스 아테네의 정치가로, 마케도니아의 공격에 폴리스들이 연합하여 대항할 것을 주장했다.

면 둘째가라면 서러운 필립포스도 혀를 내두를 정도였지. 알렉산더가 열두 살 때였어. 좀처럼 길들여지지 않는 거친 말이 있었어. 필립포스는 보기도 싫다는 듯 인상을 찡그리며 말을 데려가라고 했어. 그때 알렉산더가 나섰어. 그가 고삐를 쥐고 말을 길들이기 시작했지. 우선 말의 머리를 해가 떠 있는 방향으로 향하도록 했어. 말이 자신의 그림자에 놀라지 않도록 하기 위해서였지. 아니나 다를까, 말이 점점 유순해지기 시작했어. 결국 아무도 길들이지 못한 말을 알렉산더는 유유히 타고 다녔지.

알렉산더는 철학에도 조예가 깊었다는구나. 그의 스승이 바로 그 유명한 아리스토텔레스였단다. 알렉산더는 철학자를 무척 존경했었어. 동방원정 때도 철학자 디오게네스를 모시려 했지만 그가 거절하는 바람에 성공하지 못했었지. 그때 디오게네스는 알렉산더에게 "햇빛을 가리지 말고 비켜달라" 하고 말했다지?

필립포스의 암살에 알렉산더가 개입됐다는 추측도 있어. 암살되기 1년 전, 필립포스는 새 왕비를 얻었어. 그러자 알렉산더와 그의 어머니는 새 왕비가 자신들을 죽일지도 모른다는 위기감을 느끼고는 해외로 도망갔지. 이런 일이 있고 나서 1년이 지나 필립포스가 암살됐고, 알렉산더는 즉시 귀국해 스무 살의 나이로 왕에 올랐어. 정황을 따져보면 알렉산더 모자가 필립포스의 암살에 개입했을 것이란 추측이 나올 법도 하지? 그러나 역사적 사실은 정확히 알 수 없어.

'테베 사건'만 보더라도 알 수 있듯이 알렉산더는 성질이 불같았어. 원하는 것은 반드시 이뤄야 직성이 풀렸대. 이 성격을 잘 알 수 있는 사례가 있어.

당시에는 큰 전쟁을 치르기 전, 신탁을 듣기 위해 신전을 찾는 게 관행이었어. 알렉산더는 그런 것을 미신으로 생각하고 믿지 않았어. 그러나 주변 사람들이 하도 권하는 바람에 내키지 않지만 델피의 아폴로 신전을 찾았지. 그런데 신탁을 전

고르디움의 매듭 알렉산더가 단칼에 매듭을 끊고 있다.

하는 신관이 하필 그 날은 불길한 날이라며 밖으로 나오지 않는 거야. 화가 난 알렉산더는 강제로 신관을 끌어냈어. 신관은 겁에 질려 "대왕은 누구에게도 지지 않을 겁니다"라고 말했어. 그제야 알렉산더는 "내가 원하는 신탁이 바로 그것이다. 승리는 우리 것이다"라고 했단다.

　동방원정 과정에도 비슷한 사례가 있었어. 알렉산더 군대가 소아시아 프리기아의 수도인 고르디움에 도착할 때였어. 알렉산더는 신전 기둥에 복잡하게 매듭이 있는 것을 발견하고 그 이유를 물었어. 누군가 "그 매듭을 푸는 사람이 아시아의 지배자가 될 것이라는 신탁이 있었는데 아직까지 그것을 푼 사람이 없습니다"라고 말했지. 이번에도 알렉산더는 대수롭지 않다는 듯 칼을 꺼내 매듭을 잘라버렸어. 모두 놀랐지만 그는 "매듭을 내가 풀었으니 이제 세계는 내 것이다!"라고 했다는구나. 정말 영웅은 영웅인 것 같아.

+ 알렉산더의 믿음

훌륭한 지도자의 가장 큰 덕목 가운데 하나가 부하들을 철저히 믿는 거야. 알렉산더에게도 이 점을 엿볼 수 있는 일화가 있어. 알렉산더가 고르디움을 떠난 얼마 후였어. 갑자기 큰 병에 걸려 그는 병석에 눕고 말았어. 의사는 그의 병을 낫게 하려고 갖은 애를 다 썼지. 그때 편지 한 통이 알렉산더에게 전해졌어. 의사가 페르시아로부터 뇌물을 받고 약에 독을 탔다는 투서였지. 알렉산더는 의사에게 그 편지를 보여주고는 "이 말이 사실이 아니라면 네 생각대로 약을 만들어라" 하고 말했어. 일단 의사를 믿은 거지. 과연 그 약을 먹은 알렉산더는 결국 회복됐단다. 만약 알렉산더가 편지만 믿고 의사를 믿지 않았다면 정복 전쟁이고 뭐고 다 끝장났겠지?

동방원정과 헬레니즘

기원전 334년 알렉산더는 보병과 기병을 각각 4만과 4만 5천 명씩 이끌고 페르시아 정벌을 위한 동방원정에 나섰어. 얼핏 봐도 규모가 어마어마하지? 안을 들여다보면 더 놀랄 일이 있어. 이 원정대에는 병사들만 있는 게 아니야. 과학자, 건축가, 관리들까지 포함돼 있었어. 이게 무슨 뜻이겠니? 그래, 알렉산더는 어쩌면 처음부터 마케도니아로 돌아오지 않을 생각이었는지도 몰라. 정복 지역의 한가운데 정착해 도시와 정부를 구축하고 세계를 통치하려는 계획이었던 거지.

알렉산더 군대는 지금의 터키와 유럽 사이에 있는 그라니코스 강에서 페르시아군을 처음 만났어. 강 건너편에서 적군이 기다리고 있는 상황이었지. 페르시아군은 높은 지대에 위치해 있었고, 강을 건너기에는 물살이 급했어. 알렉산더의 병사

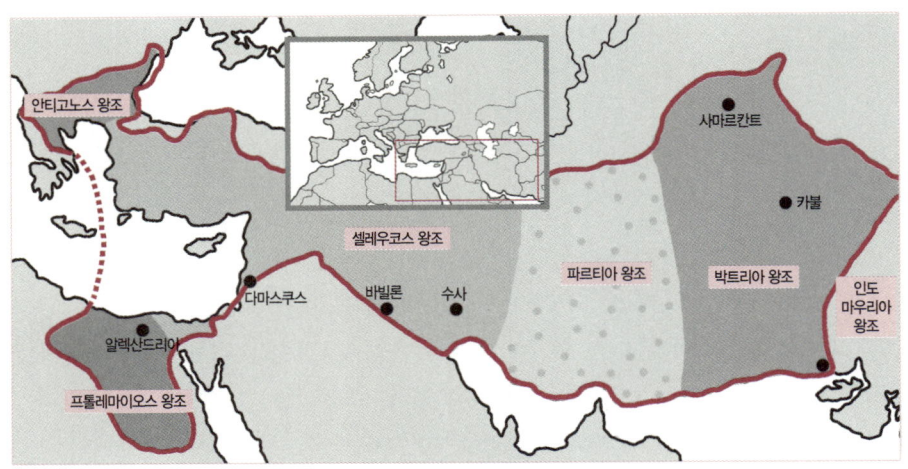

헬레니즘 제국의 분열 알렉산더가 사망한 후 대제국은 안티고노스, 셀레우코스, 프톨레마이오스 왕조로 나뉘어졌다. 페르시아 동쪽의 땅은 곧 파르티아와 박트리아 왕조에 빼앗겼다.

들은 겁을 집어먹고 머뭇거렸지. 그러자 알렉산더가 앞장서서 강물을 건넜고, 결국 병사들도 뒤를 따랐어. 마침내 대대적인 전투가 벌어졌어.

알렉산더를 알아본 페르시아 병사가 긴 창을 던졌어. 그 창은 알렉산더의 가슴을 강타했지만 갑옷 때문에 상처를 내지는 못했지. 페르시아의 장수가 또다시 알렉산더를 공격했어. 이번에는 알렉산더의 투구 끝이 부서져나갔어. 전쟁에서는 장수를 잃으면 부하들은 흩어지기 마련이야. 그러니까 알렉산더를 집중 공격했겠지?

알렉산더가 다른 적을 공격하고 있을 때 페르시아의 장수 한 명이 다시 공격해 왔어. 이번엔 알렉산더가 미처 눈치 채지 못하고 있었어. 다행히 알렉산더의 부하 장수가 그 공격을 막았지. 만약 이때 부하 장수가 막지 않았더라면 알렉산더는 이 전쟁에서 죽었을지도 몰라.

이 전쟁은 알렉산더의 대승이었어. 《플루타르크 영웅전》에는 그라니코스 전투에서 페르시아군이 보병 2만 명과 기병 2,400명을 잃었다고 기록돼 있어. 반면 알렉산더 군대는 115명만 목숨을 잃었대. 이 기록을 그대로 믿을 수는 없겠지만 알렉산더가 크게 이긴 것만은 분명한 사실인 것 같아. 이후 알렉산더의 용맹은 즉각 인근으로 퍼져나갔어. 소아시아의 도시국가들은 알렉산더 군대가 도착하면 더 이상 저항하지 않고 바로 항복했어. 큰 전투 한 번 치르지 않고 승승장구하던 알렉산더 군대는 이윽고 이수스라는 곳에서 페르시아의 다리우스 3세와 마주치게 돼.

이 전쟁도 알렉산더의 대승이었어. 다리우스 3세는 얼마나 급했는지 가족들을 모두 내팽개치고 혼자 도망갔단다. 그 후로도 알렉산더는 가는 곳마다 승리를 거뒀어. 페니키아, 시리아, 이집트를 차례로 정복했고, 정복 지역에는 자신의 이름을 따서 알렉산드리아라는 도시를 세웠어.

기원전 331년 알렉산더 군대는 페르시아를 완전 정복하기 위해 다시 진군했어. 티그리스 강 유역의 가우가멜라에서 다리우스 3세의 군대와 또 마주쳤지. 이번에도 알렉산더의 승리였어. 그의 군대는 페르시아의 수도인 수사에 이어 페르세폴리스까지 정복했어. 다리우스 3세는 또 황급히 도망갔지만 박트리아 지역의 어떤 왕에게 배신을 당해 목숨을 잃었지. 그가 죽으면서 아케메네스 페르시아 왕조도 역사 속으로 사라졌어.

동방원정은 그 후로도 계속됐어. 알렉산더 왕은 오늘의 이란 고원을 정복한 데 이어, 인도의 인더스 강까지 진격했지. 당시 알렉산더를 포함한 그리스 사람들은 갠지스 강이 동쪽 세계의 끝이라고 생각했어. 알렉산더는 그 끝을 보고 싶어 행군을 계속하려 했지만, 오랜 행군과 전쟁에 시달린 군인들의 저항으로 군대를 돌릴 수밖에 없었단다.

회군 중 알렉산더는 페르시아의 수사에서 사상 최대 규모의 결혼식을 주관했어. 우선 자신을 따라온 마케도니아 귀족 100여 명을 페르시아의 귀족 여성들과 결혼시켰어. 이 무렵 알렉산더의 병사들은 오랜 세월 페르시아에 머물면서 상당수가 이미 페르시아 여성과 살고 있었어. 결혼은 하지 않았지만 사실상 부부였던 거야. 알렉산더는 이런 부부들을 모두 법적인 부부로 인정해

알렉산더 동방원정을 통해 세계 최초의 대제국을 건설했다.

줬어. 알렉산더 자신도 다리우스 3세의 딸과 결혼했어.

알렉산더가 왜 이런 일을 했을까? 그것은 바로 여러 민족이 함께 어울려 사는 세계 제국을 건설하기 위해서였어. 예로부터 서양인들은 오리엔트 지역의 우수한 문화를 부러워했어. 알렉산더도 예외는 아니었지. 그는 페르시아 왕의 복장을 즐겨입었고 신하들이 왕을 만날 때 엎드려 절을 하는 페르시아 예법도 아주 좋아했어. 그런 알렉산더였기에 그리스인들의 반발을 물리치고 이런 조치를 취할 수 있었던 거지. 알렉산더는 결혼을 통해서 여러 민족을 융화시켰을 뿐만 아니라 황제 친위대원의 상당수를 페르시아 귀족에서 뽑았어. 황제가 페르시아 사람들을 믿고 있다는 사실을 보여주기 위해서였지.

이처럼 동방원정을 통해 동서양의 문화가 어우러져 탄생한 문화를 헬레니즘 문화라고 불러. 서양인들은 헬레니즘을 그리스 문화가 동양으로 전파된 현상이라고 설명하려 하지만 꼭 그렇지만은 않아. 알렉산더가 그리스인이었기에 그리스 문화가 가장 큰 역할을 한 것은 분명한 사실이야. 하지만 오리엔트 문화가 없었다면 헬레니즘 문화는 탄생할 수가 없었어. 따라서 '헬레니즘 문화=그리스 문화+오리엔트 문화'라고 봐야 맞을 거야.

알렉산더는 기원전 323년 열병에 걸렸고, 결국 젊은 나이에 숨을 거두고 말았어. 알렉산더의 동방원정은 12년 만에 끝났지만 그 파장은 대단했어. 동서로 인더스 강에서 아드리아 해, 남북으로 이집트에서 다뉴브 강에 이르는, 역사상 가장 넓은 제국이 탄생한 거야! 만약 병사들이 저항하지 않았다면 이 군대가 어디까지 더 뻗어나갔을지는 모를 일이야. 어쩌면 중국까지 진출했을 수도 있어. 그랬다면 지금 세계 지도는 많이 달라져 있겠지?

알렉산더가 사망하면서 헬레니즘 제국은 여러 왕조로 쪼개지고 말았어. 알렉산더가 "가장 강한 자에게 제국을 물려준다!"라고 유언했기 때문이래. 이 말은 강한 사람이 차지하라는 뜻으로 받아들여졌어. 결국 후계자가 정해지지 않은 헬레니즘 제국은 여러 장군들의 권력 투쟁에 휘말리고 말았어. 대제국은 이란~소아시아의 셀레우코스 왕국, 이집트의 프톨레마이오스 왕국, 그리스 본국의 안티고노스 왕국 _{마케도니아}으로 분열되고 말았단다.

마이너 유럽도 살아 있다

    지금까지 기원전 20세기부터 기원전 4세기까지 유럽 역사의 중심이었던 그리스 시대를 살펴봤어. 스포츠로 예를 들면, 이 시대의 그리스는 메이저 리그에 속할 거야. 그렇다면 유럽의 나머지 역사는 마이너 리그겠지. 마이너 리그의 하나였던 로마는 기원전 3세기 이후 그리스로부터 바통을 넘겨받아 메이저 리그로 진출하게 돼.

    이 책은 메이저 리그의 역사를 가급적 자세히 다루고 있어. 그러나 로마의 사례에서 알 수 있듯이 주목받지 못한 지역의 역사라고 무시하는 것은 '통으로' 유럽을 이해하는 데 옳은 태도는 아닌 것 같아. 이런 취지에서 앞으로 모든 장이 끝나갈 무렵에는 '메이저 유럽'에서 다루지 못한 '마이너 유럽'의 역사를 살펴볼 작정이야.

여러 문명과 로마의 탄생

    그리스 문명이 한창이던 시절, 유럽의 다른 지역을 휘둘러볼까? 어떤 문명이 어디에서 탄생했는지 잘 살펴봐. 그리스 문명만큼은 아니더라도 서서히 성장하는 곳이 꽤 있었거든.

    이탈리아 반도에서는 기원전 3000년쯤부터 에트루리아인들이 아펜니노 산맥을 따라 도시를 건설했어. 이 산맥은 한반도의 태백산맥처럼 이탈리아 반도를 따라 길게 솟아 있지. 아펜니노 문명을 건설한 에트루리아인들은 크레타인들처럼 소아시아에서 넘어온 민족으로 여겨지고 있어. 로마의 직접적 조상인 라틴족은 기원전 1000년쯤부터 이탈리아 반도로 들어왔지. 에트루리아 사람들은 아주 강했대. 나중에 들어선 로마인들도 처음에는 이들의 지배를 받을 정도였단다.

고대 유럽 민족이 유럽 한복판으로 이동하던 기원전 1000년쯤, 알프스 위쪽의 오스트리아 지역에도 문명이 발생했어. 오스트리아 남부 티롤 지방의 할슈타트에서 문명이 탄생했기 때문에 이를 할슈타트 문명이라고 부르지. 할슈타트 유적에서는 청동 검과 각종 농기구가 발견됐어. 그런데 하나같이 그리스 유적들을 닮았대. 그리스 문명이 여기까지 영향을 미친 것 같지? '오리엔트 문명 → 크레타 문명 → 미케네 문명 → 할슈타트 문명'으로 이어진 거야.

이 무렵 유럽 중부에는 켈트족이, 북부에는 게르만족이 살고 있었어. 그밖에도 인도유럽어족에 해당하는 여러 고대 민족이 유럽 전역에 흩어져 있었어. 켈트족은 영국을 침략해 그곳의 원주민을 누르고 섬을 차지했지. 발칸 반도에는 이때까지만 해도 슬라브족이 아닌, 일리리아족이 더 많이 있었단다. 에스파냐가 있는 이베리아 반도에는 아프리카에서 넘어온 민족과 켈트족이 뒤섞여 여러 혼혈민족이 만들어졌지. 이들은 이 무렵 우리 조상들이 그랬던 것처럼 부족국가 수준의 생활을 하고 있었어.

아테네에서 드라콘의 법이 만들어진 무렵인 기원전 7세기부터 스칸디나비아 반도와 발트 해 주변에 살던 게르만족들이 따뜻한 곳을 찾아 남쪽으로 이동하기 시작했어. 게르만족은 덩치도 크고 용맹한 민족이었어. 그런 민족이 남쪽으로 이동하자 켈트족도 덩달아 그들을 피해 남쪽으로 이동했어. 남쪽으로 이동한 켈트족은 오늘날 프랑스와 이탈리아 북부를 중심으로 넓게 퍼져 살았어. 이때 켈트족이

올리브와 포도를 경작하기 시작했지. 오늘날도 이 지역의 포도주는 유명한데, 바로 이 무렵부터 재배를 시작했다고 보면 돼. 켈트족은 알프스 산맥을 넘지는 못했어. 그 산맥을 넘으면 이탈리아가 있지?

아직 북부의 게르만족이 남하하기 전인 기원전 800년쯤, 이탈리아 중서부 테베레 강변에 있는 팔라티노 언덕에 작은 촌락이 들어섰어. 처음에는 그저 작은 촌락에 불과했지만 곧 영역이 커져 총 7개의 언덕에 촌락들이 건설됐어. 이 촌락 사람들이 건설한 나라가 바로 로마야.

이때 그리스 폴리스들은 지중해 일대로 세력을 확장하고 있었어. 당연히 로마에 대해 아무도 관심을 갖지 않았겠지. 그리스뿐만 아니라 당시 이탈리아의 중부와 북부를 지배하고 있던 에트루리아인들도 로마를 눈여겨보지는 않았어. 로마가 그들의 지배를 받았거든. 로마는 자신보다 우수한 에트루리아 문화를 리트머스 용지처럼 쫙쫙 흡수했어. 이때 에트루리아는 이탈리아 반도 남쪽의 그리스 식민시 폴리스와 교역을 하면서 앞선 문화를 전수받고 있었단다. 에트루리아가 그리스로부터 문화를 전수받았다면 로마는 에트루리아로부터 문화를 전수받은 셈이지.

+ 로마 신화

로마 신화에 따르면 로마를 건국한 왕은 로물루스야. 로물루스의 할아버지는 작은 나라의 왕이었는데, 자신의 동생에게 쫓겨나고 말았어. 왕이 된 그 동생은 형의 손자가 자신의 왕위를 빼앗을 거라는 예언을 듣고는, 형의 딸인 레아 실비아가 평생 결

로물루스와 레무스 로마를 건국한 것으로 여겨지며 '로마'라는 명칭은 로물루스에서 비롯되었다고 한다.

혼하지 못하도록 신전 사제로 만들어버렸어. 그러나 전쟁의 신 마르스가 그녀의 아름다움에 반해 사랑을 나눴고, 쌍둥이가 탄생했지. 왕은 테베레 강에 아이들을 버렸지만 늑대가 젖을 물리며 키웠어. 성장한 쌍둥이는 예언대로 왕을 몰아냈어. 쌍둥이는 다시 서로 싸웠고, 형인 로물루스가 동생 레무스를 격파했지. 로마 신화는 이렇게 탄생했단다.

로마의 성장

로마는 기원전 6세기 후반 에트루리아 왕을 몰아내고 공화국을 건설했어. 이탈리아를 호령했던 그들은 역사에서 사라졌고, 아주 일부의 유물만 오늘날 남아 있단다. 그들이 소아시아 출신일 것이라는 추정만 가능할 뿐, 그들이 어디에서 유래했고 어떤 생활습관을 가졌는지는 여전히 알 수 없어. 에트루리아는 지금의 이탈리아

로마와 주변 국가들 이탈리아 반도에 로마가 태동했을 때 북쪽에는 에트루리아, 동남쪽에는 삼니움이라는 강자들이 있었다. 로마는 먼저 에트루리아를 몰아냈고, 이어 삼니움을 몰아내 이탈리아 반도의 대부분을 차지했다.

토스카나 주에 있었대. 토스카나란 이름도 로마인들이 에트루리아인을 투스키라고 불렀다는 데서 유래했다는구나.

　로마 공화국은 집정관과 원로원이 중심이 돼 움직였어. 아테네와 비교하면 집정관은 행정관, 원로원은 귀족회의인 셈이지. 아테네와 마찬가지로 민회가 있기는 했지만 힘은 약했어. 아테네가 민주주의로 달리고 있을 무렵인 기원전 494년, 로마의 평민들도 귀족들에게 도전했지. 평민들이 일제히 짐을 싸고 로마 북동쪽으로 가서 자신들만의 도시를 따로 건설한 거야. 평민들은 이 도시를 '신성한 산'이라고 불렀어. 그래서 이 사건을 성산사건聖山事件이라고 부르지.

　귀족들은 당황했어. 어쩔 수 없이 권력을 나눠야 했지. 이때 생긴 게 호민관 제도야. 호민관은 평민에서 선발한 공직자로, 원로원의 결정에 대해 거부권을 행사할 수 있었어. 평민들도 큰 권력이 생긴 셈이지. 기원전 451년에는 그전까지의 관습을 법으로 정한 12표법이 공포됐어. 이제 귀족들이 자기들 마음대로 법을 주무르는 일은 크게 줄어들었어. 그로부터 6년 후에는 귀족과 평민의 결혼이 허용됐어. 로마에서 평민의 권한은 그 후로도 계속 높아졌어. 스파르타 육군이 테베 군대에게 무너지기 얼마 전인 기원전 367년, 리키니우스 법이 선포됐어. 귀족들이 40만 평 이상의 토지를 소유하지 못하도록 제한한 법이었지.

리키니우스 법은 켈트족의 공격 때문에 생긴 법이라고 할 수 있어. 페르시아 전쟁과 펠로폰네소스 전쟁이 잇달아 터질 무렵, 켈트족은 이탈리아 반도 바로 위쪽까지 내려왔어. 그리고 기원전 390년경에는 북부 이탈리아를 지나 로마까지 침략했단다. 이들은 싸움을 아주 잘했어. 아직 힘이 약한 로마로서는 그들을 이길 수가 없었지. 결국 로마는 항복하고 말았어. 이로써 켈트족은 프랑스에서 이탈리아 북부까지 영역을 넓혔고, 이베리아 반도에도 일부가 정착했어.

바로 이 침략 때 12표법이 새겨진 동판도 파괴됐고, 많은 토지가 황폐해졌어. 땅이 없으면 다른 지역을 정복하면 될 텐데 로마는 아직 그럴 여유도, 힘도 없었어. 토지가 부족해지면 결과는 뻔해. 돈 없는 농민들이 몰락하기 시작하는 거야. 이들을 구하기 위해 리키니우스 법이 나온 셈이지. 로마 평민들, 꽤 힘이 있는 것 같지 않니?

그러나 이후 로마는 점점 강해졌어. 영토도 넓어졌지. 주변의 다른 라틴족 국가를 제압했고, 이탈리아 중남부의 최대 강국 삼니움도 물리쳤어. 로마는 삼니움과 세 차례에 걸쳐 큰 전쟁을 치렀어. 이 전쟁에서 로마가 승리하면서 이탈리아 반도의 주도권을 쥐게 된 거야. 이제 이탈리아 반도의 남부만 장악하면 로마는 이탈리아 전체를 장악할 수 있게 됐어.

로마가 급성장할 수 있었던 원동력은 강력한 군대였어. 아테네와 마찬가지로 로마에서도 병사들은 자신의 무기를 직접 준비해야 했어. 이 무렵 로마도 경제력이 향상됐고, 부자 평민들이 많아졌지. 중무장할 수 있는 평민들이 많아지면서 군인도 더불어 늘어났어. 또한 로마 군대의 규율은 매우 엄격했지. 전쟁 도중 도망치거나 상관의 허락 없이 약탈하거나 탈영한 병사들은 열 명 중 한 명을 골라 죽이는 '10분의 1형'에 처해졌어. 주변국들과 많은 전쟁을 치르면서 전쟁 경험이 풍부해졌고, 이런 경험도 군대를 강하게 만드는 데 도움이 됐지.

🔍 통박사의 역사 읽기

✚ 공화국은 로마에서 시작했다

로마의 원래 명칭은 레스 푸블리카res publica였어. 이 말은 '공동의 부훕'란 뜻이야. 다시 이 말을 영어로 옮기면 republic이 되지. 그래, 공화국이란 뜻이 돼. 로마 정치에서 유래된 단어는 또 있어. 로마의 최고 의사결정기구는 원로원이었지? 원로원을 영어로 하면 senate가 돼. 이 말은 상원이란 뜻이지. 훗날 서양의 의회는 상원과 하원으로 구성됐는데, 상원은 귀족, 하원은 평민 신분에서 뽑았단다. 이런 걸 보면 로마 시대의 영향이 아직까지 이어지고 있는 것 같아.

2장
로마 시대

기원전 3세기~서기 4세기

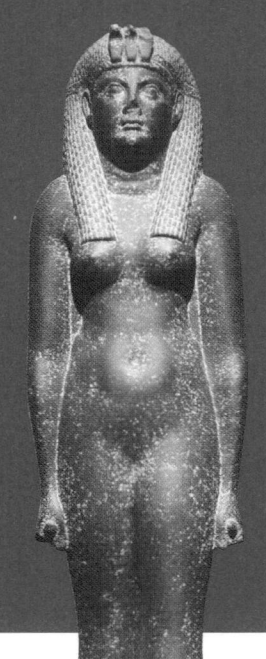

그리스 시대가 끝남으로써 유럽 역사의 1막이 내렸어. 이제 2막은 로마가 열 거야. 기원전 3세기부터 유럽 문명의 중심이 로마로 옮겨졌거든.

훗날 로마 제국은 동로마와 서로마로 분리돼. 서로마가 먼저 멸망하고 동로마가 1453년 멸망했지. 동로마의 역사까지 합치면 로마의 역사는 무려 2000년이 넘어. 그러나 팍스 로마나를 끝으로 서서히 기운이 쇠퇴했고, 게르만족의 대이동이 시작된 4세기부터는 몰락의 조짐이 나타났기 때문에 3~4세기까지를 로마 시대로 보면 될 것 같아.

로마 시대에 중부 유럽과 서부 유럽도 원시 부족국가 수준을 넘어 본격적으로 발달하기 시작했어. 이 지역들이 로마의 영역 안으로 들어왔기 때문이야. 그러나 북부의 게르만족은 로마의 지배를 끝끝내 거부했어. 이 때문에 유럽 북부 지역은 다른 지역보다 문명이 더디게 발달했단다. 그래, 이제부터 펼쳐지는 2장의 메이저 리그는 바로 로마야!

지중해를 차지하다

로마는 쉬지 않고 정복 전쟁을 벌였어. 평화로운 방법으로 식민시를 늘렸던 그리스의 폴리스와는 무척 다르지? 이유가 있단다. 폴리스는 해상 무역을 통해 세력을 키웠어. 농사를 지을 땅도 필요했지만, 그보다는 공물을 그리스 본토에 바치고 인구를 수용해줄 식민지가 더 필요했어.

그러나 로마는 아니야. 로마는 전통적으로 농사를 더 많이 지었기 때문에 땅 그 자체가 필요했어. 이 때문에 그리스 폴리스들이 무역 활동을 편하게 하려고 해안가에 주로 식민시를 만든 것과 달리, 로마는 내륙에 식민시를 건설했지. 농사를 짓는다는 얘기는 그 땅이 통째로 필요하다는 뜻이 되겠지? 이런 차이점 때문에 로마는 정복 활동을 벌일 수밖에 없었던 거야.

로마의 정복 전쟁은 기원전 3세기부터 본격적으로 시작됐어. 기원전 146년에는 지중해 일대를 장악했고, 머지않아 알렉산더의 헬레니즘 왕국들도 모두 정복해버린단다.

이탈리아를 넘어 지중해로

알렉산더는 서쪽이 아닌, 동쪽에 관심이 많았어. 오리엔트 지역의 문명이 훨씬 발달했기 때문이야. 이 때문에 로마는 무사할 수 있었고, 급성장할 수 있었지. 그렇다고 해서 로마가 운만 좋았던 건 아니야. 강국이 되려면 제도를 정비하고 도로 망을 구축하는 노력이 필요한데, 로마도 이 법칙을 충실히 따랐어. 기원전 312년부터 건설하기 시작한 아피아 가도만 봐도 이 사실을 알 수 있어. 로마와 카푸아를 잇는 도로의 길이는 약 200킬로미터 정도였는데, 그 후 더 늘어났어. 이 도로의 일부는 오늘날까지 쓰이고 있단다.

로마는 삼니움을 꺾고 이탈리아 중부를 완전히 장악했지만 성에 차지는 않았어. 남쪽에는 문명도 발달했고 훨씬 잘사는 그리스 식민시들이 많았는데, 그 도시들이 타깃이었지.

많은 그리스 식민시들이 로마에게 굴복했지만 유독 한 곳은 완강했어. 타렌툼이란 도시였지. 타렌툼 사람들은 숭고한 그리스인이 야만족 로마인에게 항복하는 일은 치욕이라고 생각했나 봐. 그들은 그리스 본토에 있는 에피루스 왕국에 도움을 요청했어. 기원전 280년, 에피루스의 왕 피로스가 대군을 이끌고 이탈리아로 진격

로마의 이탈리아 통일 로마는 포에니 전쟁을 치르면서 시칠리아, 코르시카, 사르데냐까지 모두 얻었다. 이로써 이탈리아 반도와 일대의 섬까지 모두 정복했으며 지중해를 '로마의 앞바다'로 만들었다.

72

했어. 피로스는 코끼리라는 막강한 무기를 가지고 있었어. 그전까지 코끼리를 단 한 번도 보지 못했던 로마 병사들은 겁부터 집어먹고 달아나기 바빴어. 1차 전투는 로마군이 대패했지.

그러나 많은 전투로 다져진 로마군이었어. 로마군은 곧 힘을 되찾았고 피로스의 군대를 물리쳤어. 이로써 로마는 이탈리아 남부까지 차지할 수 있었지. 기원전 270년경, 로마는 북쪽의 루비콘 강에서 남쪽의 메시나 해협까지 이탈리아 반도를 모두 정복했어. 그래, 이탈리아를 통일한 거야!

이탈리아 반도의 끝은 바다야. 그럼 다음 타깃은 바다겠지? 그래, 로마는 지중해 서부를 차지하기로 했어. 왜 지중해 서부냐고? 이때 지중해 동부에는 알렉산더가 건설한 헬레니즘 세계가 건재하고 있었는데, 아직까지는 강했어. 로마의 덩치로는 그들을 이길 수 없었던 거야. 우선 이탈리아 반도 주변과 지중해 서쪽만 장악해도 맷집은 상당히 커지겠지?

그러나 평화로운 방법으로 그 지역을 차지할 수는 없었어. 카르타고라는 막강한 해상 강국이 버티고 있었거든. 이 나라는 기원전 9세기 중반 페니키아가 아프리카 북부, 오늘날의 튀니스에 건설한 식민시야. 페니키아는 알렉산더의 동방원정 때 사라져버렸지만 식민시인 카르타고는 오히려 더 성장한 셈이지. 카르타고는 지중해 서부 일대, 그러니까 코르시카와 사르데냐 같은 이탈리아 반도 주변의 국가는 물론 에스파냐, 북아프리카까지 휘젓고 다니며 중개무역을 했어.

사실 카르타고는 이미 로마와 싸우지 않기로 협정을 맺은 상태였어. 그 덕분에 로마는 카르타고의 침략을 걱정하지 않고, 그리스 식민시들과 싸울 수 있었던 거야. 카르타고를 집어삼키려면 그 협정을 깨야 해. 로마는 주저하지 않았어. 협정을 깨자! 마침 이탈리아 남단에 있는 시칠리아 섬에서 사건이 터졌어.

시칠리아에는 도시국가 시라쿠사와 메시나가 있었어. 시라쿠사는 카르타고 편, 메시나는 로마 편이었지. 기원전 264년 카르타고의 용병 군인들이 반란을 일으켜 메시나를 침략했어. 카르타고는 용병을 진압한다며 군대를 파견했지. 메시나는 즉각 로마에 도와달라는 구조 신호를 보냈어. 로마도 곧 군대를 보냈지. 이렇게 해서 두 나라 사이에 전쟁이 시작됐어. 로마인들은 카르타고를 경멸적으로 포에니라고 불렀는데, 80여 년간 계속된 이 전쟁에도 포에니 전쟁^{기원전 264년~기원전 146년}이라는 이름을 붙였단다.

기원전 241년까지 약 24년간 계속된 1차 전쟁에서 로마는 카르타고를 물리쳤어. 로마는 내친 김에 카르타고 본국으로 쳐들어갔지. 그러나 카르타고는 도시 전체가 요새 같아서 로마가 뚫지는 못했어. 그래도 1차전만큼은 완벽한 로마의 승리로 끝났어. 두 나라는 평화조약을 맺었고, 이 조약에 따라 카르타고는 로마에게 10년간 전쟁 피해 보상금을 지불하고, 시칠리아도 넘기기로 했어. 로마는 시칠리아 말고도 코르시카와 사르데냐도 얻었어. 시칠리아는 로마가 획득한 첫 속주란다.

명장 한니발의 활약

기원전 225년 켈트족들이 로마로 쳐들어왔어. 기원전 390년경 일어났던 침략을 기억하니? 그때는 로마가 점령당했었지? 이번엔 아니야. 이미 로마는 강한 나라가 돼 있었거든. 로마는 켈트의 대군을 쉽게 제압해버렸어. 이 전쟁만 살펴봐도 강해진 로마가 계속 정복 전쟁을 벌일 거라는 사실을 짐작할 수 있겠지? 카르타고와의 전쟁이 다시 일어날 거라는 점도 예측할 수 있을 거야. 왜? 카르타고는 아직도 부유한 나라였고, 언제 다시 재기할지 모르니까!

로마만 전쟁을 원했던 건 아니야. 카르타고 또한 1차 패배의 복수를 벼르고 있

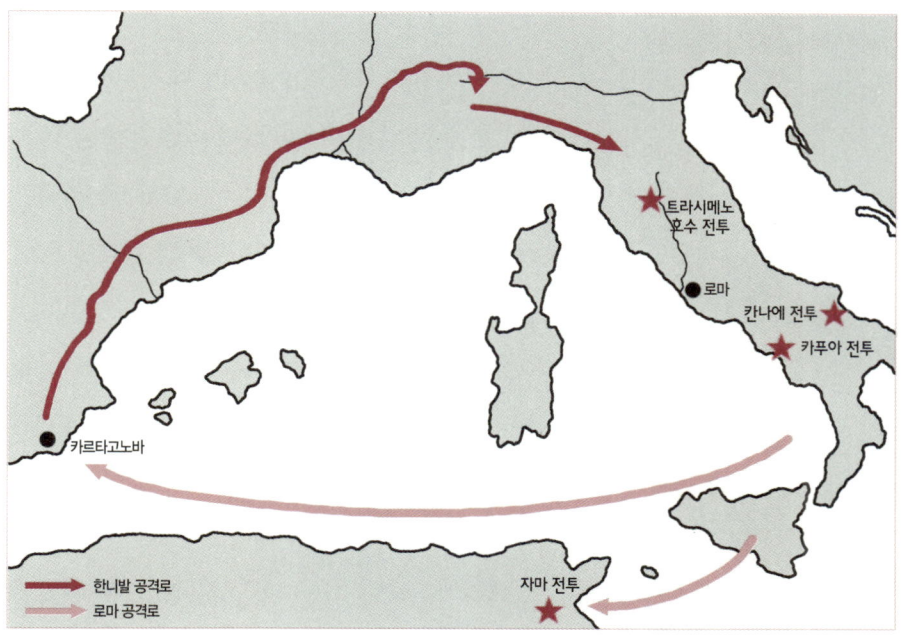

제2차 포에니 전쟁 한니발은 바다가 아닌 육지로 이탈리아 공략에 나섰다. 허를 찔린 로마는 고전했지만 대 스키피오의 전략에 따라 먼저 에스파냐를 치고, 이어 카르타고 본국을 공략해 결국 승리를 거뒀다.

없어. 제2차 포에니 전쟁에서는 당대 영웅인 카르타고의 한니발과 로마의 장군 대 스키피오의 싸움이 오늘날까지 유명한 일화로 남아 있단다.

한니발은 아홉 살밖에 되지 않는 어린 나이에 로마를 반드시 정복하겠다고 신에게 맹세했어. 제1차 포에니 전쟁의 패배를 지켜보면서 로마에 대한 적개심을 키운 거야. 한니발의 아버지는 카르타고의 장군으로, 에스파냐의 총독을 지냈지. 그또한 아버지의 뒤를 이어 에스파냐의 총독이 됐어. 이 무렵 에스파냐는 카르타고의 속주였단다. 그래서 에스파냐를 '새로운 카르타고'라는 뜻의 카르타고노바라고 불렀지.

한니발 제2차 포에니 전쟁에서 알프스 산맥을 넘어 로마를 침략했고 공포에 떨게 했다.

플루타르크는 한니발에 대해 이렇게 설명했어.

"한니발이 눈병이 났을 때였다. 치료를 해야 하는 상황이었지만 한니발은 전투 작전을 세우는 데만 몰두했다. 그 결과 한쪽 눈을 잃어버렸다. 그렇지만 한니발은 개의치 않고 다시 전쟁에 몰두했다."

이 내용대로 한니발은 그야말로 '전쟁의 신'이었어. 전쟁터에서는 일반 병사들과 똑같은 조건에서 먹고, 자고, 일어났어. 병사들은 솔선수범하는 한니발에게 복종할 수밖에 없었지. 한니발의 성격은 아주 냉정하다 못해 잔인하기까지 했어. 규율을 어기는 병사는 확실하게 처벌했고, 적이 저항하면 완전히 초토화시켜버렸지.

기원전 219년 에스파냐의 총독을 맡고 있던 스물여섯의 한니발은 5만여 명의 대군과 코끼리 부대를 이끌고 에스파냐를 떠났어. 목적지는 당연히 로마였지. 한

편 로마는 카르타고가 바다로 쳐들어올 거라고 생각했어. 카르타고는 오랫동안 바다에서 큰 나라야. 당연히 해군이 강하니까 로마는 카르타고가 해군을 앞세워 공격할 것으로 믿었던 거야. 그러나 한니발은 바다가 아니라 땅을 택했지. 로마의 허를 찌른 거야.

행군은 몇 달 동안 계속됐어. 피레네 산맥을 넘자 험준한 알프스 산맥이 앞을 가로막았어. 한니발은 병사들을 독려하며 행군을 멈추지 않았어. 많은 병사들이 목숨을 잃기도 했지. 알프스 산맥을 넘어 이탈리아로 진입했을 때는 이미 절반의 병사가 사망한 후였어. 그러나 하늘이 무너져도 솟아날 구멍이 있다고 했지? 켈트족 용병이 중간에 합류하면서 병력은 다시 5만 명으로 늘어났단다.

드디어 그의 군대가 이탈리아에 도착했어. 사기는 하늘을 찔렀지. 한니발의 군대는 모든 전투에서 로마군을 물리쳤어. 트라시메노 호수 전투에서는 로마의 집정관이 목숨을 잃었을 정도야. 그러나 한니발의 지략이 가장 돋보인 전투는 기원전 216년에 일어났던 칸나에 전투였어. 이탈리아 남쪽의 칸나에 지방에서 치러진 전투에서 한니발은 초승달 전법을 선보였어. 부대의 중앙에는 약한 병사를 배치하고 날개 부분에는 기병이나 전투력이 강한 병사들을 배치했던 거지. 로마군은 그것도 모르고 가운데로 공격해 들어왔어. 한니발 군대의 중앙이 밀리는 듯하더니 곧 가운데가 오목한 초승달 모양이 됐어. 기다리던 한니발이 마침내 신호를 내렸어. 그러자 양쪽의 병사들이 날개를 접듯 가운데를 덮쳤어. 로마군은 꼼짝도 하지 못하고 갇혀버렸지. 이 전투에서 한니발 군대는 6천 명 정도가 죽었어. 그러나 로마군은 무려 7만 명이 죽었고, 1만 명이 포로로 잡혔지. 한니발의 대승이었던 거야!

그 후로도 명장 한니발은 이탈리아 전역을 돌며 로마군을 무찔렀어. 로마인들은 한니발 이름만 들어도 두려움에 떨었지. 그는 무려 10년간을 이탈리아에 머물렀어. 그런데 한니발을 지지하던 도시들도 그의 승리가 희박하다고 느꼈는지 서서히 로마를 지지하는 쪽으로 입장을 바꾸기 시작했어. 나중에 로마의 보복을 받지 않으려면 한니발과 거리를 둬야 하지 않겠니? 엎친 데 덮친 격으로, 카르타고 본국에서 지원군은 오지 않았어. 한니발은 점점 지쳐가고 있었지. 이제 그의 시대도 끝나가고 있는 거야.

대 스키피오의 승리

카르타고에 명장 한니발이 있었다면, 로마에는 대* 스키피오라는 명장이 있었어. 제3차 포에니 전쟁에서 카르타고를 완전히 파괴한 소小 스키피오와 구분하기 위해 이런 이름을 써. 이 대 스키피오의 등장으로 2차전의 전세는 역전되고, 결국 로마의 대승으로 끝나게 된단다.

기원전 211년 로마는 한니발의 힘을 빼앗기 위해 에스파냐를 공격하기로 결정했어. 한니발의 고향이자 그의 군대를 지원하는 본부를 치면 힘이 약해질 것이라고 믿은 거야. 이 원정대의 사령관이 바로 대 스키피오였어. 그는 5년간 에스파냐를 공략한 끝에 완전히 정복해버렸지.

로마는 열광했어. 대 스키피오의 인기도 급상승했지. 그는 서른 살의 어린 나이로 로마의 집정관이 됐어. 자, 그의 본격적인 활약은 지금부터야. 이듬해 대 스키피오는 4만여 명의 대군을 이끌고 카르타고 정복에 나섰어. 카르타고가 궁지에 몰리면 당연히 한니발을 본국으로 소환할 테고, 그러면 자연스럽게 로마는 한니발의 위협에서 해방될 수 있다고 본 거야. 그의 예상은 적중했어. 로마 군대가 1년간 카르타고를 괴롭히자 한니발은 본국으로 돌아갈 수밖에 없었지.

이제 두 영웅의 최후 결전만이 남았어. 양쪽의 군대는 기원전 202년 카르타고 부근의 자마 평원에서 마주쳤어. 대 스키피오는 한니발이 오랫동안 이탈리아에서 전쟁을 치른 터라 그의 전략을 속속들이 알고 있었어. 과연 대 스키피오의 예상대로 한니발은 코끼리 부대를 앞세워 공격해왔어. 대 스키피오는 미소를 지었지. 사방에서 소음을 만들어내자 코끼리들은 이성을 잃은 채 오히려 한니발의 군대를 공격하고야 말았어. 결국 자

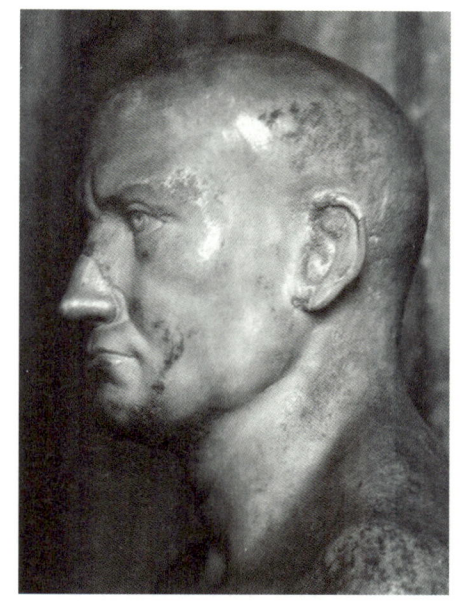

대 스키피오 제2차 포에니 전쟁의 자마 전투에서 한니발을 굴복시켰다.

마 전투는 대 스키피오의 승리로 끝났고, 카르타고는 항복했지.

기원전 201년 카르타고는 에스파냐를 포함한 해외의 모든 식민지를 로마에게 넘겨줬어. 에스파냐는 이때 로마의 속주로 전락했지. 카르타고는 그밖에도 50년간 거액의 전쟁 보상금을 주기로 했어. 대 스키피오는 이 전쟁에서 승리함으로써 아프리카누스라는 이름을 얻었단다.

한니발은 분통이 터져 잠을 이루지 못했어. 그는 은밀하게 로마에 복수할 기회를 노리고 있었어. 그러나 배신자가 이 사실을 로마에 밀고해버렸어. 한니발은 시리아로 도망갔지. 한니발은 그곳에서 군대를 일으켜 로마에 대항했지만 과거의 한니발이 아니었어. 전쟁에서 패한 그는 보스포루스 해협의 비티니아로 달아났어. 로마군이 그를 추격했어. 시시각각 다가오는 로마군에게서 벗어날 수 없다는 사

실을 깨달은 한니발은 스스로 목숨을 끊고 말았어.

카르타고는 50년간 갚기로 한 보상금을 10년 만에 다 갚아버렸어. 로마는 놀랐지. 카르타고의 저력이 남아 있었던 거야. 그대로 두면 위협이 될 수 있다고 판단한 로마는 아주 잔인한 결정을 내렸어. 카르타고를 지구상에서 없애버리자!

그러나 로마는 카르타고를 침략할 명분이 없었어. 2차 전쟁 후 맺은 조약을 먼저 깨뜨릴 수 없었던 거지. 로마는 작전을 짰어. 카르타고 서쪽에 있는 작은 나라 누미디아를 꼬드겨 카르타고를 침략하게 한 거야. 카르타고는 로마에게 누미디아를 좀 어떻게 해달라고 부탁했지만 로마는 일절 답변을 하지 않았어. 어쩔 수 없이 카르타고는 누미디아와 전쟁을 시작했어. 로마는 만세를 불렀어. 카르타고는 로마의 동의 없이 전쟁을 치를 수 없다는 평화조약의 규정을 위반한 셈이 됐거든. 로마는 이를 구실로 기원전 149년 카르타고를 침략했어. 이때의 지휘관이 바로 소 스키피오란다.

카르타고의 마지막 저항은 거셌지만 로마를 이길 수는 없었어. 소 스키피오는 도시를 완전히 불살라버리고 카르타고 사람들을 모두 노예로 팔아버렸지. 기원전 146년 결국 카르타고는 지구상에서 사라지고 로마의 식민지로 전락했어. 포에니 전쟁은 드디어 끝났고, 로마는 지중해 일대를 모두 장악한 거야.

카르타고 유적 현재의 튀니지 지방으로 제3차 포에니 전쟁 때 도시가 파괴되었다.

그러나 로마의 정복 욕심은 끝이 없었어. 과거에는 거인 같았던 헬레니즘 왕국들이 이제는 만만해 보이기 시작했지. 제2차 포에니 전쟁이 끝나고 12년쯤 지났어. 가장 먼저 마케도니아 혈통의 셀레우코스^{셀레우키아} 왕국이 로마의 밥이 됐지. 셀레우코스 왕국은 오늘날 시리아를 중심으로 발달한 나라였어. 한니발이 도망쳤던 바로 그 나라지. 기원전 189년 시리아 지역을 뺀 나머지 셀레우코스 영토가 모두 로마의 차지가 됐어. 중심지였던 시리아는 기원전 64년 로마에 흡수돼. 로마는 이 지역에 속주를 만들고 '아시아'라고 불렀어.

오늘날 이집트를 중심으로 발달한 또 하나의 헬레니즘 강국인 프톨레마이오스 왕국은 로마의 보호령이 됐다가 기원전 30년 클레오파트라가 사망하면서 로마에 흡수됐어. 카르타고가 멸망한 해에는 알렉산더의 조국 마케도니아도 로마의 속주로 편입됐단다. 로마는 서기를 맞이하기 전에 헬레니즘 세계를 모두 로마의 땅으로 만든 거야!

로마는 유럽의 다른 지역도 정복했어. 알프스 산맥 바로 북쪽 지대도 기원전 1세기에 로마로 흡수됐어. 앞에서 살펴봤지만 이베리아 반도도 제2차 포에니 전쟁 직후 로마의 속주가 됐지? 그러나 더 북쪽으로 올라가면, 그곳에는 로마의 입김이 미치지 않았어. 여전히 게르만족과 켈트족이 자신들만의 삶을 살고 있었지. 물론 조금 더 지나면 상황이 달라지지만 말이야.

통박사의 역사 읽기

+ 속주와 동맹국

에스파냐는 로마가 확보한 가장 큰 속주야. 첫 속주는 시칠리아였지. 로마는 그전에도 많은 전쟁에서 이겼지만 동맹을 맺었을 뿐이야. 그렇다면 동맹국과 속주는 어떤 차이가 있을까? 동맹국은 로마에 대해 정치적으로만 지배를 받았어. 이를테면, 로마가 어떤 나라와 전쟁을 벌일 때 동맹국은 즉각 로마에 병사를 빌려줘야 할 의무가 있었지. 그러나 속주는 그런 의무가 없는 대신 정기적으로 공납을 바쳐야 했단다. 쉽게 말해, 속주는 경제적으로 지배를 받은 셈이야. 로마는 에스파냐를 속주로 삼고 나서 수입이 짭짤해지자 그 후로는 속주를 늘렸단다.

로마, 유럽 장악하다

자, 로마의 영토를 살펴볼까? 지중해는 로마의 앞바다가 돼버렸어. 헬레니즘 왕국도 모두 로마의 손아귀에 들어갔지. 로마는 기세를 올려 유럽 내륙을 향해 말발굽을 울리고 있었어. 물론 아직도 로마를 위협하는 적이야 얼마든지 있었어. 아시아 쪽에는 아케메네스 왕조가 무너지고 나서 들어선, 반쯤 이란 혈통의 파르티아가 로마를 위협하고 있었지. 북쪽에는 호전적인 켈트족과 게르만족이 여전히 저항하고 있었어.

그러나 나머지 식민지와 속주에서 들어오는 조공과 전리품만으로도 로마는 큰 부자가 됐어. 좋은 일이라고? 아니야. 큰 부작용이 생겨났거든. 로마 정신이 사라지기 시작한 거야. 재물이 넘쳐나자 로마의 미풍양속이던 근검절약이 흥청망청 쓰는 문화로 바뀌었어. 귀족만 그랬던 게 아니야. 부자가 된 것으로 착각한 농민들도 그랬어. 그러나 사치로부터 얻을 수 있는 즐거움도 잠시, 농민들은 이내 가난해졌지. 그 결과를 예상할 수 있겠니? 평민과 공화정이 몰락하고, 제정이 시작된 거야.

그라쿠스 형제의 죽음과 공화정의 몰락

로마의 영토가 넓어지니까 가장 큰 이득을 본 사람들이 누구였을까? 그렇지, 바로 귀족들이야. 로마군이 정복한 땅은 고스란히 귀족들의 차지가 됐어. 귀족들은 땅을 늘리고 늘려, 마침내 대농장을 만들었어. 이런 대농장을 라티푼디움이라고 불러. 노예들은 대농장에서 죽도록 일만 했지. 돈을 갚지 못해 땅을 잃은 농민들도 이런 노예의 처지가 됐어. 그전까지 자신의 땅에서 자유롭게 농사를 지었던 자유 농민들이 몰락하기 시작한 거야.

물론 모든 평민이 몰락한 건 아니야. 무역업이나 토목업을 하면서 큰돈을 번 평민들도 있었어. 이런 평민들을 에퀴테스라고 불러. 에퀴테스 가운데는 귀족들도 감히 손을 대지 못할 만큼 권력을 가진 이도 있었어. 이런 사람들이 나중에 기사가 됐지. 그러나 이런 에퀴테스는 소수에 불과했고, 대부분의 평민은 몰락하고 있었지.

기원전 133년 스물아홉의 젊은 나이로 호민관이 된 티베리우스 그라쿠스는 이대로 두면 로마가 멸망할 거라고 생각했어. 그 자신은 이제 귀족 반열에 들어섰지만 평민을 걱정했지. 그는 토지가 몇몇 귀족들에게만 집중되는 게 가장 큰 문제라고 말했어. 그의 연설은 사람들을 감동시켰어.

"짐승들도 자신이 살 곳은 가지고 있다. 그러나 로마를 위해 싸우다 희생된 사람들은 아무것도 가지지 못했다. 그들이 가진 것이라고는 오로지 햇빛과 공기뿐이다. 평민들에게는 손바닥만 한 땅도 없다."

티베리우스는 땅이 없는 농민 가운데 일부를 추첨해 공짜로 땅을 주자는 법을 만들었어. 당연히 귀족들이 반발했겠지? 결국 티베리우스는 귀족들이 보낸 암살단에게 무참히 살해되고 말았단다.

이대로 개혁이 끝나는 것일까? 아니야. 동생 가이우스 그라쿠스가 형의 뒤를 따랐어. 기원전 123년 호민관이 된 가이우스는 형의 비참한 최후를 너무나 잘 알고 있기에 신중했어. 귀족이 자신의 편이 아닌 건 명백했지. 그는 에퀴테스에게 접근했어. 그들을 자신의 편으로 만들기 위해 우선 그들이 더 많은 돈을 정당하게 벌수 있도록 해줬어. 그 결과 에퀴테스는 가이우스를 지지하기 시작했어.

가이우스는 이어 해외 식민지를 늘렸고, 그 식민지에서 식량을 수입했어. 이 식량은 가난한 백성들에게 공짜로 제공했어. 가이우스는 식량 수입을 원활하게 하고 자신의 지지 세력도 늘리려는 목적으로, 동맹시의 모든 사람에게 로마 시민권을 주려고 했어. 그러자 반대파들이 폭동을 일으켰어. 결국 가이우스는 스스로 목숨을 끊었지.

그라쿠스 형제의 죽음은 로마로서는 정말 불행한 일이었어. 그 후 로마는 평민파와 귀족파로 나뉘어 정치투쟁을 벌였어. 마침 이탈리아 북쪽에는 게르만족의 침략이 자주 일어났어. 북쪽 지방뿐만이 아니야. 카르타고를 정복할 때 바람잡이로 활용했던 누미디아에서도 큰 반란이 일어났어. 이럴 때 내우외환內憂外患이란 말을 써야겠지?

이때 등장한 인물이 평민파의 마리우스였어. 기원전 107년 집정관에 선출된 마리우스는 가장 먼저 군대를 개혁했어. 그는 입대할 수 있는 자격을 빈곤층까지 확대했어. 당연히 군인의 수가 크게 늘었어. 그전까지는 평민만 입대할 수 있었잖아? 그렇다고 이 개혁으로 평민들의 삶이 좋아졌다고는 보기 어렵겠지?

사실 이러한 군대 개혁은 로마 공화정을 무너뜨리는 첫 계기라고

가이우스 마리우스 뛰어난 장군이었으나 권력 투쟁 과정에서의 대량 학살로 악명이 높았다.

할 수 있어. 빈곤층을 군대로 끌어들인 것까지야 별문제가 없지. 그러나 빈곤층은 무기를 마련할 돈이 없었어. 게다가 국가가 월급을 주지도 않았어. 그렇다면 누가 이들에게 무기와 월급을 줬겠니? 돈 많은 귀족들이야. 그래, 이때부터 로마의 군대는 직업 군대처럼 변하고 말았어.

직업 군대의 병사들은 누구에게 충성하겠니? 당연히 주인에게만 충성했어. 자신의 주인, 즉 마리우스를 위해 병사들은 목숨을 걸고 싸웠어. 그들은 게르만족의 침략이 있을 때마다 즉각 출동해 물리쳤어. 승리한 병사들은 넉넉한 보상을 받았지. 심지어 나이가 들어 은퇴한 병사들에게는 땅까지 줬단다. 사정이 이러니 충성을 안 할 수 없겠지? 마리우스도 그 덕분에 일곱 차례나 집정관이 됐단다. 이럴 때 누이 좋고 매부 좋고다고 해야 하나?

그러나 마리우스의 세상도 끝나고 있었어. 마리우스가 누미디아의 반란을 진압한 공로로 로마의 영웅이 됐다면, 그의 부하였던 술라는 파르티아를 정벌한 공로로 로마의 영웅이 됐어.

술라는 기원전 88년 집정관이 됐어. 이윽고 마리우스를 몰아내고 권력을 장악했지. 술라는 로마 시민이 열광할 만한 업적을 만들어야 한다고 생각하고 있었어. 마침 사건이 터졌지. 파르티아의 미트라다테스

루키우스 술라 귀족파의 지도자로 평민파였던 마리우스와의 정치적 대립으로 로마를 혼란에 빠뜨렸다.

왕이 로마의 아시아 속주와 그리스를 점령해버린 거야. 술라는 "바로 이거다!"라며 무릎을 쳤어. 원로원도 술라가 출동해 파르티아를 혼내줄 것을 명령했어.

기원전 87년 술라는 즉각 파르티아를 공격해 그리스를 되찾고 소아시아로 진군했어. 파르티아도 강했는지 쉽게 무너지지 않았어. 결국 3년간의 전쟁은 무승부로 끝났지. 그래도 술라는 많은 것을 얻었어. 그리스를 되찾았을 뿐만 아니라 파르티아로부터 막대한 배상금까지 받았거든. 로마 시민들은 환호했어. 이제 술라가 영웅이 된 거야.

그러나 술라는 마리우스보다 더한 독재자였어. 심지어 원로원이 입도 뻥긋하지 못했을 정도야. 이 점만 봐도 공화정은 빠른 속도로 무너지고 있다는 걸 알 수 있겠지? 술라는 암살을 당하지는 않았지만 병에 걸려 비참하게 죽었대. 그의 뒤를 이은 인물은 부하였던 폼페이우스야.

🔍 통박사의 역사 읽기

✚ 라티푼디움과 프롤레타리아

오랜 전쟁 끝에 부자가 되는 평민은 없을 거야. 로마도 마찬가지였지? 전쟁에서 얻은 것은 부상뿐이었어. 고향으로 돌아왔지만 농지는 이미 황폐해졌지. 귀족들은 이참에 농지를 헐값에 사들였어. 그렇게 해서 탄생한 게 대농장, 즉 라티푼디움이지. 그나마 유일한 재산이었던 땅을 귀족에게 넘긴 평민들은 프롤레타리아라고 불렀어. 19세기 사회주의자들은 노동자와 농민 등 가난하고 힘없는 사람들을 통틀어 프롤레타리아라고 불렀단다. 프롤레타리아는 결국 2000년의 역사를 가진 단어인 셈이야. 프롤레타리아와 노예는 달라. 노예는 자유가 없는 몸으로, 주로 포로가 된 식민지의 백성들이 해당됐단다. 그러나 노예들도 주인의 허락을 받으면 자유인이 될 수 있었어. 아시아의 노비와는 좀 다르지?

폼페이우스와 삼두정치

폼페이우스는 타고난 군인이었어. 열여덟 살 때부터 아버지를 따라다니며 많은 전쟁을 치렀어. 그는 어린 나이임에도 불구하고 강력한 리더십이 있었지. 전쟁이 오래 계속되면 병사들은 몸과 마음이 모두 피곤해져. 그러다 보니 반란도 종종 일어나곤 해. 폼페이우스 아버지의 병사들도 그런 적이 있었어. 막 반란이 일어날 기세였어. 그때 폼페이우스는 "아버지를 배신하려면 나부터 먼저 밟고 가라!"며 병사들을 상대했어. 병사들은 그의 기세에 눌려 반란을 일으키지 못했지.

그는 술라의 도움을 받아 정계에 진출했어. 술라에 의해 마리우스가 쫓겨났으니

폼페이우스 젊어서부터 많은 전공을 세웠으며 카이사르, 크라수스와 함께 제1차 삼두정치를 이끌었다.

아프리카로 달아난 마리우스의 지지자들을 소탕하는 건 당연히 그의 임무였지. 그러나 이것만으로는 폼페이우스가 크게 두드러지지 않았어. 폼페이우스도 큰 업적을 이뤄야 할 필요를 느꼈어. 이번에도 그럴 기회가 생겼지. 에스파냐로 도망간 마리우스의 지지자 가운데 세르토리우스가 큰 반란을 일으킨 거야.

기원전 76년 폼페이우스는 원로원의 명령을 받

고 에스파냐로 출동했어. 4년 만에 반란은 진압됐지. 그러나 원로원은 폼페이우스에게 선뜻 집정관 자리를 주지 않았어. 나이가 어려서라는 이유가 있었지만 사실은 그가 두려웠던 거야. 폼페이우스가 에스파냐 반란을 진압할 무렵인 기원전 73년, 또 다른 반란이 이탈리아 전체를 들썩이게 했어. 바로 검투사 스파르타쿠스의 반란이야. 반란은 전국적으로 확산되며 노예와 빈민까지 가세했어. 반란군은 로마 군대를 잇달아 격파하기도 했지. 그러나 반란의 끝은 처참했어. 반란군 모두가 아피아 가도를 따라 쭉 십자가에 매달려 죽었거든. 초기부터 이 반란 진압 임무를 맡았던 인물이 크라수스였어. 에스파냐 반란을 진압한 뒤에는 폼페이우스도 거들었지.

두 반란을 성공적으로 진압한 공로를 인정받아 기원전 70년 폼페이우스는 크라수스와 함께 공동 집정관에 선출됐어.

둘 가운데 군사적 업적은 폼페이우스가 많았어. 폼페이우스는 그 후 로마의 철천지원수인 파르티아와 싸워 무릎을 꿇리기도 했어. 물론 파르티아를 정복하는 데 성공한 것은 아니야. 파르티아는 훗날 사산 왕조 페르시아에 의해 멸망한단다. 그러나 전투에서 패한 미트라다테스 왕이 포로가 되지 않으려고 자살했으니, 어느 정도 목적은 이룬 셈이지. 기원전 64년 시리아와 예루살렘을 정복해 셀레우코스 왕국을 멸망시킨 것도 폼페이우스였단다.

이제 폼페이우스가 로마의 1인자가 되었을까? 아니야. 모든 정치인들이 두려워한 새로운 인물이 나타났거든. 바로 율리우스 카이사르^{시저}야. 마리우스의 친척으로 평민파에 속하는 인물이었지. 카이사르는 명문 귀족 가문 출신이었어. 그 때문에 군인 출신인 폼페이우스나 부호 출신인 크라수스보다 정치권력에 더 수월하게 다가갈 수 있었지.

카이사르는 기원전 63년 집정관 다음으로 중요한 공직자인 법무관이 됐어. 다음 해에는 에스파냐의 총독에 부임했지. 카이사르는 타고난 정치인이었어. 일찍부터 사람을 자기편으로 만들어야 한다는 걸 잘 알았지. 그래서 너무 많은 돈을 썼고, 이 무렵에는 빈털터리를 넘어 빚이 엄청 많았대. 이때 빚보증을 선 사람이 바로 크라수스란다. 어쨌든 에스파냐 총독으로 있을 때 이 빚을 모두 갚고도 부자가 됐어. 얼마나 착취를 했던 것일까?

카이사르는 기원전 60년 로마로 돌아왔어. 두 명의 집정관, 즉 폼페이우스와 크라수스는 카이사르와 함께 세력을 나누기로 합의했어. 이를 세 명의 우두머리가 권력을 나눴다는 뜻에서 제1차 삼두정치라고 불러. 왜 '제1차'냐고? 몇 년 후 또 다른 삼두정치가 나타나기 때문이야.

카이사르, 1인자가 되다

카이사르는 오늘날까지도 유럽인들이 샤를마뉴, 나폴레옹과 더불어 3대 정복자로 손꼽는 영웅이야. 이 인물에 대해서 자세히 알아둘 필요가 있겠지?

기원전 59년 카이사르는 최고 관직인 집정관이 됐고 모든 권력을 가졌어. 또 한 명의 집정관이 있었지만 당시 로마인들은 "율리우스와 카이사르가 집정관이다"라고 말할 정도였대. 그런 카이사르에게도 고민이 있었어. 폼페이우스가 했던 바로 그 고민, 바로 로마인들을 열광시킬 업적이 필요했던 거야. 마침 기회가 왔어. 그를 두려워한 원로원 귀족들이 기원전 58년 지금의 프랑스인 갈리아의 총독으로 발령을 내버렸어. 그러나 카이사르는 이 조치를 반겼어. 군사적 업적을 만들기에 이보다 더 좋은 기회가 없었거든.

갈리아는 로마의 속주였어. 그러나 그곳에 사는 켈트족들의 저항은 여전히 거셌어. 카이사르는 곧바로 그들과의 전쟁에 돌입했지. 이 전쟁이 바로 갈리아 전쟁이야. 이때의 이야기는 카이사르가 남긴 《갈리아 전기》라는 책에 자세히 나와 있단다. 카이사르는 글솜씨도 탁월해 이 책은 오늘날까지도 아주 잘 씌어진, 중요한 역사 서적으로 여겨지고 있어.

카이사르의 군대는 켈트족들을 몰아붙였어. 켈트족들은 북쪽으로 달아났고, 그들을 쫓던 카이사르의 군대는 브리타니아 _{오늘날의 영국} 코앞까지 진군했어. 카이사르는 아예 영국까지 점령하기로 하고 섬

율리우스 카이사르 폼페이우스와의 권력 투쟁에서 승리한 후 종신 독재관에 취임하여 로마 제정의 길을 열었으나 공화파에 의해 암살당했다.

으로 쳐들어갔어. 이때 영국이 유럽 세계에 처음 알려지게 됐지. 카이사르는 또 게르만족까지 토벌할 작정으로 라인 강을 건너 게르마니아 _{오늘날의 독일} 까지 진군했어. 그러나 두 원정은 모두 완벽하게 성공하지는 못했어. 영국에서는 북쪽을 정복하

갈리아 전쟁 갈리아 수장 베르킨게토릭스가 카이사르에게 항복하고 있다.

지 못했고, 게르만족은 너무 강해 다시 라인 강 남쪽으로 후퇴해야 했거든.

기원전 52년 갈리아 지방에서 켈트 귀족 베르킨게토릭스가 대대적인 반란을 일으켰어. 한때 카이사르 군대는 프랑스 남동부의 프로방스까지 후퇴해야 했지. 그러나 아무래도 카이사르 군대가 더 강했어. 결국에는 이 반란도 진압됐고, 켈트족은 더 이상 로마에 저항하지 않았어. 이제 켈트족도 로마 사람이 되기로 한 거지.

이즈음 크라수스가 파르티아와 전쟁 도중에 목숨을 잃었어. 삼두정치인 가운데 한 명이 사라졌으니 대권을 노릴 법도 하지? 그러나 카이사르는 섣불리 로마로 향하지 않았어. 아직 폼페이우스가 강했고, 원로원이 자신을 싫어한다는 걸 알고 있었거든. 카이사르는 갈리아 지방에 머물면서 총독 임기를 연장해주고, 폼페이우스와 자신의 군대를 동시에 해산할 것을 원로원에 제안했지. 원로원은 이를 받아들이지 않았어. 원로원은 오히려 기원전 50년 카이사르에게 군대를 해산하고 로마로 귀환할 것을 명했어. 이때 카이사르의 부하이자 호민관이었던 안토니우스는 원로원이 부당하다고 항의했지만 원로원은 완강했어.

기원전 49년 1월, 원로원은 "카이사르가 명령을 따르지 않으면 반역 행위로 간주하겠다!"라고 선포했어. 카이사르는 고민 끝에 결단을 내렸어. 이탈리아로 진격하기로 한 거야. 갈리아와 이탈리아의 국경은 루비콘 강이었어. 이 강을 건너면서 카이사르는 "주사위는 던져졌다!"라고 말했지. 이때부터 '루비콘 강'은 중대한 사안의 경계를 가리킬 때, '주사위는 던져졌다'는 말은 중대 결정을 내릴 때 쓰이게 되었단다.

폼페이우스는 카이사르 군대의 용맹을 알고 있기에 겁부터 먹고 그리스로 달아나버렸어. 카이사르 군대는 변변한 전투 한 번 치르지 않고 로마를 점령할 수 있었지. 카이사르는 곧바로 그리스로 추격전을 펼치지 않았어. 폼페이우스의 근거지인 에스파냐와 북아프리카부터 쳐들어가, 폼페이우스의 남은 부대부터 제압했지.

기원전 48년 마침내 카이사르는 폼페이우스를 직접 치기 위해 그리스로 출발했어. 폼페이우스는 자신의 근거지 가운데 하나인 이집트로 달아났어. 그러나 뜻하지 않은 배신을 당하고 말았어. 이집트의 왕 프톨레마이오스 13세가 카이사르를 두려워한 나머지, 부하를 시켜 폼페이우스를 암살해버린 거야. 카이사르는 폼페이우스의 머리를 보고 눈물을 흘렸다고 전해지고 있어. 로마가 훌륭한 장군을 잃어버렸다며…. 진심이었을까? 그건 모르지.

이즈음 이집트는 프톨레마이오스 13세와 그의 누나인 클레오파트라 7세가 왕의 자리를 놓고 다투고 있었어. 클레오파트라는 카이사르에게 은밀히 접근했어. 카이사르는 그녀에게 흠뻑 빠져 적극 도왔어. 그 덕분에 클레오파트라는 여왕이 됐어. 둘은 카이사리온^{프톨레마이오스 15세}이란 아들도 낳았단다.

카이사르는 이번에는 소아시아 지역으로 출격해 기원전 47년 9월 파르티아의 군대를 격파했어. 이때 원로원에 전한 승전보 "왔노라, 보았노라, 이겼노라^{veni, vidi, vici}"는 아주 유명해. 카이사르는 세 마디만 편지에 써서 보냈대. 자신감을 엿볼 수 있는 대목이지. 기원전 45년 3월 카이사르는 폼페이우스의 아들까지 모두 제거함으로써 마침내 로마 내전을 끝냈어. 이제 아무도 넘볼 수 없는 1인자가 된 거야!

황제를 꿈꾼 불운의 영웅

기원전 44년 카이사르는 종신 독재관에 올랐어. 독재관은 비상시에 국가를 지휘하는 최고 권력자야. 종신이란 말은 '죽을 때까지'를 뜻하지. 그렇다면 종신 독재관이 어떤 자리인지 알겠지? 황제는 아니지만 사실상의 황제와 다름없는 자리였던 거야. 원로원이라고 별수 있겠니? 원로원은 카이사르의 눈치를 보며 그에게 임페라토르Imperator란 호칭을 선사했어. 황제라는 단어는 임페라토르에서 비롯된 거란다.

카이사르는 백성들로부터 사랑과 존경을 받았어. 원래 그는 평민파에 속했지? 에스파냐 총독으로 부임하기 전에 빈털터리였다는 사실도 기억하지? 도박이나 방탕한 생활을 해서 돈을 모두 날린 게 아니야. 평민들의 마음을 얻기 위해 돈을 쓴 거였지. 권력을 쥐고 나서도 카이사르는 평민들을 위한 정치를 했어. 토지와 식량을 나눠줬고, 대규모 공사를 벌여 일자리를 만들었지. 귀족들도 함부로 평민의 재산을 빼앗지 못하도록 했어. 갈리아 전쟁에서 보듯, 카이사르는 해외 식민지도 많이 늘려 로마의 경제력을 더욱 키워놨지. 로마의 정치는 다시 안정되기 시작했어.

권력과 돈, 국민의 존경, 이 모든 걸 다 가졌는데도 카이사르는 허전했어. 왜일까? 바로 황제가 되고 싶은 욕심 때문이었어. 그러나 로마는 에트루리아 왕을 몰아낸 기원전 5세기부터 이때까지 약 800년간 공화정을 유지해왔어. 로마 시민들은 황제를 원하지 않았지.

카이사르의 부하인 안토니우스가 좋은 아이디어를 내놓았어. 카이사르가 종신 독재관에 오르고 얼마 지나지 않아 로마에서 축제가 열렸어. 대형 경기장에 모여든 로마 시민들은 카이사르의 모습이 보이자 환호성을 질렀어. 바로 이때다! 안토니우스와 측근들은 "카이사르 황제 만세!"라고 외쳤어. 안토니우스는 미리 준비해둔 황제의 관을 카이사르에게 바쳤지. 갑자기 분위기가 썰렁해졌어. 카이사르는 로마인들이 황제를 원하지 않는다는 사실을 다시 한 번 깨달아야 했어. 카이사르는 웃으며 황제의 관을 돌려줬지. 웃고 있었지만 쓸쓸했을 거야.

이 사건이 비극의 시작이었어. 카이사르의 반대파들은 카이사르가 황제가 되려 한다며 반란을 준비하기 시작했어. 그 가운데에는 카이사르가 총애했던 브루투스도 끼어 있었어. 브루투스는 카이사르를 존경했지만, 그보다는 로마 공화정이 더 중요하다고 생각했던 거야. 반대파들은 카이사르를 암살하기로 했고, 3월 15일을 거사일로 잡았어.

자, 이쯤에서 잠시 눈을 돌려 오리엔트 지역을 볼까? 로마를 괴롭히던 나라가 하나 있었어. 그래, 파르티아야. 카이사르는 그 파르티아가 항상 눈엣가시 같았어. 가시는 빼버려야지! 그러나 문제가 있었어. 파르티아 원정을 끝내는 데는 약 2년이 걸릴 것 같았는데, 그사이에 원로원이 배신을 할 수도 있겠지?

파르티아 원정을 사흘 앞둔 기원전 44년 3월 15일, 카이사르는 원로원으로부터 충성 약속을 받기 위해 회의장으로 향했어. 집을 나서려는데 아내가 옷깃을 잡았어. 꿈자리가 너무 뒤숭숭했던 거야. 카이사르는 그런 아내에게 호들갑 떨지 말라며 집을 나섰어. 그러자 반대파의 암살 음모를 알고 있는 어떤 젊은이가 길을 막더니 "회의장에 가면 안 됩니다!"라고 소리쳤어. 그러나 반대파들이 그를 미친놈 취급하며 쫓아버렸기 때문에 카이사르는 이상한 낌새를 발견하지 못했어.

회의장에 들어선 카이사르는 아무런 무기를 갖고 있지 않았어. 갑자기 수십 명의 암살자들이 달려들었어. 카이사르는 가장 큰 경쟁자였던 폼페이우스의 동상 밑에서 숨을 거뒀어. 총 스물세 군데나 칼에 찔렸지. 카이사르는 죽어가면서 암살단에 섞여 있는 브루투스를 발견했어. "브루투스, 너마저…." 이 말이 카이사르가

카이사르의 죽음 카이사르는 정적이었던 폼페이우스 동상 밑에서 공화파 암살단의 습격을 받았다.

남긴 마지막 말이었단다.

다음 날 카이사르가 암살됐다는 소식이 알려지면서 로마 시내가 발칵 뒤집혔어. 많은 군중이 모여들었고, 그들 앞에 브루투스가 나섰어. 그는 "카이사르를 존경합니다. 그러나 그는 황제가 되려 했고, 로마 공화국을 위해서 그를 제거할 수밖에 없었습니다"라고 연설했어. 그의 눈에서 눈물이 흘러내리자 로마 시민들은 카이사르가 그랬냐며 암살을 지지하는 환호성을 질렀어.

그러나 다음으로 안토니우스의 연설이 시작되자 상황은 반전됐어. 안토니우스는 로마 시민에게 카이사르의 피 묻은 망토를 보여주며 이렇게 말했어. "카이사르는 로마 시민에게 자신의 재산을 유산으로 물려준다는 유언장을 남겼습니다. 그만큼 로마를 사랑한 시민은 없을 겁니다. 그러나 그 카이사르는 이제 죽고 없습니다." 그의 연설에 감동을 받은 로마 시민들은 브루투스 일당을 공격했어. 이틀 뒤인 3월 18일 카이사르는 화장됐어. 그러나 마침 내린 큰비에 그의 잿더미는 쓸려가버렸어. 위대한 정복자의 최후는 너무나 초라했단다.

로마 제국의 탄생

브루투스 일당을 타도한 안토니우스가 권력을 잡았을까? 아니야. 이번에도 예상치 못했던 인물이 있었어. 일리리쿰^{오늘날의 알바니아}에 살고 있던 가이우스 옥타비아누스가 그 주인공이었지. 그는 서민 출신이었지만 어머니가 카이사르의 조카였어. 카이사르는 그의 아버지가 죽자 보호자 역할을 했을 뿐만 아니라 옥타비아누스를 자신의 양자 겸 후계자로 받아들인다는 유언장을 남겼어. 바로 이 유언장 때문에 옥타비아누스가 짧은 시간에 권력의 중심에 설 수 있었던 거지.

그러나 이때 옥타비아누스는 채 스무 살이 되지 않았어. 경험도 적었고 나이도 어려 권력을 독차지하기에는 역부족이었지. 그러나 그는 타고난 정치 능력을 발휘해 마침내 권력을 잡았어. 원로원은 그에게 존엄한 사람이란 뜻의 '아우구스투스'라는 호칭을 선사했어. 이 호칭은 신이나 황제에게만 붙일 수 있었어. 그래, 사실상 로마 제국이 탄생했고, 아우구스투스는 첫 황제가 된 거야.

첫 황제, 아우구스투스

기원전 43년 말 안토니우스, 옥타비아누스, 카이사르의 기병 대장이었던 레피두스 세 명이 권력을 나눠 가졌어. 안토니우스는 동방 지역, 옥타비아누스는 서방 지역, 레피두스는 아프리카 지역을 각각 차지했지. 어디에서 본 기억이 나지 않니? 그래. 예전에 카이사르, 폼페이우스, 크라수스가 권력을 나눠 가졌던 것과 비숫하지. 그 때문에 이를 제2차 삼두정치라고 불러.

　이런 형태의 정치는 불안할 수밖에 없어. 아닌 게 아니라 또다시 권력 투쟁이 시작됐어. 레피두스는 일찌감치 이 투쟁에서 밀려났고, 옥타비아누스와 안토니우스가 치열하게 싸웠어. 옥타비아누스는 나이도 어렸고 전투 경험도 많지 않았지만, 아그리파라는 뛰어난 전략가를 곁에 두고 있었어. 반드시 권력을 장악하겠다는 욕심도 강했지. 반면 안토니우스는 권력욕이 덜 했나봐. 그는 카이사르의 여인이었던 클레오파트라에게 푹 빠져, 아예 이집트에 눌러 앉아 버렸지. 이런 상황이라면 승패는 뻔한 거야.

　기원전 31년 옥타비아누스는 안토니우스에게 선전포고를 했어. 이때까지 이집트의 프톨레마이오스 왕국은 완전한 로마의 속주는 아니었어. 앞에서 설명했는데, 기억하고 있지? 이 선전포고에 안토니우스는 클레오파트라와 연합군을 결성해 맞섰어. 양쪽의 함대가 그리스 북서부의 악티움에서 충돌했어. 악티움 해전에서 옥타비아누스가 승리했고, 안토니우스와 클레오파트라는

옥타비아누스 악티움 해전에서 안토니우스에게 승리한 후 로마의 일인자가 됐다. 로마 제정이 그로부터 시작됐다.

이집트로 도망간 뒤 스스로 목숨을 끊었어. 기원전 30년 프톨레마이오스 왕국의 땅은 모두 옥타비아누스의 손에 들어갔단다.

이제 로마의 모든 내전이 끝났어. 전 세계의 로마 속주들은 일제히 옥타비아누스에게 충성을 맹세했어. 기원전 29년 옥타비아누스는 원로원으로부터 '프린켑스' 칭호를 받았어. '제1시민'이란 뜻이야. 말 그대로 옥타비아누스가 로마의 최

금관을 쓴 옥타비아누스 기원전 29년 로마의 제1시민이 됐다.

고 권력자임을 인정한 거지. 옥타비아누스는 모든 혼란을 끝내고 나서 정치권력을 원로원에게 돌려주겠다고 선언했어. 그 자신은 황제가 되지 않겠다는 뜻도 명확히 밝혔지. 진심이었을까?

원로원도 눈치는 있지. 옥타비아누스가 군대를 장악하고 있잖아? 당연히 두려울 수밖에 없어. 기원전 27년 원로원은 옥타비아누스에게 또다시 '아우구스투스'란 호칭을 선사했어. 이제 옥타비아누스는 아우구스투스라고 불리기 시작했어. 사실상 황제였지. 그러나 겉으로는 아직 공화정이 유지되고 있었어. 정식 황제 호칭은 아우구스투스의 후계자인 티베리우스 때부터 쓰였지. 이 때문에 아우구스투스의 시대를 황제가 다스리는 제정과 구분해서 원수정이라고 부르는 학자들도 있어. 그렇지만 아우구스투스가 로마 제국의 첫 황제라는 사실에 반대하는 학자들은 거의 없어. 그래, 로마 제국의 첫 황제가 탄생한 거야!

그는 카이사르처럼 정복 전쟁을 많이 벌이지 않았어. 혹시 모를 반란을 방지하기 위해 속주들을 돌아다니며 평화롭게 지내자고 설득하는 데 더 많은 시간을 투자했지. 로마의 철천지원수였던 파르티아와도 평화조약을 맺은 걸 보면 그의 정치 노선을 알 수 있겠지?

그런 아우구스투스에게도 게르만의 땅은 매력적이었나봐. 그는 몇 차례나 게르만족을 토벌하기 위한 원정군을 북쪽으로 보냈어. 이때 로마와 게르마니아의 국경선은 라인 강이었어. 그는 이 국경선을 조금 더 북쪽의 엘베 강으로 올리고 싶었던 거야. 그러나 이 원정은 성공하지 못했어. 서기 9년, 라인 강 유역까지 치고 올라갔던 로마 군대가 게르만족의 기습 공격에 전멸함으로써 철수할 수밖에 없었지. 원정은 로마의 대패로 끝났어. 아우구스투스가 훗날 죽음을 맞이할 때 "게르마니아를 정복하겠다는 욕심을 버려라" 하고 말했다니, 게르만족이 대단하긴 대단했나봐.

클레오파트라 7세 그녀를 마지막으로 프톨레마이오스 왕조는 멸망했다.

🔍 통박사의 역사 읽기

✦ 황제의 호칭

프린켑스는 제1시민이란 말로, 사실상 황제를 뜻해. 그러나 공식적으로 황제란 말은 따로 있었어. 카이사르가 대표적이야. 이 단어는 독일과 러시아로 전파되기도 했어. 독일에서는 카이저Kaiser, 러시아에서는 차르Tsar라고 불렀는데, 모두 카이사르가 어원이란다. 보통 Emperor를 황제라고 많이 번역하는데, 사실 이 말은 전투에서 대승해 돌아온 개선 장군에게 주어지는 호칭이었어. 카이사르가 얻었던 임페라토르라는 칭호가 이 말의 어원이라고 했지? 아우구스투스도 황제를 뜻하는데, 이 말은 '신성한 자'라는 뜻으로 종교적인 의미가 들어 있단다.

칼리굴라와 네로

아우구스투스는 아들이 없었어. 후계자 문제가 불거지기 시작했지. 그는 죽을 때까지 재혼녀였던 부인 리비아를 가장 사랑했어. 아우구스투스는 다른 후계자가 없자 리비아가 전남편과의 사이에서 낳은 아들 티베리우스를 양자로 삼고, 후계자로 지목했어.

이 대목은 아시아와 많이 다른 부분이야. 중국에서는 황제의 자리를 맏아들에게 넘기는 게 너무나 당연했고, 아들이 없어 후계자 문제를 고심했던 경우도 드물었어. 설령 그런 경우가 생겨도, 같은 혈통의 후계자에게 황제 자리를 넘겨줬지. 자신의 피 한 방울 섞이지 않은 사람에게 황제 자리를 넘겨주는 것은 상상도 못할 일이야.

어쨌든 티베리우스는 아우구스투스의 뒤를 이어 로마의 2대 황제가 됐어. 초기에는 나름대로 정치를 잘했어. 아우구스투스의 통치 방식을 좇아 평민을 보호했고 빈민들에게 식량도 나눠줬지. 부유층의 지나친 사치도 제한했어. 로마의 재정은 넉넉해졌어.

갑자기 정치가 싫어졌던 것일까? 티베리우스는 친위대장인 세야누스에게 정치를 맡기고 홀연 이탈리아 남쪽의 카프리 섬으로 떠나버렸

티베리우스 로마 제정기의 2대 황제로서 말년의 정치적 횡포 때문에 평가가 좋지 않다.

어. 세야누스가 정치를 잘했다면 티베리우스에 대한 역사의 평가도 좋았겠지? 그러나 세야누스는 폭군 황제처럼 행동했어. 이 때문에 티베리우스는 별로 주목받지 못한 황제로 후세에 남게 됐단다. 37년 티베리우스는 노환으로 사망했어. 그의 조카 칼리굴라가 세 번째 황제에 올랐지. 칼리굴라는 로마 제국 역사상 첫 폭군으로 기록돼 있단다.

칼리굴라의 원래 이름은 가이우스야. 그는 아버지를 따라다니며 전쟁터에서 어린 시절을 보냈어. 그때 병사들이 그를 매우 귀여워했고, '꼬마 장화'란 뜻의 칼리굴라라는 별명을 붙여줬대. 그때부터 칼리굴라라고 불린 거야. 그는 황제 초기 시절 정치도 잘했어. 원로원도 칼리굴라를 아주 좋아했다는구나. 이렇게 착했던 사람이 어느 날 갑자기 맘에 안 들면 모두 죽여버리고 나랏돈을 펑펑 쓰기 시작했어.

칼리굴라 로마 제정 최초의 폭군으로 기록되며 친위대 장군에게 암살되었다.

폭군이 된 거야!

칼리굴라는 왜 폭군으로 돌변했을까? 역사학자들은 칼리굴라가 정신질환에 걸린 것으로 추측하고 있어. 그는 자신이 신神이라고 생각했대. 신이면 뭐든지 할 수 있지? 스스로를 신으로 믿었던 칼리굴라는 자신의 행동이 모두 정상이라고 생각했을 거야. 그러나 주변 사람들은 그렇게 보지 않았어. 칼리굴라는 폭정을 참지 못한 친위대 장군에게 살해되고 말았지.

칼리굴라의 뒤를 이은 황제 클라우디우스는 예순이 넘은 노인으로, 칼리굴라의 삼촌이었어. 칼리굴라의 독재에 질린 원로원은 순둥이 할아버지를 황제로 선택한 거야. 클라우디우스는 말을 더듬었을 뿐만 아니라 다리도 절었어. 누가 봐도 평범한 노인네처럼 보였어. 그러나 꼭 순둥이만은 아니었어. 그의 업적도 적지 않아. 대표적인 게 43년 브리타니아의 남쪽, 그러니까 오늘날의 잉글랜드 지방을 완전히 정복한 거야.

클라우디우스는 여자 때문에 인생을 망쳤어. 칼리굴라의 친동생이자 자신의 조카인 아그리피나를 두 번째 부인으로 맞이한 게 화근이었지. 아그리피나가 삼촌과 결혼한 까닭은 자신의 아들을 황제로 만들기 위해서였어. 그녀는 결국 54년 클라우디우스를 독살하고 자신의 열여섯 살 된 아들을 황제로 만들었어. 이 황제가 바로 로마 최대의 폭군 네로였단다.

믿기지 않겠지만, 네로도 초기에는 훌륭한 황제였어. 해방된 노예들을 과감하게 관직에 쓰는가 하면 원로원의 의견을 충분히 받아들였어. 백성들에게 큰 부담이 됐던 세금도 줄였지. 그러나 어른이 되자 네로는 확 달라졌어. 어머니 아그리피나가 정치에 간섭하자 그녀를 가차 없이 죽여버렸지. 스승인 세네카도 같은 운명을 맞았어. 64년 큰불로 인해 로마 시가지의 70%가 잿더미로 변했을 때는 기독교 신도들을 방화범으로 지목해 집단학살했지.

역사상 유례없는 폭군이었지만, 네로는 예술을 무척 사랑했던 황제야. 문제는 도가 지나쳤다는 데 있지. 황제의 신분으로 스포츠 경기에 선수로 나갔고, 많은 관중 앞에서 무대에 올라 시와 노래를 불렀단다. 심지어 로마 시가지가 불타고 있을 때도 치솟는 불길을 보며 노래를 불렀다는구나.

폭군의 말로는 늘 비참한 법이야. 68년 갈리아 지방에서 또다시 반란이 일어났어. 이 틈을 타 에스파냐의 반대파들이 그를 없애기 위해 로마로 쳐들어왔어. 야밤에 몰래 로마 시가지를 빠져나가던 네로는 삶을 비관하며 스스로 목숨을 끊었단다.

네로 로마 제정 최대의 폭군이며 대화재를 빌미로 한 기독교도 학살로 유명하다.

동방의 메시아 그리스도

이 무렵 유대인 지역에서 새로운 종교 지도자가 탄생했어. 훗날 서양 세계의 정신을 완전히 지배한 인물…. 그래, 바로 예수 그리스도가 태어난 거야. 엄밀하게 말하면, 예수는 유럽 사람이 아니야. 아시아 사람이지. 그러나 오늘날 유럽의 정신적 뿌리가 그로부터 비롯됐기 때문에 유럽사에서 꼭 다뤄야 할 인물이야.

그리스도는 '기름 부음을 받은 자'란 뜻이야. 그러니까 신에 의해 선택된 사람이란 의미로 예수를 그리스도라 부르는 거지. 그리스도교를 한자로 옮기면 기독교가 돼. 그러니까 그리스도교와 기독교는 같은 말이야. 앞으로는 기독교로 통일해서 부르도록 할게. 기독교는 유대교와 달라. 유대교는 예수를 메시아, 즉 구원자로 인정하지 않지. 기독교는 오늘날 불교, 이슬람교와 함께 세계 3대 종교 가운데 하나야. 자, 이제 예수의 생애를 따라가볼까?

예수는 기원전 4년쯤 이스라엘에서 태어났어. 이때 이스라엘은 로마의 속주였지. 로마는 속주에 대해서도 어느 정도의 자치를 허용했다고 했지? 이에 따라 이스라엘도 유대인의 왕이 통치하고 있었어. 물론 로마의 말을 잘 듣는 왕이었지. 이때 이스라엘 왕은 헤롯이었는데, 예수가 태어날 무렵 이상한 예언을 들었어. 마구간에서 태어난 아기가 훗날 메시아가 된다는 거야. 헤롯은 두 살이 안 된 아기들을 모두 죽이라고 명령했어. 어른들은 아기 예수를 이집트로 피신시켰지.

성인이 된 예수는 예루살렘으로 돌아왔어. 그는 모든 사람이 평등하다는 만민평등사상을 외쳤어. 그를 따르는 추종자들이 늘기 시작했어. 이미 얘기한 대로 유대교는 예수를 메시아로 보지 않았어. 유대교 율법학자들은 예수가 선량한 유대교 신자들을 유혹하고 있다고 봤지. 결국 유대교 율법학자들은 예수를 고발해버렸어. 로마 총독 빌라도 또한 얼씨구나 하면서 즉각 사형 집행을 명령했지.

서기 30년 예수 그리스도는 십자가에 못 박힌 채로 세상을 떠났어. 그러나 그의 가르침까지 사라진 것은 아니야. 예수의 열두 제자는 민중들에게 예수가 부활해 승천했다고 전했어. 그제야 사람들은 예수가 메시아였다고 믿게 됐지. 열두 제자는 팔레스타인 지역에 공동체를 건설했어. 이 공동체가 오늘날 기독교의 진원지라고 보면 될 거야. 기독교는 이윽고 그리스와 로마로 급속하게 퍼져나갔단다. 로마는 한동안 이 새로운 종교 때문에 골머리를 썩게 돼.

바울과 베드로

기독교가 유럽으로 전파되고 유럽 사람들의 마음을 사로잡는 데 가장 큰 기여를 한 인물은 사도 바울과 예수의 열두 제자 중 제1인자인 베드로야. 두 명의 행적을 간단하게라도 짚고 넘어가야 할 것 같아.

바울은 원래 유대교 율법학자였어. 일찍부터 로마 시민권을 얻은 인물이지. 이런 사실만 놓고 보면 그가 기독교의 전도사가 됐다는 게 이해가 안 갈 거야. 실제로 바울은 처음에 기독교인들을 핍박했어. 어느 날 바울은 기독교도들을 잡으러 다마스쿠스로 향하고 있었어. 그런 그의 앞에, 이미 죽어 이 땅에 존재하지 않는 예수 그리스도가 나타났어. 기적을 경험한 거지. 이 사건을 계기로 그는 마음을 바꿔 열렬한 기독교 전도사가 된 거야. 이런 점 때문에 바울을 '이방인의 사도'라고도 부르지.

클라우디우스가 로마의 황제로 있을 때인 46년 사도 바울은 기독교의 전파를 위해 먼 길을 떠났어. 소아시아, 마케도니아를 거쳐 60년경에는 로마까지 이르렀지. 그는 가는 곳마다 예수의 가르침을 전파하며 기독교 공동체를 세웠어. 이 공동체들은 훗날 교회로 발전하게 됐어.

베드로(좌)와 바울 이들로 인해 기독교가 로마 사회에 퍼져나갔다.

사도 바울이 전도하며 이동한 거리는 무려 2만 킬로미터가 넘었대. 그가 전도 여행을 하며 지인들에게 보낸 열세 통의 편지는 신약성서에도 수록돼 있지. 사도 바울은 기독교 사상의 틀을 잡은 인물로 평가받고 있어. 원래 유대인 율법학자로, 구약성서를 세심하게 이해하고 있었던 그였기에 가능한 일이었을 거야.

역사를 공부하다 보면 이럴 때 머뭇거리게 되지. 이런 기적들을 모두 믿어야 할까, 믿지 말아야 할까? 과학적 관점에서 보면 예수가 부활했다는 이야기나 죽은 뒤 바울 앞에 나타났다는 이야기는 믿기 힘들어. 그러나 종교적 관점에서 보면 충분히 이해할 수도 있을 거야. 이 판단은 결국 각자의 몫이겠지? 이제 베드로에 대해 이야기해볼까?

베드로는 예수의 열두 제자 가운데 한 명이야. 예수 그리스도가 부활해 승천한 뒤 사실상 기독교를 이끈 인물이지. 그는 예루살렘 교회를 탄탄하게 만들고 나서 로마로 진출했어. 로마에 교회를 세웠지. 오늘날 로마 가톨릭 교회가 바로 이때부터 시작됐단다. 이런 점 때문에 베드로를 제1대 교황으로 보고 있어. 열두 제자 가운데 한 명일 뿐이었지만 제1대 사도로 불리는 것도 그가 제1대 교황이니까 그런 거야.

바울과 베드로가 없었다면 그 후 기독교는 어쩌면 사라졌을지도 몰라. 이 두 사람 덕분에 오늘날까지 이어지고 있는 거지. 두 사도는 네로의 박해 과정에서 순교했어. 그래, 바로 64년 발생한 로마의 대화재 사건 때였지. 네로 황제가 기독교 신도들이 불을 지른 것이라며 죄를 덮어씌웠다고 했었지? 네로는 자신에게 쏟아지는 불만을 교묘하게 기독교인들에게 돌렸어. 그들에게 박해가 시작됐지. 로마 시민들은 기독교 신자를 벌레 보듯이 했어. 돌을 던지고 몽둥이세례를 퍼부었어. 바울과 베드로도 이 박해 과정에서 숨을 거뒀단다. 그러나 탄압하면 탄압할수록 기독교는 더 널리, 더 빨리 퍼져갔어. 기독교 신도들은 지하 동굴에서 단체 생활을 하며 신앙을 지켰지.

마사다의 항전과 베수비오 화산 폭발

자, 다시 로마의 정치 이야기를 해볼까? 네로가 스스로 목숨을 끊고 나서 누가 황제 자리를 차지했을까? 무려 네 명이야. 속주마다 군사령관들이 황제 자리에 올랐거든. 이런 황제를 황제라고 할 수는 없겠지. 이 내란은 1년 만에 끝났어. 69년, 이집트를 기반으로 삼고 있던 베스파시아누스가 모든 경쟁자를 물리치고 황제에 올랐지.

베스파시아누스는 에퀴테스 출신이었어. 정직하고 바른 군인이었으며 검소했어. 그런 사람이 황제가 됐으니 로마의 재정은 다시 넉넉해졌어. 다시 평화가 찾아왔어. 그런데 베스파시아누스는 유대인에 대해서는 아주 냉정했어. 유대인이 반란을 일으키자 철저하게 진압해버린 거야. 이때 1천여 명의 유대인은 끝까지 항전하

폼페이 유적 서기 79년 베수비오 화산의 폭발로 매몰되었으며, 발굴 작업은 18세기에 시작되었다. 당시 로마인들의 생활상을 생생히 엿볼 수 있다.

다 로마군이 총공격을 해오자 집단으로 목숨을 끊었단다. 이 사건이 유명한 '마사다의 항전'이야.

유대인 가운데 특히 로마에 저항하는 집단이 있었어. 이들을 열심당이라고 불렀는데, 그들은 베스파시아누스가 황제가 되기 전인 66년부터 반란을 일으켰어. 로마군에 저항하려고 그들이 쌓은 성벽이 바로 마사다 요새야. 그러나 로마의 총공격을 받아 튼튼하던 성벽이 무너지기 시작했어. 머잖아 로마군이 성벽 안으로 들어올 참이었어. 요새 안에 있던 유대인들은 비장한 각오로 열 명씩 한 조를 짰어. 한 사람이 나머지 아홉 명을 죽이고 스스로 목숨을 끊었어. 마사다 요새를 정복한 로마군은 눈앞에 펼쳐진 시체 더미를 보고 그들의 독기에 몸서리를 쳤단다.

79년 베스파시아누스의 큰아들 티투스가 황제에 올랐어. 베스파시아누스의 이름을 댈 때 마사다의 항전이 떠오른다면, 티투스의 이름을 댈 때는 베수비오 화산 폭발이 떠오르지.

베수비오 화산은 오늘날의 나폴리 주변에 있는 화산이야. 화산이 폭발하지는 않고 있지만 활동은 지금도 계속하고 있는 활화산이란다. 바로 이 베수비오 화산이 티투스가 황제에 오른 바로 그해 폭발했어. 베수비오 화산 아래쪽에는 폼페이와 헤르쿨라네움이란 도시가 있었어. 고대 그리스 신화를 보면 헤라클레스가 베수비오 화산에서 활동했다고 나와 있는데, 이 때문에 로마가 도시 이름을 헤르쿨라네움이라고 지은 거야. 이 두 도시가 화산 폭발로 완전히 파괴돼버렸지.

티투스 황제의 뒤를 이어 81년 그의 동생인 도미티아누스가 황제에 올랐어. 도미티아누스는 아버지 베스파시아누스, 형 티투스와 너무나 달랐어. 오히려 칼리굴라와 네로를 더 닮았다고 할 수 있지. 그래, 폭군이었던 거야. 그는 자신을 신처럼 숭배하라고 강요했어. 명령에 따르지 않으면 모두 죽여버렸지. 그의 결말도 칼리굴라와 네로를 닮았어. 원로원의 자객에 의해 암살된 거야.

이제 또다시 로마가 혼란스러워지는 것일까? 아니야. 오히려 로마는 최대의 평화기로 접어들게 된단다.

베스파시아누스 네로 사후 혼란스러웠던 제국을 안정시켰다.

팍스 로마나!

도미티아누스가 암살되고 나서 내란은 일어나지 않았어. 원로원이 재빨리 사태를 수습했거든. 원로원은 더 이상 폭군이 나타나면 안 된다고 생각했어. 그 때문에 나이도 지긋하고 품성이 좋은 인물을 황제로 선출했지. 그렇게 해서 선택된 노인이 원로원 의원인 네르바였단다.

96년 네르바가 황제에 올랐어. 네르바가 황제 자리를 유지한 것은 98년까지 고작 3년간이었지. 그러나 그가 로마에 기여한 공은 컸어. 네르바는 혹시라도 황제 자리를 놓고 권력 투쟁과 내란이 다시 발생할까봐 황제의 세습제를 아예 폐지해 버렸단다. 대신 유능한 사람을 양자로 맞아들인 뒤 일찍부터 후계자로 선포하기로 했어. 고대 중국의 요순시절에 이런 방식으로 왕을 정했는데, 그때 이를 선양이라고 불렀어.

로마의 정치는 다시 안정됐어. 네르바 이후 네 명의 황제가 이러한 방식으로 황제가 됐지. 이 시기의 로마는 그 어느 때보다 평화로웠고, 가장 넓은 영토를 확보했어. 이때를 로마의 평화 시대, 즉 팍스 로마나^{96년~180년}라고 부른단다.

다섯 명의 현명한 황제들

팍스 로마나 시대를 이끈 황제는 모두 다섯 명이었어. 네르바, 트라야누스, 하드리아누스, 안토니누스 피우스, 마르쿠스 아우렐리우스 순으로 이어지는데, 이들을 현명한 황제란 뜻의 오현제五賢帝라고 불러.

　네르바는 에스파냐 출신의 트라야누스를 후계자로 정하고 물러났어. 98년 트라야누스는 속주 출신으로는 처음으로 황위에 올랐지. 트라야누스는 군인 출신답게 활발한 정복 전쟁을 벌였어. 동유럽 쪽으로는 도나우다뉴브 강을 건너 다키아오늘날의루마니아를 정복해 속주로 삼았어. 남쪽으로는 북아프리카를 넘어 사하라 사막의 바로 코앞까지 진출했지. 아시아 쪽으로는 나바테아 왕국이 있는 아라비아 지역과 티그리스 강 유역의 아시리아를 정복해 속주로 삼았어. 이 과정에서 로마의 철천지원수 파르티아를 공격해 한때 수도까지 함락시켰어.

　영토가 꽤 넓어졌지? 실제로 트라야누스가 황제로 있을 때 로마는 사상 최대의

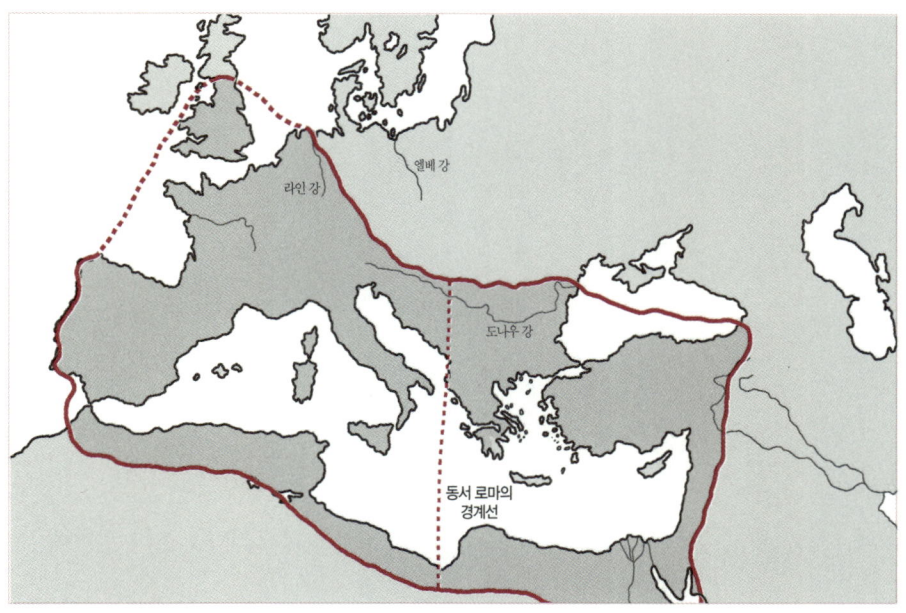

로마 제국의 최대 영토　2세기 초반 팍스 로마나 시대의 트라야누스 황제 때 루마니아까지 진출함으로써 로마 제국의 영토는 사상 최대가 됐다.

영토를 자랑했단다. 트라야누스는 그 결말도 군인다웠어. 그는 수도 로마의 황궁에서가 아니라 군사원정을 끝내고 귀국하던 중에 사망했단다. 죽을 때까지 전장을 떠나지 않은 셈이지.

117년 하드리아누스가 황제에 올랐어. 하드리아누스는 트라야누스의 조카였어. 트라야누스가 숨질 때 임종을 지켰고, 그가 숨지자 현장에서 황제가 됐지. 하드리아누스는 트라야누스와 반대로, 정복 전쟁을 벌이기보다 정복한 지역을 잘 관리하는 정책을 펼쳤어.

그전까지 로마는 오리엔트 지역에서 파르티아와, 게르마니아에서 게르만족과, 브리타니아에서 켈트족과 싸웠지. 그러나 그는 모든 지역에서 전쟁을 중지했어. 파르티아와는 평화조약을 체결했고, 게르마니아와 브리타니아에는 성벽을 쌓아 적의 침략을 막는 전력으로 바꿨어. 영국의 북부 칼레도니아오늘날 스코틀랜드와 남부를 구분하는 길이 120킬로미터의 장성인 하드리아누스의 성벽이 바로 이때 만들어진 거란다.

하드리아누스는 황제로

하드리아누스 성벽 영국 북부 이방인들의 침략을 막기 위해 하드리아누스 황제가 있을 때 건설되었다.

있을 때 로마 제국의 영토 전체를 세 번이나 돌면서 관리했어. 그의 노력 덕분에 로마 제국은 더욱 단단해졌어. 트라야누스가 넓힌 영토를 하드리아누스가 완전히 로마의 것으로 만든 셈이지.

안토니누스 피우스는 138년 황제에 올랐어. 그는 크게 두드러지지 않았지만 무난히 정치를 했다는 평가를 받고 있어. 이 무렵 중국과 로마는 서로 교류하려고 했는데, 안토니누스가 중국에 이름이 처음 알려진 황제라고 기록돼 있단다. 안토니누스는 두 명의 후계자를 뒀지만 한 명이 곧 사망했고, 161년 아우렐리우스가 황제에 올랐지.

아우렐리우스는 《명상록》을 남긴 스토아 철학자로도 유명해. 《명상록》은 황궁의 서재가 아니라 전쟁터의 막사에서 쓰였어. 이 무렵 로마는 여러 민족들과 싸워야 했는데, 아우렐리우스는 그때마다 전쟁터로 나갔어. 책은 전투하는 틈틈이 썼던 거지.

그의 통치 시절, 로마 제국과 중국의 한 제국이 만난 것도 역사적인 사건이야. 166년 로마의 사절단이 중국 후한의 수도 뤄양洛陽을 방문했단다. 물론 그전에도 두 나라는 접촉하려고 했었어. 97년 한나라의 감영이란 인물이 로마로 가려고 했었는데, 파르티아와 주변 나라들이 이를 방해했던 거야. 아마 이때 교류가 이뤄졌다면, 네르바가 가장 먼저 중국에 알려진 황제가 됐겠지. 아우렐리우스는 오현제 가운데 유일하게 안돈安敦이란 한자 이름을 얻었단다.

아우렐리우스는 트라야누스와 마찬가지로 전장에서 죽었어. 잦은 군사원정에서 병을 얻은 그는 180년 도나우 강 근처에 설치된 막사에서 세상을 떠났지. 이로써 오현제 시대가 끝났어. 다음 황제가 정치를 잘했다면 오현제가 아니라 육현제 또는 칠현제가 됐겠지. 그러나 그다음 황제는 칼리굴라와 네로를 닮은 폭군이었단다. 팍스 로마나가 끝나고 만 거야.

팍스 로마나 시절, 로마 제국은 최대의 평화기를 누렸어. 오늘날 유럽의 큰 도시들도 이때 많이 만들어졌단다. 파리, 런던, 빈이 대표적이지. 로마 군대는 라인 강을 넘어 북쪽으로도 진격했어. 엘베 강을 넘지는 못했지만, 로마의 정복 활동으로 북부 지역 일부를 빼면 모든 유럽 대륙이 로마 제국의 영토가 됐어. 그 덕분에 그리스의 문화를 이어받은 로마의 문화가 나머지 유럽에도 퍼졌지.

로마는 정복 지역을 폭력적으로 통치하지 않았고, 상당 부분 자치를 허용했어. 그 덕분에 유럽 곳곳에 이런 대도시들이 많이 생겨날 수 있었던 거야. 로마 제국의 영토가 커지면서 황제들은 사방팔방으로 길을 뚫었어. "모든 길은 로마로 통한다"라는 말이 나온 게 이 때문이야. 로마 군대만 이 길로 행진한 게 아니었어. 그리스와 로마 문명도 이 길을 따라 유럽 전역으로 퍼져나간 거란다.

🔍 통박사의 역사 읽기

+ 로마는 아동복지국가?

트라야누스는 로마 제국 역사상 가장 큰 제국을 건설한 황제였어. 그러나 그의 업적은 그것만 있었던 게 아니야. 그는 빈민층에게 식량을 무상으로 배급했고, 황제로 있는 동안 그 대상자를 크게 늘렸단다. 서민에게도 관대한 황제였던 거야. 트라야누스는 또 가난한 어린이들을 모두 국가에서 책임지고 양육하는 제도를 만들었어. 이 제도가 바로 알리멘타야. 오늘날로 치면 획기적인 아동복지정책이 아닐 수 없지. 알리멘타 제도를 운영하려면 돈이 많이 들었겠지? 트라야누스는 농지를 빌려주고 받은 이자를 차곡차곡 모아 이 제도에 투자했단다. 정말 현명한 방법이지?

군인황제 시대

팍스 로마나가 계속되지 못한 것은 아우렐리우스의 욕심 때문이었어. 그전의 황제들과 달리 아우렐리우스는 자신의 아들에게 황제 자리를 물려줬단다. 아들을 너무 사랑했기 때문일까? 사실 그전의 오현제 황제들은 아들이 없었어. 그래서 가장 현명한 사람을 후계자로 정해 황제 자리를 넘겨줬는지도 모르지. 어쨌든 아우렐리우스에게는 아들이 있었어. 그가 바로 코모두스야.

180년 황제에 오른 코모두스는 원로원을 무시했어. 나랏돈을 제 돈처럼 펑펑 써댔으니 재정은 금세 바닥이 나버렸지. 그러자 이번에는 부자들의 재산을 빼앗았어. 서슬이 워낙 퍼랬기 때문에 아무도 반발하지 못했지. 코모두스는 여기에서 그치지 않았어. 칼리굴라가 그랬던 것처럼 자신을 신으로 받들라고 했어. 코모두스는 자신이 영웅 헤라클레스의 후예라며, 항상 헤라클레스의 복장을 하고 다녔단다. 코모두스의 종말도 다른 폭군과 다르지 않았어. 192년 친위대에 의해 암살되고 말았지.

코모두스가 죽자 로마에서 다시 내전이 시작됐어. 1년 후, 카르타고의 후손이며 에스파냐 출신인 셉티미우스 세베루스가 내전을 끝내고 황제가 됐어. 세베루스는 많은 황제들이 가장 믿고 있던 근위대 장교들에 의해 살해됐다는 공통점을 발견했어. 그는 근위대를 개혁해 이탈리아인 대신 속주와 지방 출신의 병사를 근위대원으로 뽑았어. 출세의 길을 터준 세베루스에게 근위대는 충성을 맹세했지.

팍스 로마나가 끝나면서 로마의 속주에서 반란이 속출했어. 로마 제국이 휘청거리기 시작한 거지. 그런 반란 가운데 브리타니아에서 일어난 게 있었어. 칼레도니아 사람들이 하드리아누스 성벽을 부수고 남쪽 브리타니아로 쳐들어온 거야. 세베루스는 군인 출신이었지? 얼마나 화가 났던지 직접 군대를 이끌고 브리타니아로 달려갔단다. 그러나 세베루스는 다시 로마로 돌아오지 못했어. 반란을 진압하다 브리타니아에서 그만 숨지고 말았거든.

세베루스는 폭군이 아니었어. 나름대로 로마 제국을 살려보려고 애쓴 황제였지. 그는 두 아들에게 로마 제국을 함께 통치하라는 유언을 남겼어. 이 유언은 지켜지지 않았지. 212년 형 카라칼라는 비정하게도 동생을 죽이고 단독 황제에 올라버렸거든. 카라칼라도 훌륭한 황제는 못 됐어. 그 또한 얼마 지나지 않아 5년 만에 근위대 사령관인 마크리누스에게 살해됐어.

그다음은 아주 어지러워. 황제가 된 마크리누스는 1년 만에 암살됐고, 그의 뒤를 이어 세베루스의 손자인 엘라가발루스가 황제가 됐지만 그 또한 4년 만에 살해되고 말았어. 세베루스의 또 다른 손자인 알렉산더가 황제에 올랐지만 그 황제도 살해됐단다.

카라칼라 아버지가 죽은 지 1년 만에 동생을 살해하고 단독 황제에 올랐다.

이때부터 로마 제국의 여러 속주에 퍼져 있던 군사령관들이 황위를 노리기 시작했어. 그들은 황제를 끌어내리고 자신이 황제가 됐어. 이때부터 군인들이 황제 자리를 차지한 약 50년간을 군인황제 시대235년~284년라고 불러. 이 기간에 스물여섯 명의 황제가 등장했다가 사라졌어. 황제의 평균 임기가 2년도 안 되는 거지. 이런 황제를 과연 황제라고 불러야 할까?

나라가 정치적으로 이토록 혼란스러운데, 경제 사정이라고 좋을 수 있겠니? 중산층이 빠른 속도로 몰락했어. 귀족들은 어땠냐고? 중산층보다 사정은 나았겠지만 그들도 변화하지 않으면 생존할 수 없다는 걸 깨달았어. 원래 로마의 경제를 뒷받침했던 건 귀족들의 대농장 제도 ^{라티푼디움}였지? 대농장에서는 노예들이 주로 일을 했어. 이 노예들은 식민지에서 조달했지. 그런데 팍스 로마나 시대가 끝나면서 더 이상 식민지를 개척할 수 없었어. 그렇다면 노예도 늘어날 수 없겠지? 노예가 없으면 대농장은 유지될 수 없어. 결국 많은 귀족들은 대농장을 해체할 수밖에 없었어.

그렇다고 해서 땅을 그냥 농민에게 준 건 아니야. 귀족들은 가난한 농부를 고용해 땅을 경작하게 하고, 그 대신 소작료를 농민들에게 받았어. 소작인 제도 ^{콜로나투스}가 시작된 거야. 귀족들은 여러 농민들에게 땅을 나눠주고 받는 소작료가 주 수입원이 됐어. 중세에 가면 이런 제도가 더 발달하게 돼. 그게 바로 장원이야. 이때의 제도 변화가 바로 중세 봉건제의 기초가 된 거라고 볼 수 있지.

디오클레티아누스와 로마의 분할

284년 디오클레티아누스가 황제가 됐어. 그는 귀족 출신이 아니야. 말단 병사부터 군인 생활을 시작해 사령관이 됐고, 결국에는 황제에 오른 입지전적인 인물이지. 디오클레티아누스가 황위에 오르고 나서 군인황제 시대는 끝났어.

디오클레티아누스는 로마 제국을 분할한 첫 황제야. 그는 로마 제국 전체를 크게 두 개로 쪼개 각각 아우구스투스로 불린 황제^{정제}가 통치하도록 했어. 두 명의 정제는 자신의 영토를 다시 두 개로 쪼개, 그중 하나를 카이사르라 불린 부황제^{부제}에게 맡겼지. 이렇게 해서 로마 제국은 네 개의 지역으로 분할됐어. 디오클레티아누스가 동방의 정제를 맡았고, 서방의 정제는 막시미아누스가 맡았어. 동방의 부제는 갈레리우스가, 서방의 부제는 콘스탄티우스가 맡았지.

그런데 디오클레티아누스는 왜 제국을 쪼갠 것일까? 사실 오랜 고민 끝에 이런 결정을 내렸대. 그는 군대 생활을 오래했기 때문에 로마 제국의 곳곳에서 반란이 일어나는 것을 많이 봤어. 반란이 일어나는 이유가 로마 제국의 영토가 너무 크기 때문이라고 생각했지. 수도 로마에 틀어박혀 있으면 그 넓은 제국 전체를 다스릴 수 없다고 판단한 거야. 결국 효율적으로 통치하기 위해 제국을 네 개로 쪼갠 셈이지. 다른 정제와 부제가 반란을 일으키면 어떡하느냐고? 디오클레티아누스는 그것도 염두에 뒀어. 네 명의 정제와 부제가 결혼을 통해 동맹을 맺도록 했어. 서로가 인질을 잡고 있기 때문에 전쟁을 벌이지 않을 거라고 판단한 거지.

궁금증은 또 있어. 왜 그는 수도 로마가 아니라 동방의 정제를 맡은 것일까? 당시의 상황을 알면 이해가 될 거야. 이즈음까지만 해도 문화면이나 경제면에서 서유럽보다 그리스, 오리엔트와 가까운 동방이

사분 통치 디오클레티아누스는 광대한 영토의 치안과 변경의 방위를 확보하기 위해 4인의 황제가 분할 통치하도록 했다.

훨씬 우월했단다. 동방 제국이 더 노른자위 땅이었던 거야. 물론 네 명의 서열에서도 디오클레티아누스가 단연 1인자였어.

그는 이전까지의 로마 황제와 많이 달랐어. 그 권력은 페르시아의 황제들처럼 아주 강했지. 그전까지만 해도 로마에는 원로원이 있어서 황제의 권력을 견제했었지. 그러나 디오클레티아누스는 원로원의 고유 권한인 입법권을 빼앗아버렸어.

디오클레티아누스 졸병 출신에서 입신하여 황제에 올랐다. 제국 분할 통치의 기초를 세웠다.

법을 누가 만드느냐고? 당연히 황제지. 오늘날 행정부에 속하는 집정관도 황제가 임명했어. 로마 제국의 민주적 요소가 많이 사라진 셈이야. 또한 이때부터 로마 제국의 중심은 확실하게 동방으로 넘어갔어.

305년 5월 디오클레티아누스는 서방 황제 막시미아누스와 함께 정제 자리에서 물러났어. 그의 뒤를 이어 각각 동방과 서방 부제를 지낸 갈레리우스와 콘스탄티우스가 정제로 승진했지. 정계 은퇴 이후 디오클레티아누스는 어떻게 살았을까? 달마티아 오늘날의 크로아티아의 한 시골에 궁궐을 짓고는 평온한 삶을 누리다 세상을 떠났대. 암살로 얼룩진 그전 황제들의 죽음과 너무 대조적이지 않니?

그러나 디오클레티아누스는 오늘날 기독교도들에게는 기억하고 싶지 않은 황제일 수도 있어. 그가 대대적으로 기독교 신도를 탄압했기 때문이야. 황제 자리에서 물러나기 2년 전, 그는 기독교를 탄압하라는 칙령을 발표했어. 304년에는 기독교 신도들도 반드시 로마의 신을 섬겨야 한다고 선언했어. 이에 반발하면 사형에 처하도록 했지. 이 종교적 박해는 309년까지 계속됐는데, 약 3천 명 이상의 신도들이 목숨을 잃었다는구나.

왜 디오클레티아누스는 그렇게도 기독교를 싫어했을까? 신도들이 그토록 간절히 원했는데, 기독교를 인정해줄 수는 없었던 것일까? 로마의 정서를 알면 그러기가 쉽지 않았다는 걸 이해할 수 있을 거야. 원래부터 로마는 하나의 신만 섬기지 않았어. 종류도 많았지. 이런 종교를 다신교라고 불러. 기독교는 오로지 예수 그리스도만을 섬기는 유일신교야. 당연히 로마 사람들이 좋아할 리 없었지. 이런 점 때문에 디오클레티아누스는 기독교가 로마 제국을 갉아먹고 있다고 판단했던 거야.

로마, 흔들리다

디오클레티아누스 이후 로마는 사실상 동방 제국과 서방 제국으로 나뉘었어. 콘스탄티누스 대제가 단독 황제가 되면서 한 제국으로 합쳐지기도 했지만, 대체로 동방 제국을 중심으로 나라가 운영됐어.

이 무렵 로마 제국에는 큰 사건이 일어났어. 기독교가 공인된 거야. 그렇게 억눌렀던 기독교를 로마 황제도 어쩔 수 없이 인정한 셈이지. 이제 로마인들의 정신을 기독교가 지배하게 됐어. 기독교는 중세 유럽을 상징하는 가장 큰 아이콘이야. 어쩌면 이때부터 로마 시대는 기울어가고, 바로 중세 시대로 접어들고 있었는지도 몰라.

게다가 4세기 후반에는 게르만족이 대거 로마 제국의 영토로 들어왔어. 로마는 게르만족을 막느라 많은 힘을 써야 했어. 그 결과 허약해진 로마는 더욱 약체가 돼 버렸지. 이제 게르만족에게 주도권을 내줄 시기가 온 거야.

콘스탄티누스 대제와 콘스탄티노플

디오클레티아누스와 막시미아누스의 뒤를 이어 갈레리우스와 콘스탄티우스가 동방 제국과 서방 제국의 정제가 됐어. 이제 부제를 결정하면 돼. 그런데 부제를 정하기가 쉽지 않았어. 생각해봐. 부제는 나중에 정제가 될 몸이야. 당연히 부제가 되려는 사람들이 치열하게 싸우지 않았겠니?

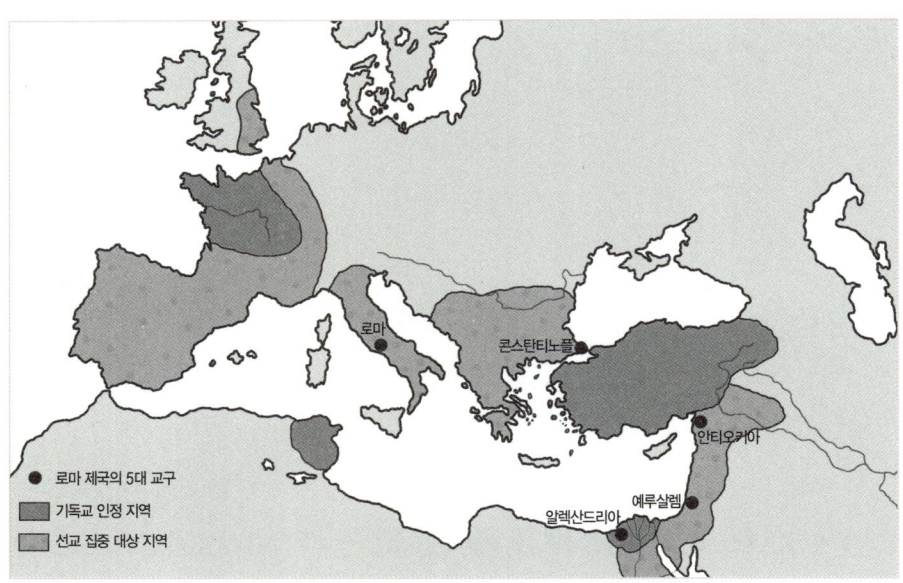

기독교의 확산 4세기 들어 콘스탄티누스 대제가 기독교를 공인하면서 로마 제국의 동부는 순식간에 기독교 영역이 됐다. 그 후 기독교는 유럽 전역으로 퍼져나갔다.

    권력 다툼이 시작되자 동방 제국에 인질로 가 있던 콘스탄티우스의 아들 콘스탄티누스는 잽싸게 탈출했어. 아무래도 아버지가 있는 서방 제국이 안전하기 때문이야. 그래도 이때까지는 권력 다툼이 아주 심하지는 않았어. 306년 콘스탄티우스가 죽자 영국에 있던 콘스탄티누스는 부하들의 추대를 받아 바로 서방 황제에 올랐지.

    동방 황제 갈레리우스는 자신과 상의하지 않았다며 그를 황제로 인정하지 않았어. 갈레리우스는 다른 인물을 서방 제국의 정제로 임명했지. 콘스탄티누스의 힘은 아직까지는 미약했어. 어쩔 수 없이 참아야 했지. 그리고 몇 년 후 갈레리우스가 사망했어. 때가 왔다! 콘스탄티누스는 군대를 일으켜 갈레리우스가 임명했던 서방 황제를 물리치고 자신이 황제에 올랐어. 312년 콘스탄티누스는 갈리아, 게르마니아, 브리타니아, 히스파니아^{에스파냐}를 포함한 서방 제국의 정제에 올랐어. 또 다른 로마 제국인 동방 제국의 황제는 리키니우스가 됐지.

313년 콘스탄티누스는 흐트러진 로마 제국을 정비하기 위해 동방 황제 리키니우스와 밀라노에서 만났어. 이 밀라노 회담에서 콘스탄티누스의 동생이 리키니우스와 결혼하기로 합의했어. 앞에서 말했는데 기억나지? 결혼 관계를 통해 서로가 서로를 견제하는 정책이야. 사실 콘스탄티누스가 동방 제국에 있었던 것도 막시미아누스의 딸과 결혼했기 때문이었단다.

콘스탄티누스는 훗날 대제라는 칭호를 받았어. 기독교에서는 그를 성인으로까지 추앙하고 있지. 왜 그런지 아니? 콘스탄티누스가 로마 황제로는 처음으로 기독교를 공인했기 때문이야. 그 밀라노 칙령이 바로 이번 회담에서 발표된 거란다. 이 부분에 대해서는 곧 설명할게.

콘스탄티누스와 리키니우스의 동맹은 오래가지 않았어. 두 황제는 단독 황제가 되기 위해 여러 차례 전쟁을 치렀지. 마침내 324년 최종 전투가 벌어졌어. 이때 리키니우스는 밀라노 칙령의 합의를 어기고 동방 제국에서 기독교를 박해하고 있었어. 단독 황제를 노리고 있던 콘스탄티누스에게는 전면전을 벌이기에 좋은 핑계가 될 수 있겠지? 콘스탄티누스는 즉각 리키니우스를 공격했어. 육상과 해상에서 치러진 마지막 전투에서 콘스탄티누스의 군대가 모두 승리했어. 리키니우스는 처형됐고, 콘스탄티누스는 단독 황제에 올랐단다.

콘스탄티누스 대제는 다시 로마를 정비했어. 그 가운데 대표적인 게 수도를 정비한 거야. 그는 330년 로마 제국의 수도를 동방 제국의 비잔티움^{오늘날 터키의 이스탄불}으로 옮겼어. 나름대로 수도를 옮길 만한 이유는 충분했지. 첫째, 이즈음 게르만족이 수시로 이탈리아 땅을 침략했어. 로마는 사방이 탁 트여 있어 게르만족이 대규모로 쳐들어온다면 함락될 위험이 있었지. 그러나 콘스탄티노플은 사방이 절벽으로 둘러싸인 천연 요새였기 때문에 웬만한 공격에는 끄떡없었단다. 바로 이 안전성 때문에 수도를 옮긴 거야.

둘째, 동방 세계에 대한 부러움도 수도 이동의 이유였어. 디오클레티아누스가 동방의 정제를 맡았던 것만 봐도 이 무렵 동방 제국이 서방 제국보다 발달해 있다는 것을 알 수 있을 거야. 로마의 번영을 위해서는 아무래도 낙후된 이탈리아보다 문명이 훨씬 발달한 동방 세계에서 새 출발하는 게 낫다고 생각한 거지.

셋째, 종교적 이유 때문에 수도를 옮겼다는 분석도 많아. 기독교를 부흥시키려면 로마를 버려야 했다는 거야. 수백 년간 여러 신을 섬겨온 로마 사람들에게 기독교만 믿으라면 반발할 수 있으니까 새로운 도시에서 기독교를 부흥시키려 했다는 거지. 콘스탄티누스가 사망하고 나서 비잔티움은 '콘스탄티누스의 도시'란 뜻의 콘스탄티노플로 이름이 바뀌었단다.

콘스탄티누스는 로마 제국의 화려한 부활을 꿈꾸며 왕성한 활동을 벌였지. 그러나 그가 세상을 떠난 뒤 로마 제국은 그의 바람과는 정반대 방향으로 흘러갔단다. 세 아들이 피 튀기는 권력 투쟁을 벌인 거야. 셋째 아들 콘스탄티누스 2세가 황제에 올랐지만 아버지를 능가하기에는 역부족이었어. 로마 제국은 다시 동방 제국과 서방 제국으로 나뉘었고, 하루가 다르게 몰락하기 시작했지. 이런 상황에서 결정타가 나와. 바로 게르만족의 대이동이 시작된 거야!

기독교의 공인과 교리 논쟁

콘스탄티누스 대제는 처음으로 기독교 세례를 받은 로마 황제로 기록돼 있어. 그러나 콘스탄티누스가 처음부터 기독교를 믿은 건 아니야. 그 시작은 사도 바울의 사례와 비슷해. 바울이 예수 그리스도의 음성과 모습을 보고 나서 기독교로 바꿨다고 했지? 콘스탄티누스는 황제 자리를 놓고 전투를 벌이던 어느 날, 황혼의 하늘에서 승리를 예감하는 십자가를 봤대. 그 후 기독교에 관대해졌다는 거야.

313년 콘스탄티누스는 밀라노 칙령을 발표해 기독교를 정식으로 공인했어. 콘스탄티누스는 교회로부터 빼앗았던 재산을 모두 돌려줬고, 성직자에게는 연금을 줬어. 성직자들은 국가에 봉사해야 하는 부역의 의무에서도 제

콘스탄티누스의 예배 콘스탄티누스는 밀라노 칙령을 통해 기독교를 공인했다.

외됐어. 그야말로 최대한의 특혜를 받은 거지. 맘껏 활동한 여건이 만들어지자 기독교는 파도처럼 유럽 전역으로 급속하게 확산됐어.

그런데 콘스탄티누스는 정말로 기적을 경험했을까? 이 또한 해석이 분분할 거야. 종교적 측면에서는 충분히 일어날 수 있는 사안이지만 역사학자들은 다른 해석을 하고 있지. 그 가운데 한 가지 해석을 들어볼까?

콘스탄티누스는 황제가 되기까지 수많은 전쟁을 치렀어. 당연히 적이 많았을 테고, 어렵게 얻은 황제 자리를 지키기 위한 명분도 필요했을 거야. 만약 '하느님'이 자신을 선택했다는 게 입증된다면, 콘스탄티누스는 하늘의 인정을 받은 황제가 되겠지? 그 '하느님'을 섬기는 기독교를 공인한다면, 기독교도들은 하느님의 선택을 받은 자신을 황제로 받아들이지 않을까? 실제 동방 제국에는 서방 제국보다 훨씬 기독교 신도가 많았어. 그들의 지지를 받으려면 기독교를 탄압해서는 안 되겠지?

단독 황제가 된 후 콘스탄티누스는 세상에서 유일한 '하늘의 아들'이 됐어. 그런데 문제가 생겼어. 기독교가 여러 종파로 분열할 조짐이 보이는 거야. 이제 막 기틀을 잡았는데, 기독교가 분열한다면 콘스탄티누스에게도 큰 타격이 될 수 있는 상황이었지. 교회에도 대주교가 있지만 교회에만 맡겨두면 황제의 권위가 뭐가 되겠어? 결국 콘스탄티누스가 나섰어.

콘스탄티누스는 로마, 콘스탄티노플, 알렉산드리아, 안티오키아^{안티오크}, 예루살렘 등 다섯 지역의 교회가 독자적으로 움직여도 된다고 선언했어. 가장 오래된 로마 교회가 당연히 큰형님이겠지? 콘스탄티노플 교회는 황제가 있는 도시의 교회이기 때문에 로마 교회에 준하는 대접을 받았어.

325년 콘스탄티누스는 다섯 교회의 대주교와 성직자들을 니케아로 불러들였어. 제1차 니케아 공의회로 이름 붙여진 이 종교회의에서 기독교의 교리가 정립됐단다. 이 무렵 가장 대립하던 교파는 아리우스파와 아타나시우스파였어. 아리우스파는 예수 그리스도를 신으로 여기지 않았어. 신은 영원한 존재여야 하는데, 예수는 신이 백성을 구하라고 파견한 메신저였다는 거지. 아타나시우스파는 말도 안된다며 반발했어. 아타나시우스파의 주장은 "여호와 아버지 하느님^{성부}과 예수 그리스도^{성자}와 성령은 하나다"였어. 이게 삼위일체설이지.

니케아 종교회의 결과 아타나시우스파의 교리가 정식으로 인정됐어. 성직자들은 아리우스파를 이단으로 규정했고, 로마 제국에서 추방하기로 결정했지. 그러나 아리우스파가 유럽에서 사라진 건 아니야. 그들은 게르만족이 사는 곳으로 달아나, 그곳에서 새로운 시작을 맞았단다.

🔍 통박사의 역사 읽기

✚ 콘스탄티누스가 대제가 된 까닭은?

역사학자들은 종종 디오클레티아누스와 콘스탄티누스를 비교한단다. 많은 사람들이 콘스탄티누스를 기억하는 것은 그가 대제 칭호를 받았기 때문이야. 물론 콘스탄티누스도 많은 업적이 있지만 그에 못지않은 업적을 남긴 디오클레티아누스는 별로 주목을 못 받고 있지. 역사학자들은 그 이유를 종교에서 찾는단다. 디오클레티아누스는 분열된 로마 제국을 다시 통일했고, 효율적인 통치를 위해 영토를 네 곳으로 나눴어. 비민주적인 요소가 있기는 했지만 그가 통치할 때 로마 제국은 비교적 안정된 편이었지. 그런데도 평가 점수가 인색한 까닭은 그가 기독교도에 대한 박해를 심하게 했기 때문이야. 만약 중세 이후 기독교가 유럽의 정신을 장악하지 않았더라면, 오늘날 디오클레티아누스가 대제라는 칭호를 받았을지도 모를 일이지. 유럽에서 기독교가 얼마나 중요한지 이제 알겠지?

게르만족 남하하다

자, 이제 우리는 로마 시대의 끝자락에 와 있어. 물론 4세기까지만 해도 유럽의 중심은 로마 제국이었어. 그러나 머잖아 이 판세는 역전될 거야. 변방에 있던 게르만족이 유럽의 중심으로 떠오르고, 로마는 유럽 중부에서 쫓겨나 오늘날 동유럽에서만 힘을 발휘하는 나라로 전락해버리거든. 그렇게 되는 계기가 바로 게르만족의 이동이야.

기원전 2세기 중반, 중국의 한 제국은 흉노족을 중앙아시아로 쫓아냈어. 흉노족의 일부 무리가 유럽 쪽으로 이동하기 시작했고, 얼마 지나지 않아 볼가 강을 넘어 흑해에 이르렀어. 이때 이 지역에는 게르만족의 일파인 동고트족이 살고 있었어. 동고트족은 전사에 가까운 무시무시한 흉노족을 보고 기겁했어. 동고트족은 흉노족을 훈족이라고 불렀는데, 승산 없는 싸움을 할 바에야 차라리 피하자는 결정을 내렸어. 동고트족은 서쪽으로 도망갔어. 도나우 강에 살던 서고트족도 덩달아 서쪽으로 달아났지. 도나우 강을 건너면 바로 로마 제국이지.

376년 서고트족과 동고트족의 여러 무리가 도나우 강을 건너 로마 영토로 집단 이주했어. 일부는 바로 콘스탄티노플이 있는 남쪽으로 향했고, 일부는 내륙을 거쳐 에스파냐 쪽으로 향했어. 이 이동을 시작으로 여러 민족들이 마치 도미노처럼 이동하게 돼. 그래서 이 사건을 게르만족의 대이동이라고 부르지. 훗날 노르만족의 이동을 2차 민족의 이동이라고 부르고, 게르만족의 대이동은 1차 민족의 이동이라고 부르기도 해.

게르만족의 이동은 처음에는 평화롭게 진행됐어. 로마가 몇몇 조건을 달고 서고트족의 이주 신청을 받아들인 거야. 점점 많은 고트족들이 로마로 들어갔어. 그러나 로마 군대는 정착한 고트족을 가혹하게 대했어. 마침내 고트족이 폭동을 일으켰어. 이 폭동은 곧 전쟁으로 확대됐지. 더 이상 후퇴할 곳도 없는 고트족은 용맹하게 싸웠어. 로마 군대를 지휘하던 동방 황제 발렌스가 목숨을 잃을 정도였단다.

로마 황제와 군대를 전멸시킨 고트족은 계속 남쪽으로 진군했어. 로마는 다급해졌어. 발렌스의 뒤를 이어 동방 황제가 된 테오도시우스는 어쩔 수 없이 고트족과 타협하기로 했어. 당초 약속했던 대로 도나우 강 남쪽의 땅, 그러니까 트라키아 일대오늘날의 불가리아에서 고트족이 자치를 할 수 있도록 허용했고, 고트족을 용병으로 채용하기로 한 거야. 만약 이때 로마가 이런 조치를 취하지 않았다면, 로마 제국의 수명은 더 일찍 끝났을지도 몰라.

이 조치는 나름대로 역사적 의미가 있어. 많은 게르만족들이 이 조치로 로마 군

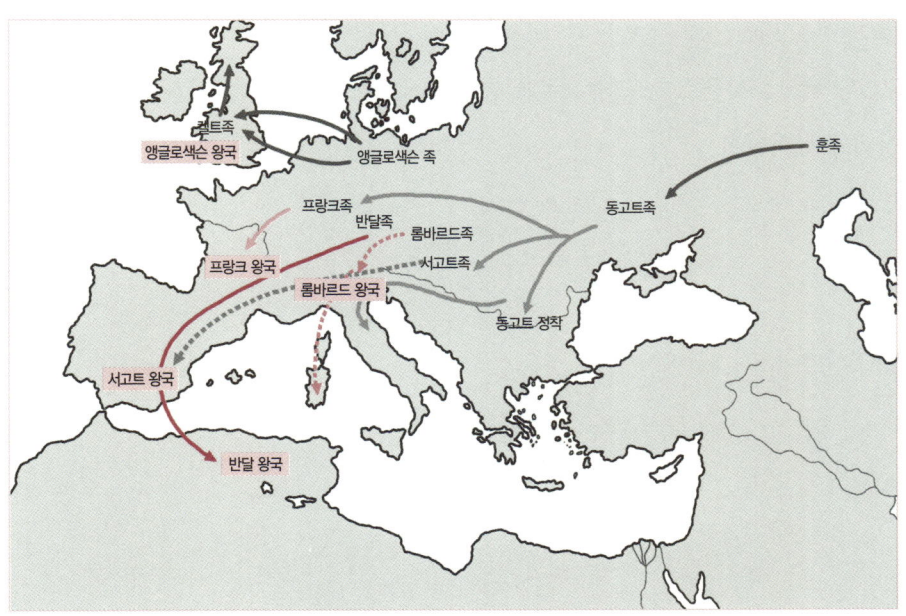

게르만족의 이동 아시아 민족인 훈족의 유럽 침입으로 동고트족이 로마 영토로 이동하면서 게르만족의 이동이 시작됐다. 이 가운데 프랑크 왕국이 훗날 유럽의 대표 선수가 된다.

대에 들어갔겠지? 당연히 로마 군대 안에서 로마 문화와 게르만 문화가 섞였어. 고트 자치국과 가까운 로마 영토에서도 두 문화가 융화됐지. 이런 과정을 통해 고대 로마 문화를 담은 중세의 게르만 문화가 서서히 탄생하고 있었던 거야.

테오도시우스는 원래 무력한 황제가 아니었어. 한때는 게르만족을 격파할 정도로 용맹이 대단했지. 그러나 그는 곧 기독교에 푹 빠져 살았어. 392년에는 기독교를 로마 제국의 국교로 선포하기까지 했단다. 이듬해에는 그리스의 올림피아 제전도 기독교 행사가 아니라는 이유로 금지시켜버렸어. 이제 기독교가 아닌 다른 종교는 모두 불법이 된 거야.

테오도시우스는 원래 동방 황제였지만, 서방 황제가 사망하자 단독 황제가 된 인물이야. 그러나 그가 죽은 다음 로마는 다시 두 제국으로 분리됐어. 이번에는 그냥 경계를 나눈 정도가 아니었어. '법적으로' 완전히 분리해 두 나라를 만들었지. 395년 테오도시우스는 로마 제국을 동로마 제국과 서로마 제국으로 분리해 두 아들에게 물려줬어.

마이너 땅도 정복하다

로마가 한창 번성하고 있을 때 다른 유럽 지역은 어떤 상황이었을까? 우선 지중해와 접하고 있는 남부 유럽부터 보자면, 모두 로마 제국의 땅이었어. 포에니 전쟁 때 에스파냐가 로마의 속주로 전락했다는 사실은 이미 말했지?

그렇다면 동유럽은? 이곳도 대부분의 지역이 로마의 식민지 또는 동맹이 됐어. 생각해봐. 이 무렵 로마 제국은 동유럽과 발칸 반도를 지나 아시아까지 지배하고 있었지? 오늘날 독일에서 시작돼 흑해로 흐르는 도나우 강 이남 지역을 모두 차지했어. 당연히 이 지역은 모두 로마의 영토에 포함돼 있지 않겠니?

가장 늦게 로마의 영토가 된 동유럽 국가는 루마니아야. 로마 오현제 가운데 두 번째 황제인 트라야누스가 통치할 때 로마의 속주가 됐지. 루마니아는 원래 다키아라고 불렸는데, 기원전 1세기 무렵에 건설된 나라였단다. 로마의 영토가 되면서 '로마의 땅'이란 뜻의 루마니아로 이름이 바뀐 거야. 루마니아는 그 후 150여 년에 걸쳐 로마 제국의 속주로 남았단다. 이 다키아 지방은 오늘날 루마니아의 남부를 가리키는 지명이야.

헝가리 지역에는 아직 문명의 손길이 크게 닿지 않았어. 이 무렵 헝가리에는 오늘날 헝가리 민족의 조상인 마자르족이 살고 있었어. 그들은 부족국가 수준의 생활을 하고 있었지.

이번에는 유럽 중부와 서부를 볼까? 이미 설명한 대로 이 지역은 켈트족이 주로 살고 있었어. 켈트족은 기원전 390년경에 이어 기원전 225년에도 로마를 공격했지. 이때까지만 해도 켈트족은 로마와 대등한 세력이었어. 그러나 그 후 로마가 성장하면서 반격이 시작됐지.

이때 로마군을 지휘한 인물은 카이사르였어. 기원전 58년 갈리아 지방의 총독으로 발령받은 뒤 카이사르는 북쪽으로 진격했지. 이때 브리타니아^{영국}의 남부 지방도 로마의 수중에 들어갔어. 원래 카이사르는 게르만족을 더 북쪽으로 쫓아내려고 했었어. 그런데 영국인들이 켈트인을 지원하자 계획을 바꿔 기원전 55년 영국을 공격한 거지. 이때 카이사르는 원정을 성공하지 못하고 일단 후퇴를 했어. 갈리아 지방은 기원전 52년부터 로마의 지배를 받게 됐어.

그 후에도 중부 및 서부 유럽은 조금씩 로마의 영토가 됐어. 물론 엘베 강 북쪽의 게르만족은 여전히 로마의 손아귀에서 벗어나 자기들끼리 살고 있었지. 2세기 초반에는 영국의 남쪽, 즉 오늘날의 잉글랜드 지방이 로마로 넘어갔어. 이때 하드리아누스의 성벽이 만들어졌지.

로마 시대 때 마이너 유럽 국가들은 별로 존재하지 않았어. 거의 모든 땅을 로마가 차지해버렸기 때문이야. 굳이 마이너 국가들을 따진다면 유럽 북부 지방과 독일, 폴란드, 루마니아 북부 지방 정도가 될까? 로마 제국이 얼마나 컸는지 알 수 있겠지?

3장
중세 시대

5세기~11세기

이제 유럽 문명의 3라운드가 시작됐어. 그리스에서 시작된 유럽 문명은 로마에서 두 번째 꽃을 피웠지. 로마가 시들해지면서 유럽 문명의 중심지는 다시 이동하기 시작했어. 그곳은 바로 중서부 유럽, 오늘날의 프랑스 일대야. 이곳에 게르만족의 일파인 프랑크족이 왕국을 건설했는데, 이 프랑크 왕국에서 중세 봉건제가 본격적으로 시작됐단다. 그래, 이제 유럽이 중세로 접어든 거야.

프랑크 왕국이 중심이 됐지만 유럽 동쪽 끝에는 여전히 동로마 제국이 건재하고 있었어. 두 개의 메이저 리그가 존재한 셈이야. 물론 프랑크 왕국이 훨씬 강한 메이저 리그였지.

프랑크 왕과 신하들은 땅을 매개로 충성과 보호 관계를 맺었어. 그 신하들은 왕이 준 땅에서 백성들을 거느렸어. 사실상 또 다른 왕인 셈이야. 이처럼 모든 사람이 땅을 매개로 얽힌 제도가 봉건제란다.

프랑크, 유럽의 중심으로!

410년쯤이었어. 서고트족이 한때 로마를 점령했어. 허약해질 대로 허약해진 로마를 게르만족은 더 이상 두려워하지 않았어. 게르만족은 로마의 땅이었던 유럽 곳곳에 왕국을 건설하기 시작했지.

가장 먼저 서고트족이 오늘날 에스파냐 지역에 왕국을 세웠어. 이어 부르군트족이 프랑스 남부 지역에, 반달족이 아프리카 북부에 왕국을 세웠어. 영국에서도 앵글로색슨족이 7개의 왕국을 건설했고, 동고트족은 마케도니아 지역에 왕국을 세웠어.

비슷한 시기에 프랑스 파리를 중심으로 또 하나의 게르만 왕국이 세워졌어. 바로 프랑크 왕국이야. 프랑스의 이름이 바로 이 프랑크에서 비롯된 거란다. 그러나 프랑크 왕국은 프랑스뿐만 아니라 독일, 오스트리아 등 여러 나라의 조상 나라란다. 이 나라들이 모두 프랑크 왕국에서 갈라져 나왔기 때문이야.

서로마 지고, 프랑크 뜨고

게르만족이 유럽 곳곳에 나라를 세웠으니, 당연히 로마 제국의 영토는 줄어들었어. 엎친 데 덮친 격이라고 해야 할까, 아니면 설상가상이라고 해야 할까. 이런 상황에서 5세기 중반부터 훈족이 유럽을 공략하기 시작했어.

훈족이 어떤 민족인지는 잘 알고 있을 거야. 게르만족보다 몇 배는 더 용맹한 민

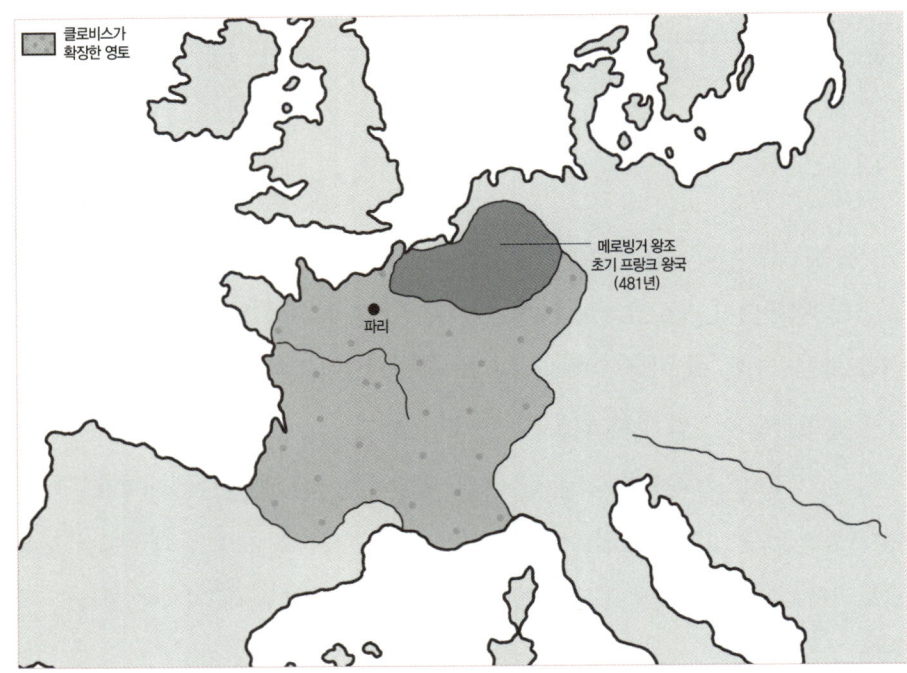

프랑크 왕국의 확대 메로빙거 왕조 창건 당시 프랑크 왕국의 영토는 파리 주변의 작은 영역에 불과했지만 불과 30여 년 만에 유럽 중부 전체로 커졌다.

족이었어. 특히 훈족의 왕 아틸라는 모든 유럽 사람들에게 공포의 대상이었어. 그의 이름만 들어도 모두 벌벌 떨었지. 오죽하면 그에게 '신의 채찍'이란 별명이 붙었겠니? 별명에 어울리게 아틸라의 군대는 유럽 전역에서 승전보를 울렸어. 로마는 게르만족 용병 군대로 맞섰지만 계속 밀리기만 했지. 게르만 국가들도 훈족이 무서웠기 때문에 로마를 도왔단다. 그러나 전세를 뒤집지는 못했어. 다행히 교황 레오 1세가 아틸라와 담판을 지었어. 아틸라는 군대를 철수했지.

겨우 훈족을 막았나 싶었는데, 이번엔 게르만족의 반란이 연달아 터졌어. 아프리카의 반달 왕국이 서로마 제국의 심장부인 로마로 쳐들어온 거야. 이미 로마 군대는 종이병정들이나 다름없었어. 속수무책으로 당하고 말았지. 또다시 로마가 게르만족에게 점령되는 사태가 발생한 거야. 영국에서도 게르만족의 반란이 일어나 로마 군대가 완전히 철수해야 했어.

이쯤 되면 국가로서의 기능을 하지 못한다고 봐야겠지? 476년 무늬만 제국이었던 서로마 제국은 역사 속으로 사라져버렸어. 마지막 황제 로물루스는 게르만 용병군대의 대장 오도아케르에 의해 강제로 끌어내려졌지. 물론 동로마 제국이 남아 있기는 하지만, 역사학자들은 이때를 사실상 로마가 멸망한 해라고 보고 있어. 동로마는 라틴 문화보다는 동방문화가 더 강했고, 훗날 로마 교황은 동로마를 로마 제국으로 인정하지 않았기 때문이야. 동로마는 비잔틴 제국이란 이름으로 더 많이 불려왔단다. 오도아케르의 왕국은 얼마 지나지 않아 동고트족에게 무너졌어. 동고트족은 그곳에 라벤나 왕국을 세웠단다.

서로마 제국이 멸망할 무렵 유럽 대륙은 혼란의 소용돌이에 휩싸여 있었어. 여러 게르만 국가들이 있었지만 절대 강자는 없었지. 그러다 5년 후인 481년 새로운 강자가 등장했어. 지금의 프랑스 지역인 갈리아 지방 출신의 클로비스가 바로 그 강자야. 그는 프랑크족을 통일하고 나라를 세웠어. 클로비스가 세운 이 나라가 프랑크 왕국이었고, 프랑크 왕국의 첫 왕조를 메로빙거 왕조481년~751년라고 불러.

486년 클로비스는 루아르 강에 남아 있던 로마 군대를 몰아냈어. 이로써 프랑크 왕국은 로마에 빼앗겼던 갈리아 영토를 모두 되찾았지. 클로비스는 내친 김에 갈리아의 남서부 아키텐 지방에 남아 있던 서고트족과 동남부에 있던 부르군트족을 더 아래쪽으로 밀어냈어. 프랑크 왕국의 세력이 놀라운 속도로 커지고 있는 거야.

프랑크족은 갈리아의 북부에서 내려온 민족이야. 같은 게르만족이라고 해도 서고트족만큼 로마와 접촉이 많지는 않았어. 그래서 프랑크족 특유의 문화가 강한

클로비스 프랑크 왕국을 확대하여 이후 프랑크 왕국이 서방 세계의 중심 국가가 되는 길을 열었다.

편이었지. 바꿔 말하자면, 프랑크 문화는 로마 문화와 달라도 너무 달랐단다. 이런 상황에서 프랑크 왕국이 로마의 옛 영토를 야금야금 정복해나갔어. 어쩌면 이탈리아를 공격할 가능성도 있었지. 당연히 로마 교황은 반발했겠지? 아니야. 오히려 프랑크 왕국을 지지했단다.

클로비스가 에스파냐로 몰아낸 서고트족은 기독교를 믿었지만 아리우스파에 속해 있었어. 제1차 니케아 종교회의를 떠올려봐. 당시 이단으로 규정돼 추방당한 아리우스파가 어디로 도망을 갔지? 게르만족의 땅이었지? 그래, 이 무렵 기독교로 개종한 게르만족의 대부분이 아리우스파였단다. 클로비스도 게르만족이니까 아리우스파가 아니냐고? 아니야. 496년 클로비스는 '정통' 로마 가톨릭을 믿기로 하고 세례를 받았단다. 서로마 제국이 멸망하자 의지할 곳이 없던 로마 교황에게는 든든한 후원자가 생긴 셈이지. 이런 이유 때문에 로마 교황은 프랑크 왕국을 지지했던 거야. 로마 교회가 클로비스를 지원하면 프랑크 왕국도 로마 교회에게 잘해줄 거라고 판단한 거지.

클로비스는 강력한 프랑크 왕국을 건설했어. 그러나 511년 그가 세상을 떠나자 프랑크 왕국은 혼란에 빠져들었단다. 혼란의 발단은 프랑크족의 독특한 풍습이었어. 프랑크족은 유산을 모든 자식에게 골고루 나눠주는 풍습이 있었는데, 이에 따라 영토가 네 명의 자식들에게 분할된 거야. 그래도 이 혼란기에 프랑크 왕국의 영토는 이탈리아 북부와 독일 지역까지 확대됐어. 프랑크 왕국이 강했다기보다는 주변 나라들이 힘이 없어서 가능했던 일이 아닐까?

어쨌든 네 아들 가운데 막내인 클로타르 1세가 한때 프랑크 왕국을 다시 통일했어. 그러나 그가 죽자 또다시 프랑크 왕국은 그의 아들들에게 분할됐어. 클로타르 1세의 손자인 클로타르 2세가 613년 다시 통일을 이뤘어. 분열이 예견된 통일은 나라를 안정시키는 데 별 도움이 안 돼. 후계자들의 권력 투쟁 때문에 프랑크 왕국은 8세기가 될 때까지 깊은 늪에 빠진 것처럼 멈춰 있었단다.

유스티니아누스와 테오도라

프랑크 왕국에서 혼란이 계속되고 있을 때 동로마 제국, 즉 비잔틴 제국은 부활을 위한 마지막 도전에 나섰어. 527년 동로마 제국의 황제가 된 유스티니아누스의 이야기를 하려는 거야. 그전에 동로마 제국과 비잔틴 제국의 이름에 대해 간단히 짚고 넘어갈게. 어떤 이름으로 불리느냐에 따라 제국의 성격이 달라질 수 있거든.

동로마 제국이 로마 혈통을 이어받았다고 본다면 동로마 제국이라 부르는 게 맞아. 그러나 로마의 라틴 문화는 서로마 제국이 멸망할 때 사라졌고, 동로마 제국은 그리스와 오리엔트 문화를 중심으로 발전했다고 평가한다면, 비잔틴 제국이라고 부르는 게 더 타당하겠지. 《통세계사》에서 그랬던 것처럼, 여기에서도 편의상 동로마 제국이라고 부르도록 할게.

자, 이제 유스티니아누스 황제에 대해 이야기할까? 그는 황제가 되기 전부터 정치권력을 장악한 인물이야. 유스티니아누스의 삼촌은 동로마 제국 황제 유스티누스였어. 그는 정치가 자신 없었는지, 유스티니아누스에게 황궁에 살면서 자신을 도와달라고 부탁했어. 유스티니아누스는 너무 쉽게 황제의 최측근으로 부상했지.

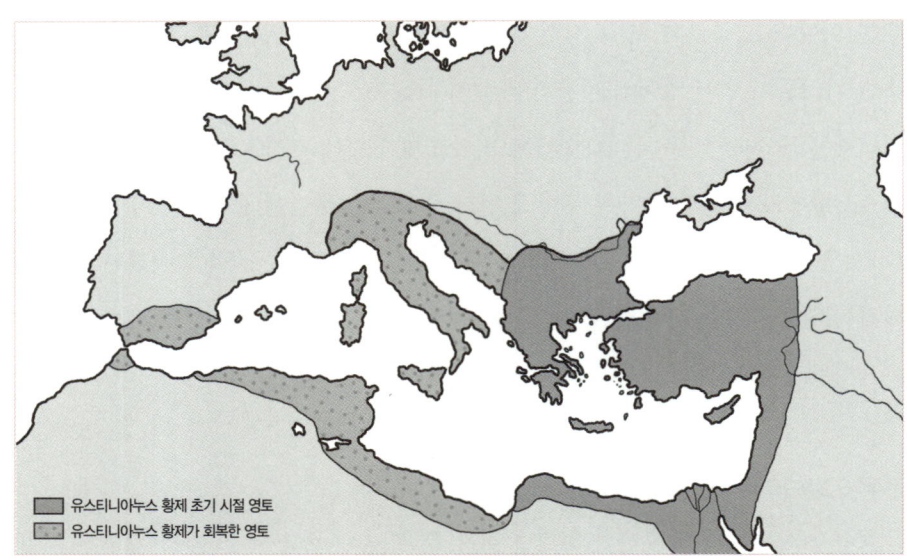

동로마의 영토 회복 유스티니아누스 황제는 이탈리아 반도와 북아프리카, 에스파냐 일부를 되찾으며 로마 제국의 영광을 재현하려 했다.

유스티누스는 노환으로 사망하기 한 달 전, 유스티니아누스를 공동 황제에 임명했어. 이윽고 유스티누스가 사망했고, 유스티니아누스는 단독 황제가 됐어.

유스티니아누스를 이야기할 때 절대 빼놓을 수 없는 사람이 바로 테오도라 황후야. 그녀는 평민 집안 출신이었어. 전차 경기장에서 짐승을 관리하는 집안의 딸이었다는 이야기도 있고, 무대에서 춤을 추는 무희, 또는 몸을 파는 창녀였다는 이야기도 있어. 어쨌든 젊은 장교이자 귀족인 유스티니아누스가 그녀에게 푹 빠졌지. 그러나 둘의 신분 차이가 너무 커서 결혼할 수는 없었어. 유스티니아누스는 결혼을 포기할 수 없었어. 그는 귀족과 하층 시민 사이의 결혼을 허용하는 법을 만들었고, 결국 테오도라와 결혼을 했단다.

테오도라는 정치 감각이 탁월했고, 배짱도 두둑했어. 그런 면모를 알 수 있는 사건이 있었지. 532년 전차 경기장에서 폭동이 발생했는데, 이윽고 황제에 대한 반란 니카 반란으로 커졌어. 반란군은 황궁까지 쳐들어왔어. 유스티니아누스는 어찌할 바를 몰라 황급히 피하려고만 했단다. 이때 테오도라 황후가 냉정하게 말했어. "지금 황궁을 떠나면 다시 못 돌아옵니다. 죽더라도 이곳에서 죽어야 합니다." 그녀의 말에 기운을 차린 유스티니아누스는 마침내 반란군을 진압하고 황제의 권력을 되찾았단다.

전차 경기장의 폭동이 일어나기 한 해 전, 그의 군대는 동방의 사산 왕조와 몇 차례 전투를 벌였어. 승패는 나지 않았지만 그 후 평화조약이 체결됐기 때문에 페르시아로부터의 위협은 많이 줄어들었지.

페르시아 문제도 해결했고, 폭동도 진압했어. 유스티니아누스는 탁월한 황제로 거듭났어. 그는 로마 제국의 영토를 모두 회복하겠다는 원대한 목표를 세웠단다. 그렇다면 타깃은 게르만 왕국들이 되겠지? 유스티니아누스는 군대를 일으켜 게르만 왕국 토벌에 나섰어.

534년 로마 군대는 가장 먼저 북아프리카의 반달 왕국을 정복했어. 시칠리아와 사르데냐, 코르시카를 되찾은 원정대는 곧바로 이탈리아 본토에 있는 동고트족의 라벤나 왕국을 치기로 했어. 로마군은 시칠리아를 통해 이탈리아 본토로 들어갔어. 동고트 왕국의 수도 라벤나를 점령하기까지는 그리 오래 걸리지 않았지만 그 후 동고트족의 저항은 강했어. 양쪽은 엎치락뒤치락하며 20년을 싸웠어. 결과는 로마의 판정승! 553년 로마군은 라벤나를 다시 점령했고, 총독을 파견했단다.

그 후로도 로마군은 전쟁을 멈추지 않았어. 에스파냐의 서고트족을 다시 정복하기도 했지. 오랜 전쟁을 벌인 결과 유스티니아누스는 북부 이탈리아 등 일부 도시를 빼고는 대부분의 옛 로마 영토를 되찾았어. 로마 제국의 영광을 재현한 것처럼

테오도라 동로마 제국의 황제였던 유스티니아누스의 황비였야. 왼쪽에서 세 번째.

보이지?

유스티니아누스 황제의 업적은 또 있어. 그전까지 전해져 내려오던 로마의 모든 법률을 정비해 《로마법대전》을 편찬한 거야. 그뿐만이 아니야. 대대적인 성당 공사도 진행했어. 537년 재공사를 통해 탄생한 성 소피아 성당^{아야소피아}이 대표적이지.

유스티니아누스 황제는 밤에 거의 잠을 자지 않았대. 실제 잠을 안 잔 것은 아니겠지만, 그만큼 정력적으로 활동한 건 맞아. 그러나 로마 교회와는 사이가 좋지 않았어. 유스티니아누스는 로마 교황청을 별도의 보호령으로 지정했는데, 로마 교황은 이 조치를 싫어했어. 황제가 보호해준다는 건, "황제가 교황보다 우월하다"라고 해석될 수 있기 때문이지. 이 때문에 교황은 오히려 프랑크 왕국과 더 가까이 지내려고 했어. 훗날 프랑크 왕국의 샤를마뉴^{카를 대제. 카롤루스 대제}를 서로마 제국의 황제로 인정한 것도 이런 이유에서야. 물론 동로마 제국은 강하게 반발했지만….

동로마 제국은 유스티니아누스가 사망하자 어렵게 회복한 영토를 다시 빼앗기고 말았어. 그만큼 뛰어난 황제도 더는 나오지 않았어. 동로마 제국은 점점 추락했고, 다시는 부활하지 못했지. 이제 동로마 제국은 유럽의 동쪽 끝 변방국가에 불과해. 그런데 로마는 왜 그렇게 추락해야 했을까?

첫째, 프랑크 왕국이라는 새로운 강자가 나타났기 때문이야. 프랑크 왕국의 힘은 미약했지만 로마 교회의 전폭적인 지원을 받으며 성장하고 있었지. 둘째, 동로마 황제의 권위가 로마 교회에 통하지 않았어. 로마 교황은 동로마 황제의 간섭을 무척 싫어했지. 셋째, 문화적 이질감 때문이야. 동로마 제국은 점점 더 동방의 제국이 돼가고 있었어. 고대 그리스, 헬레니즘, 페르시아 문화가 강했지. 그러나 서유럽에는 이런 문화의 흔적이 남아 있지 않아. 이런 문화적 차이 때문에 유럽인들은 동로마 제국을 먼 나라로 여길 수밖에 없었던 거야.

유스티니아누스 동로마 제국의 최대 전성기를 이끌었으나 그가 죽자 제국은 다시 허약해졌다.

카를 마르텔과 투르 푸아티에 전투

7세기 초반 아라비아 반도의 메카에서 이슬람교가 탄생했어. 이슬람 제국은 순식간에 성장했지. 이슬람 제국은 동로마 제국과 사사건건 싸웠던 사산 왕조 페르시아를 651년 멸망시켰어. 동로마 제국이 그토록 원했지만 성공하지 못했던 일을 이슬람 제국은 아주 쉽게 달성해버린 거야. 이슬람 제국의 무서운 기세는 유럽에도 들이닥쳤어. 국경을 접한 동로마 제국이 첫 번째 타깃이었어.

이슬람 제국의 유럽 정복 전쟁은 동로마 제국의 백전백패였어. 이집트 알렉산드리아에 이어 조금씩 영토를 빼앗기더니 10년 정도가 지났을 때는 아프리카 북부가 모두 이슬람 제국의 땅이 돼버렸어.

이슬람 제국은 유럽의 서쪽을 통해 대륙의 한복판으로 진격하기도 했어. 711년 타리크 장군이 이끄는 이슬람 군대가 북아프리카를 떠났어. 이슬람 군대는 이윽고 지브롤터 해협을 거쳐 이베리아 반도에 상륙했어. 이때 이베리아 반도에는 서고트족의 왕국이 있었지만, 강력한 이슬람 군대를 막기에는 역부족이었어. 순식간에 이슬람 군대는 이베리아 반도를 정복해버렸지. 지브롤터 해협이란 이름도 이때 지어진 거야. 지브롤터는 '타리크의 산'이란 뜻이래. 당시 이슬람 군대를 이끌었던 타리크 장군의 이름을 빌려 지브롤터 해협이라고 부른 거야.

에스파냐 일대를 장악한 이슬람 군대는 그 지역을 식민지로 삼았어. 이슬람의 옴미아드 왕조는 총독을 파견해 다스리도록 했어. 이슬람 군대는 다시 북상하기 시작했어. 어디로? 유럽의 심장, 프랑크 왕국으로! 바로 이 대목에서 유럽의 영웅 카를 마르텔 ^{샤를 마르텔}이 등장한단다.

8세기 초반의 프랑크 왕국은 혼란스러웠어. 왕의 힘은 여전히 약했고, 제후국들은 중앙정부에 신경을 쓰지 않았지. 중앙정부, 즉 프랑크 왕국의 정치도 왕이 담당하지 않았어. 지방 귀족들이 가장 지지를 많이 하는 귀족이 일종의 재상인 궁재가 돼 정치를 했지.

그런데 프랑크 왕국에서는 왜 왕의 힘이 약했을까? 두 가지 이유를 찾을 수 있어. 첫째, 왕자들의 권력 다툼이 많았고, 그 때문에 왕이 자주 바뀌었어. 언제 바뀔지 모르는 왕에게 충성을 맹세할 귀족이 얼마나 있을까? 둘째, 중세 봉건제가 서서히 시작되고 있었기 때문이야. 지방에 있는 귀족, 즉 제후들은 저마다 자신의 땅이 있었어. 그냥 넓은 땅이 아니라 하나의 왕국이라고 해도 될 만큼 넓은 땅이지. 그 안에는 따로 통치하는 백성도 있어. 중앙정부에 충성해 얻는 대가보다 자신의 땅을 잘 다스려 얻는 이득이 훨씬 컸지. 이런 상황이라면 굳이 중앙정부, 즉 프랑크의 왕이 되려고 애를 쓸 필요는 없을 거야. 이렇게 권력이 지방으로 분산되는 현상을 '분권화'라고 하는데, 봉건제의 대표적인 특징이란다.

자, 다시 이슬람 군대의 행군을 따라가볼까? 에스파냐를 정복한 이슬람 군대는 이윽고 피레네 산맥을 넘었어. 그들은 곧 지금의 프랑스 보르도 지방에 도착했어. 이슬람 군대는 보르도 지방을 초토화시킨 다음, 투르 지방으로 진격했지. 이때 프랑크 왕국의 궁재를 맡고 있는 사람은 카를 마르텔이었어. 이슬람 군대에 어떻게 맞설 것인지를 결정하는 사람은 왕이 아니라 카를 마르텔이었지.

카를 마르텔은 군대를 이끌고 투르의 푸아티에 평원으로 향했어. 732년 두 군대는 이곳에서 치열한 전투를 벌였지. 이 전쟁이 바로 유명한 투르 푸아티에 전투란다. 전쟁은 카를 마르텔의 승리로 끝났어.

카를 마르텔 카를 대제의 할아버지로, 투르 푸아티에 전투를 승리로 이끎으로써 기독교 세계를 수호했다.

이슬람 군대는 에스파냐로 퇴각했지. 이 전쟁의 승리로 카를 마르텔은 프랑크 왕국뿐만 아니라 유럽 전체의 영웅이 됐어. 로마 교회도 그의 승리를 누구보다 기뻐했어. 만약 카를 마르텔의 군대가 패했다면 이슬람 군대는 유럽 전체를 정복했을 거야. 당연히 기독교의 운명도 끝났겠지.

이제 카를 마르텔은 원하기만 하면 프랑크 왕국의 왕이 될 수 있었어. 그러나 그는 왕이 되지 않았어. 왕의 자리가 탐나지 않았던 것일까? 별 이익도 없고, 다른 귀족들의 간섭이나 받는 중앙정부의 왕이 되는 것보다 제후로 남는 게 더 좋다고 판단했을지도 몰라. 그의 속마음을 알 수 없으니 정확한 이유는 모르겠지만, 어쨌든 그는 왕을 끌어내리지는 않았어. 그는 그 후로도 프랑크 왕국을 좌지우지하다 741년 세상을 떠났단다.

소 피핀과 카롤링거 왕조

카를 마르텔의 아들 소小 피핀은 아버지와 너무 달랐어. 그의 할아버지 이름도 피핀이었기 때문에 혼동하지 않기 위해 소 피핀이라고 부르지. 카를 마르텔이 세상을 떠나자 궁재 직위는 아들들에게 넘어갔어. 소 피핀은 형과 함께 공동 궁재가 됐지. 그 후 형이 정계를 은퇴하자 단독으로 궁재를 맡았어. 피핀은 야망이 컸어. 계속 궁재를 하느니 차라리 왕이 되고 싶었어!

751년 피핀은 프랑크 왕국의 왕 힐데리히 3세를 수도원에 가두고는 자신이 왕위에 올랐어. 이로써 메로빙거 왕조의 혈통이 끊기고, 새로이 카롤링거 왕조가 시작됐지. 그런데 피핀이 왕위에 오르는 과정이 쿠데타 같지 않니? 맞아. 더욱 이상한 점은 로마 교황이 이를 적극 지원했다는 거야. 당시 로마 교황 자카리아스는 피핀의 쿠데타 행위를 사전에 승인해줬어!

메로빙거 왕조와 로마 교회는 좋은 관계를 유지해왔었어. 그런데 로마 교회는 왜 메로빙거 왕조를 배신하고 피핀을 도운 것일까? 피핀이 영웅 카를 마르텔의 아들이었기 때문이야. 그의 카롤링거 가문은 서유럽 전체에서 가장 강력한 가문 가운데 하나였어. 군사력에서도 카롤링거 가문을 당할 세력은 없었어. 무시무시한 이슬람

소 피핀 프랑크 왕국의 왕위에 올라 카롤링거 왕조를 열었다.

군대도 박살낸 가문이잖아? 결국 교황은 든든한 후원자를 얻기 위해 카롤링거 가문과 손을 잡은 거야.

동로마 제국의 황제가 로마 교황청을 보호령으로 정한 것도 교황이 쿠데타를 지지한 이유가 됐어. 교황은 동로마 제국의 황제가 자신을 간섭하는 게 무척이나 싫었어. 그러나 함부로 맞설 수는 없었지. 그랬다가 동로마 군대가 쳐들어오면 결과는 뻔하잖아? 교황은 자신의 군대처럼 언제든지 빌려 쓸 수 있는 군대가 필요했어.

피핀도 로마 교황이 필요했어. 로마 교황은 서유럽에서는 기독교의 '큰 어른'이야. 교황을 자기편으로 만들면 아무래도 반발하는 사람이 줄어들겠지? 쿠데타를 정당화하기 위해 교황의 도움이 필요한 거였어. 교황이 "피핀은 왕이 될 자격이

있다"라고 말해주기를 원한 거지. 이런 정치적 이해관계 때문에 피핀과 교황이 굳게 손을 잡을 수 있었던 거야.

프랑크 왕국의 카롤링거 왕조를 연 피핀은 로마 교황에게 보답을 했어. 754년에는 로마 교황 스테파노 2세가 몸소 피핀이 있는 파리로 갔어. 긴히 부탁해야 할 일이 생겼거든. 이탈리아 중부의 롬바르드 왕국이 로마 교회의 영토로 쳐들어온 거야. 교황은 처음에 동로마 제국에 원조를 요청했어. 그러나 동로마 황제는 이 요구를 들어주지 않았지. 교황은 그래도 걱정하지 않았어. 피핀이 있으니까!

피핀은 즉각 교황의 요구에 응했어. 교황과 함께 자신의 군대를 이끌고 이탈리아로 향했지. 역시 카롤링거 왕조의 군대는 강했어. 롬바르드 왕국의 군대를 단숨에 물리쳐버렸어. 피핀은 롬바르드 왕국으로부터 빼앗은 라벤나 지역을 교황에게 바쳤어. 원래 이 지역은 교황의 보호령이었으니, 롬바르드 왕국에 빼앗겼던 땅을 다시 찾은 셈이지. 어쨌든 교황이 단순한 보호령이 아니라 교회의 왕국, 즉 자신의 교황령을 가진 것은 이때부터야. 오늘날 교황령은 바티칸에 있지만 실제 교황령의 시초가 바로 이곳 라벤나 땅이란다.

이제 로마 교황청과 카롤링거 왕조는 그전보다 더 친한 사이가 됐어. 이번에는 로마 교황이 보답할 차례가 됐지. 로마 교황은 자신도 좋고, 카롤링거 왕조도 좋은, 일석이조의 방법을 생각해냈어. 그게 뭘까? 만약 프랑크 왕국의 왕을 동로마 제국 황제와 동급으로 끌어올리면 어떨까? 그렇게 되면 프랑크 왕은 황제가 돼서 좋고, 교황은 친한 황제가 생겨서 좋겠지? 교황은 피핀의 아들인 샤를마뉴에게 이 혜택을 주기로 했어.

마지막으로, 카롤링거 왕조가 유지된 기간에 대해 살펴볼게. 프랑크 왕국은 8세기가 되면 동프랑크, 서프랑크, 중프랑크로 분열돼. 그래서 카롤링거 왕조가 유지된 기간도 세 나라가 모두 달라. 가장 일찍 카롤링거 왕조가 끝난 나라는 중프랑크 751년~875년야. 이어 독일로 발전한 동프랑크751년~911년였고, 마지막이 서프랑크751년~987년였단다.

성상숭배금지령

유럽의 서쪽을 봤으니 이번에는 동쪽을 봐야겠지? 이슬람 군대가 이베리아 반도를 정복하고 6년이 지났어. 이슬람 옴미아드 왕조는 유럽의 서쪽에 이슬람 근거지를 확보한 것만으로는 성에 차지 않았나봐. 이슬람 옴미아드 왕조는 동로마 제국을 다시 공격했어.

투르 푸아티에 전투는 유럽 한복판에서 일어난 최초의 유럽-이슬람 대결이야. 그러나 이 전쟁이 있기 전에도 동로마 제국과 이슬람 제국은 여러 차례 전쟁을 벌였단다. 8세기 초반 치러진 전쟁도 그중 하나야. 이 전쟁에서 동로마 제국은 콘스탄티노플 성이 함락될 위기에 놓였지. 무려 1년을 끈 전투 끝에 다행히 이슬람군을 물리칠 수 있었단다. 이때 로마군은 성안에 틀어박혀 황으로 만든 화기火器로 이슬람군에 맞섰어. 처음 보는 불 공격에 당황한 이슬람 군대는 성안으로 침투할 수 없었어. 마침 불가리아에서 기독교 동맹군이 가세함으로써 이 전투는 동로마 제국의 승리로 끝났지.

동로마 제국은 수도를 지키기는 했지만 주변에서 치러진 크고 작은 전투에서는 모두 이슬람군에게 패했어. 이 때문에 동로마 제국의 영토는 갈수록 작아졌어. 8세기 중반 양쪽의 군대는 소아시아에서 또 한 번 충돌했어. 이 전투에서 로마군이 이겼지만 오히려 영토는 더욱 줄어들었지. 이제 동로마 제국의 영토는 콘스탄티노플 주변의 극히 작은 지역밖에 남지 않았어. 상처만 남은 승리였던 거지.

동로마 제국은 유럽의 동쪽에서 필사적으로 이슬람 제국의 공격을 막아내고 있었어. 그러나 로마 교회는 그 점을 몰라줬지. 오히려 로마 교회는 동로마 제국의 지배를 벗어나려고 안간힘을 썼어. 프랑크 왕국의 카롤링거 왕조와 손을 잡은 것도 이런 이유가 컸어. 동로마 제국의 입장에서는 "내 공은 인정해주지 않고 타박하기만 하느냐"라고 따지고 싶었을 것 같아.

동로마 제국과 로마 교회의 갈등은 점점 심해졌고, 마침내 폭발해버렸어. 726년, 동로마 제국의 황제가 성상숭배금지령 우상파괴령을 내린 거야. 성상聖像이란 예수 그리스도나 성모 마리아 상처럼 종교적 성인을 형상화한 동상이나 조각 같은 것을 가리켜. 동로마 황제는 성상을 지나치게 숭배하다 보면 기독교의 기본 정신을 잃어버릴 수 있기 때문에 성상을 없애야 한다고 생각한 거야. 로마 교황은 절대

성상숭배금지령 우상(성화상)파괴령이라고도 한다. 교회 내 성상들을 끌어내리고 파괴하는 장면이다.

따를 수 없다고 맞섰어. 아직까지는 많은 게르만족이 기독교를 믿지 않고 있는데, 그들을 개종시키려면 성상이 있어야 한다는 주장이었지. 사실 이 싸움에도 정치적·경제적 이해관계가 숨어 있어.

우선 황제의 관점에서 볼까? 동로마 제국에서는 교회가 황제의 지배를 받았어. 그런데 성상이 있으면 기독교 신도들이 황제보다 성상을 더 숭배하겠지? 황제의 권위를 높이기 위해서라도 성상이 없는 게 낫겠지? 둘째, 서유럽과 달리 동유럽은 봉건체제가 자리를 잡지 못했어. 여전히 대지주가 많았는데, 대지주의 대부분이 수도원이었어. 이런 수도원의 세력을 약화시키려면 그들을 제한해야겠지? 수도원이 약해지면 자연스럽게 많은 토지가 국가 소유가 될 테고.

성상숭배금지령에 대해 동로마 교회는 반항을 하지 못했어. 오히려 적극 찬성했지. 이미 말했듯이 동로마의 교회는 황제의 손아귀에 있었기 때문이야. 그러나 사사건건 동로마 황제와 대립하던 로마 교회는 달랐어. 그들의 관점에서 이 사안을 살펴볼까?

첫째, 게르만족의 상당수는 아직도 기독교를 믿지 않거나 아리우스파에 속해 있었어. 로마 교회가 세력을 키우려면 게르만족이 보고 따를 수 있는 대상이 필요했지. 그게 바로 성상이었던 거야. 둘째, 더 이상 동로마 제국 황제의 간섭을 받지 않겠다는 의지를 확실히 보여줄 필요가 있었어.

이제 동로마 교회와 로마 교회는 서서히 갈라서기 시작했어. 그래, 기독교가 마침내 분열하는 거야. 이때부터 로마 교회의 기독교는 로마 가톨릭, 동로마의 기독교는 정교회 동방정교회라고 불리게 됐단다. 두 교파는 멀지 않아 서로를 파문하며 완전히 갈라서게 돼.

아참, 성상숭배금지령을 내린 동로마 제국의 황제는 레오 3세였어. 같은 이름의 인물이 800년에 다시 등장하지. 샤를마뉴의 대관식을 주관한 인물이 바로 교황 레오 3세였거든. 이름은 같지만 한 사람은 동로마 황제고, 또 한 사람은 로마 교황이었어. 기막힌 우연의 일치지?

통박사의 역사 읽기

+ 헬레니즘은 죽어 이름을 남긴다?

동로마 제국과 로마 교회가 싸우게 된 발단은 성상이었어. 그런데 이 성상이 기독교 초기 시절부터 있었던 게 아니란 사실을 아니? 사실 기독교만 그런 게 아냐. 불교나 이슬람교에서도 처음에는 성인의 모습을 작품에 담지 않았단다. 불교에서는 부처가 머물렀던 흔적을 작품에 남기는 방식이었고, 이슬람교는 예언자 무함마드의 얼굴을 그리지 않았지. 그랬던 종교 작품에 성인이 등장하고, 성인을 모델로 만든 성상이 나타난 것은 헬레니즘의 영향 때문이란다. 헬레니즘이 불교에 영향을 미쳐 탄생한 미술 양식을 간다라 미술이라 부르지? 그처럼 기독교에도 영향을 미쳐 예수나 성모 마리아상 같은 것들이 만들어지기 시작한 거란다. 결국 호랑이가 죽어 이름을 남기듯이 헬레니즘은 8세기가 될 때까지도 여전히 영향력을 발휘하고 있는 셈이야.

샤를마뉴와 서로마 부활

다시 프랑크 왕국으로 돌아와서…. 771년 카를이 단독으로 왕에 올랐어. 이 카를이 오늘날 카를 대제라고 불리는 유럽의 영웅이야. 할아버지 카를 마르텔과 이름이 같지? 카를의 아버지 피핀도 할아버지와 이름이 같다고 했지? 그래, 아버지의 이름을 자신의 자식에게 지어주는 것 또한 프랑크족의 풍습이란다.

샤를마뉴는 왕이 되자마자 즉각 정복 전쟁을 개시했어. 774년 그의 군대는 이탈리아 북부 지역으로 진군했어. 그곳에는 롬바르드 왕국^{랑고바르드 왕국}이 있었지. 이 왕국은 사사건건 로마 교황청을 괴롭혔단다. 결과는

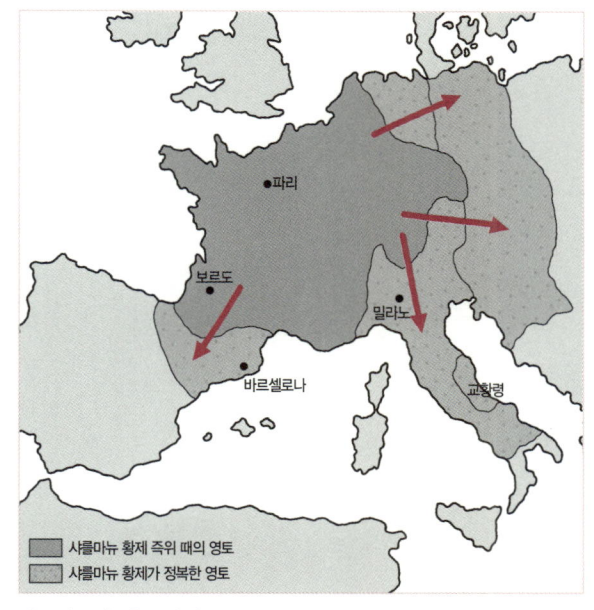

샤를마뉴의 영토 확장 샤를마뉴는 이탈리아에 이어 유럽 중부 지역의 대부분을 정복했다. 오늘날까지도 샤를마뉴는 최고의 정복왕으로 추앙받는다.

뻔했어. 샤를마뉴의 군대는 단숨에 롬바르드 왕국을 정복했지.

778년 샤를마뉴의 군대는 에스파냐로 향했어. 그곳에 있는 이슬람인들을 유럽에서 몰아내기 위해서였지. 그러나 이슬람 군대는 강했어. 힘겨운 싸움이었지. 오늘날까지 전해지고 있는 중세 기사들의 무용담을 담은 작품 〈롤랑의 노래〉의 배경이 된 게 바로 이 전투야. 이 전투에서 샤를마뉴의 군대가 승리했지만 많은 기사들이 희생됐지. 결과부터 요약하자면, 샤를마뉴는 이슬람인들로부터 영토의 일부를 빼앗았지만 유럽 밖으로 완전히 몰아내는 데는 실패했단다.

샤를마뉴의 활약은 여기에서 끝나지 않았어. 이때 프랑크 왕국의 동쪽에는 색슨족이 살고 있었어. 오늘날로 치면 오스트리아와 헝가리 주변이었지. 그의 군대는 색슨족까지 정복했어.

노트르담 대성당 앞 샤를마뉴 대제 동상 프랑스 파리 노트르담 성당에 서 있는 동상. 프랑스인은 샤를마뉴를 위대한 선조로 보고 있다.

자, 점검을 해볼까? 프랑크 왕국은 원래 프랑스와 독일 남서부, 그러니까 라인 강 유역까지 차지하고 있었지. 샤를마뉴가 이탈리아 북부, 에스파냐, 오스트리아, 헝가리를 정복했어. 그렇다면 프랑크 왕국은 과거 서로마 제국의 거의 모든 영토를 되찾은 셈이야. 오히려 오스트리아와 헝가리를 정복함으로써 동북쪽 국경선을 라인 강에서 엘베 강으로 넓혔지. 오늘날 샤를마뉴를 유럽 사람들이 중세 최고의 정복왕으로 추앙하는 것도 이런 이유에서야.

샤를마뉴는 로마 교황을 위해서도 멋있는 선물을 선사했어. 이탈리아 중부 지방을 정복하고 나서 교황령으로 쓰라고 준 거야. 이쯤 되면 교황도 뭔가 보답을 해야겠다고 생각했을 거야. 아닌 게 아니라 교황은 아무도 예상하지 못했던 깜짝 선물을 줘. 이 선물로 프랑크 왕국은 명실상부한 유럽의 중심이 돼.

800년 12월 25일 크리스마스 날이었지. 성 베드로 대성당에서 성탄절 미사가 열렸어. 프랑크의 국왕으로서 당연히 샤를마뉴도 참석했지. 이날 아무도 예상치 못한 사건이 발생했어. 미사를 집전하던 교황 레오 3세가 갑자기 샤를마뉴에게 다가가는 게 아니겠어? 샤를마뉴는 영문을 몰랐어. 사전에 약속된 게 아니었거든. 레오 3세가 황제의 관을 꺼내 샤를마뉴의 머리에 얹었어. 교황은 이어 이렇게 선포했어. "하느님의 영광을 되살릴 로마가 부활했고, 새로운 황제가 탄생했다. 모든 백성은 경의를 표하라!" 이게 무슨 뜻인지 아니? 서로마 제국이 부활했다는 뜻이야.

이제 프랑크 왕국은 고대 로마 제국을 계승한 나라가 됐어. 라틴족이 건설한 로마 제국의 전통을 게르만족이 이어받게 됐고, 샤를마뉴는 그 첫 황제가 된 거야. 로마 교황은 동로마 제국을 더 이상 정통 로마 제국으로 인정하지 않을 심산이었어. 동로마 제국은 어땠을까? 당연히 동로마 제국의 황제는 샤를마뉴를 황제로 인정하지 않았어. 그러나 이미 대세는 샤를마뉴에게로 기울고 있었지.

여기에서 주목해야 할 점이 또 있어. 교황이 직접 샤를마뉴의 머리 위에 황제의 관을 씌워줬다는 거야. 이 행동에 바로 교황의 야심이 숨어 있지. 그건 바로 "황제가 되려면 로마 교황의 승인을 받아야 한다!"라는 선언이었어. 이 선언대로 이때부터 서유럽에서는 교황이 승인하지 않거나 파문한 황제는 더 이상 황제의 대우를 받지 못했어.

카롤링거 르네상스

샤를마뉴의 통치기를 카롤링거 르네상스 시대라고 불러. 샤를마뉴가 영토만 넓힌 게 아니라 라틴 문화를 부흥시켰기 때문이지. 또 하나 기억해야 할 게 있어. 샤를마뉴 시대에 비로소 중세 봉건제가 완전히 정착했다는 거야. 우선 이 얘기부터 하도록 할게.

샤를마뉴의 할아버지, 그러니까 카를 마르텔이 궁재로 있을 때 프랑크 왕국의 왕은 힘이 강하지 못하다고 했지? 카를 마르텔 또한 프랑크 중앙정부의 왕을 하느니 자신의 영지에서 왕을 하는 것, 즉 제후로 남는 게 더 좋을 것 같아 왕이 되지 않았어. 기억하지? 그때 이미 중세 봉건제는 어느 정도 시작됐다고 볼 수 있어. 그 봉건제를 샤를마뉴가 발전시킨 거야.

중국과 한국 등 동아시아에서는 아주 오래전부터 중앙정부의 왕이나 황제의 지시가 지방의 작은 곳까지 전파됐어. 관리도 모두 중앙에서 파견했거나 임명했지. 이런 정치 형태를 중앙집권체제라고 하는데, 유럽에서는 근대에나 가서야 시작된단다. 프랑크 왕국의 경우만 봐도 알 수 있겠지만, 중세 유럽에서는 이런 체제를 꿈도 꾸지 못했어. 지방정부가 중앙정부의 지시를 무시하는 것도 다반사였고, 아예 따르지 않기도 했어. 아직까지는 국가의 개념이 별로 없었던 거야.

그런데 왜 샤를마뉴 때 봉건제가 발달한 걸까? 무엇보다 정복 전쟁을 통해 영토가 넓어졌기 때문이야. 중앙정부의 말을 듣지도 않는데, 그 많은 영토를 어떻게 통치할 수 있겠어? 샤를마뉴는 새로 정복한 나라들에게 모두 자치권을 줄 수밖에 없었어. 정치권력이 분산되는 분권화 경향이 더욱 강해진 거야.

샤를마뉴는 자신에게 충성한 신하들에게 보상을 해야 했어. 무엇으로 보상했겠니? 넘치는 게 땅인데, 당연히 영토를 줬지. 이 신하들에게 주는 땅을 봉토封土라고 불렀어. 신하들은 땅을 받는 대신 샤를마뉴에게 충성하기로 맹세를 했지. 왕과 신하들은 이런 내용으로 계약을 맺었어. 이 제도가 바로 봉건제란다. 봉건제에 대해 좀더 자세하게 살펴볼까?

왕과 계약을 맺고 충성을 맹세한 신하는 영지를 받았어. 그 신하는 자신의 땅이 된 영지를 다스리는 작은 왕, 즉

장원의 구조 보통 영주를 중심으로 촌락을 이뤄 경제적 기반을 마련했다.

영주가 됐어. 영주는 왕이 자신에게 그랬던 것처럼, 기사들과 계약을 맺고 땅을 주면서 충성을 샀어. 영주가 어마어마한 영토를 가지고 있다면 자신의 밑에 작은 영주를 여러 명 뒀겠지.

영주가 우두머리로 있는 그 영지를 '장원'이라고 불렀어. 장원 안에는 영주가 사는 성이 있고, 성직자가 있는 수도원이 있으며, 영주가 거느리는 농민들이 일하는 밭도 있어. 곡식을 빻는 방앗간도 있고, 농기구를 만드는 대장간도 있으며, 시장도 있어. 쉽게 말해, 장원 안에 있는 사람들은 다른 장원에 갈 필요 없이 모든 걸 그 안에서 해결한 거야. 이 때문에 중세 시대를 소위 폐쇄적인 사회라고 하는 거야.

샤를마뉴는 많은 수도원을 만들어 종교가 부흥하는 데도 기여했어. 이런 그의 노력에 힘입어 프랑크 왕국은 유럽 문화의 중심이 됐어. 잊혀가던 라틴 문화가 수도원을 중심으로 되살아났지. 그래서 유럽 사람들은 샤를마뉴가 통치하던 이때를 가리켜 카롤링거 르네상스라고 부르는 거야. 아주 번영했다는 뜻이지.

✚ 교회 이전에 수도원이 있었다

베드로에 의해 시작된 로마 교회는 6세기 말 그레고리우스(그레고리오) 1세가 교황이 된 후부터 힘을 가지기 시작했어. 그전에는 수도원이 교회의 역할을 대신해 많은 유럽인들을 기독교로 개종시켰단다. 수도원의 수도사들은 모두 금욕적인 생활을 했기 때문에 일반 민중으로부터 존경을 받았어. 대표적인 수도원으로는 6세기에 베네딕투스가 이탈리아 몬테카시노에 만든 베네딕투스 수도원이 있어. 이 수도원 소속의 보니파키우스는 8세기 초반 게르만 지역을 돌며 포교 활동을 했단다. 보니파키우스 덕분에 많은 게르만족들이 기독교의 품에 안겼어. 수도원은 이집트에서 약 4세기쯤 초보적인 형태가 나타났어. 그전으로 거슬러 올라가면 2~3세기쯤 사람이 없는 오지나 사막에 들어가 혼자 기도를 하거나 명상을 했던 사람들이 수도사의 시작이야. 물론 이때는 기독교도가 아니었지.

프랑스와 독일의 탄생

8세기까지만 해도 프랑크 왕국은 유럽 그 자체였어. 브리타니아, 북동부의 게르마니아 일부, 에스파냐 일부, 동유럽의 동로마 제국을 뺀 나머지 유럽이 모두 프랑크 왕국의 땅이었거든. 오늘날 프랑스, 독일, 오스트리아 등 많은 유럽 국가들이 프랑크 왕국의 초기 역사를 똑같이 자국의 역사로 여기고 있는 것도 이 때문이야. 이 무렵의 역사를 자국의 역사에 포함시킨다면 모두 같은 이야기가 되지 않겠어? 다만 나라별로 언어가 다르기 때문에 사람 이름은 다르게 표기돼.

가령 샤를만 보더라도 독일에서는 카를, 라틴어로는 카를로스로 읽지. 샤를은 프랑스 말이야. 예를 더 들어볼까? 독일에서 하인리히라고 부르는 사람은 영어권에서는 헨리로 불려. 윌리엄과 빌헬름도 같은 이름이고, 필립과 펠리페도 같은 이름이야. 독일어 루트비히는 프랑스어 루이로 바뀌지.

한 몸이었던 프랑크 왕국이 갈라서기 시작한 것은 샤를마뉴가 세상을 떠난 9세기부터야.

프랑크 왕국의 분열

814년 샤를마뉴의 뒤를 이어 왕이 된 인물은 루트비히 1세^{루이 1세}였어. 곧 살펴보겠지만, 이때는 유럽 북부 지방에 있던 노르만족들이 본격적으로 남하하고 있었어. 샤를마뉴가 잘 제압하기는 했지만, 여전히 유럽 남쪽에는 이슬람 군대가 버

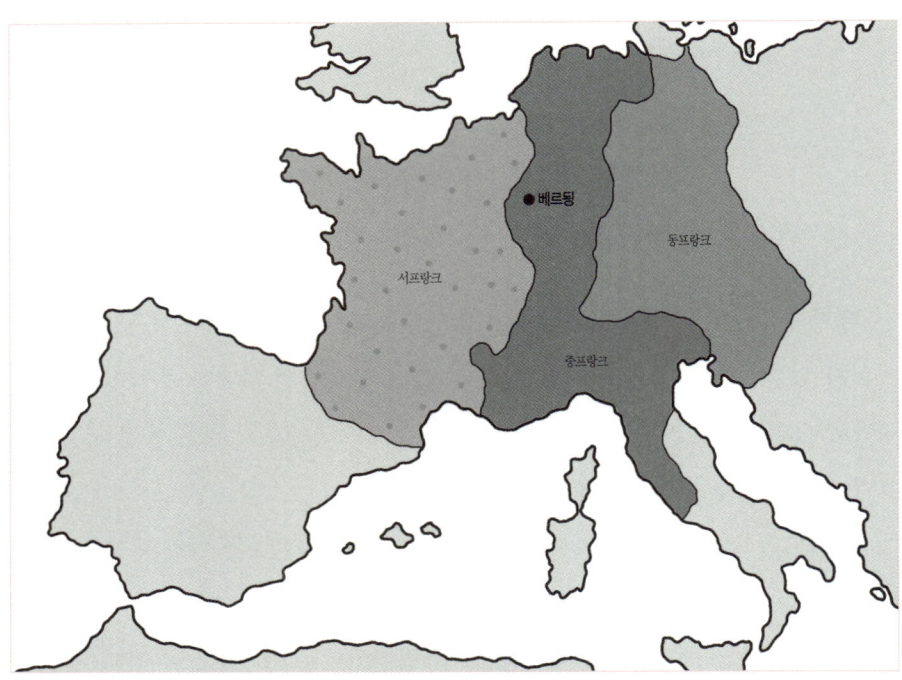

베르됭 조약 이 조약을 통해 프랑크 왕국은 동프랑크, 서프랑크, 중프랑크로 분열됐다. 이 가운데 중프랑크가 다시 쪼개
지게 된다.

티면서 호시탐탐 유럽을 노리고 있었지. 조금만 방심해도 샤를마뉴가 정복한 영
토를 한순간에 날릴 수 있는 위기의 순간이었던 거야. 그 어느 때보다 국가를 통치
하는 능력이 중요해졌지.

　앞으로 유럽 역사를 계속 공부하다 보면 같은 이름의 왕이 반복해서 등장할 때
가 많을 거야. 또 이름 뒤에 붙은 1세, 2세, 3세로 왕을 구분해야 할 때도 많아. 당
연히 누가 누군지 구분하기가 쉽지 않겠지. 유럽 사람들도 마찬가지였나봐. 그래
서 왕의 성격이나 외모에 따라 별명을 짓는 경우가 많았어.

　루트비히 1세에게는 '경건왕'이라는 별명이 붙었어. 그가 독실한 로마 가톨릭 신자였기 때문이야. 루트비히 1세는 종교 분야에서 국민의 존경을 받았을지 모르 겠지만 통치 능력은 그다지 신통치 않았나봐. 그는 샤를마뉴가 물려준 넓은 땅을 제대로 관리하지 못했어. 게다가 아직까지는 유산을 자식들에게 골고루 남겨주는 프랑크족의 관습이 남아 있었어. 샤를마뉴도 손자들을 걱정해 영토를 골고루 나 눠주라는 유언을 남겼대. 루트비히 1세는 잘됐다 싶어 땅을 자식들에게 나눠주기 로 했어.

838년 루트비히 1세는 첫째 아들 로타르 1세에게 프랑크 중부 지역을, 둘째 아 들 루트비히 2세에게 프랑크 동부 지역을, 셋째 아들 카를 2세에게는 프랑크 서부 지역을 줬어. 프랑크 왕국이 셋으로 쪼개진 거야.

아무리 공평하게 재산을 분배해도 "나만 덜 받았다"며 투덜거리는 사람이 있기 마련이지? 루트비히 1세의 세 아들이 모두 그랬어. 그들은 각자 자신이 더 많은 땅 을 차지해야 한다고 생각했지. 그래도 루트비히 1세가 세상을 떠나기 전까지는 반 란이 일어나지 않았어. 아버지에 대한 예의였을까?

2년 후 루트비히 1세가 세상을 떠났어. 영토 분배에 불만을 가장 많이 갖고 있 던 둘째 아들 루트비히 2세가 동생 카를 2세와 손잡고 형 로타르 1세를 공격했어. 내전이 시작된 거지. 이렇게 되면 프랑크 왕국은 이미 산산조각이 났다고 봐야겠 지? 실제 그랬어. 세 형제의 갈등은 도저히 화해할 수 없는 수준까지 악화돼 있 거든.

나라가 결딴나는 지경까지 이르자 귀족과 성직자들이 나섰어. 그들은 세 왕자 에게 지긋지긋한 전쟁을 끝내달라고 간청했어. 결국 세 왕자는 843년 8월, 전쟁을 끝내기 위해 베르됭 조약을 체결했어. 이 조약에 따라 프랑크 왕국은 각각 동프랑 크, 서프랑크, 중프랑크로 분리됐어. 동프랑크는 지금의 독일, 서프랑크는 지금의

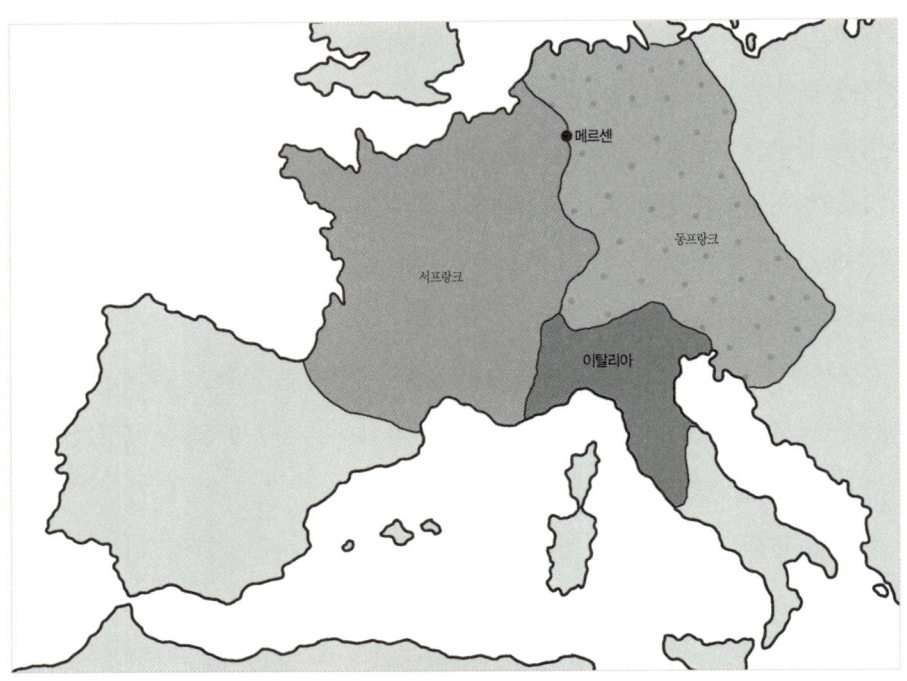

메르센 조약 이 조약으로 중프랑크의 일부가 이탈리아로 떨어지고 나머지는 동프랑크와 서프랑크에 합쳐졌다. 오늘날의 프랑스, 독일, 이탈리아가 이때 만들어졌다.

프랑스, 중프랑크는 프랑스 동부와 이탈리아야. 오늘날 유럽 중부와 서부의 지도 가 어슴푸레 보이지?

나라가 세 개로 쪼개졌다고 해서 황제 자리도 세 개로 쪼갤 수는 없어. 그렇다면 누가 서로마 제국의 황제 자리를 차지했을까? 서프랑크의 카를 2세야. 서프랑크 는 프랑스로 발전했으니까 카를 2세가 아니라 이제 샤를 2세라고 해야겠지? 프랑 스 사람들은 그가 대머리였기 때문에 '대머리왕 샤를'이라고 불렀단다.

중프랑크의 로타르 1세는 영토를 로트링겐, 프로방스, 이탈리아로 다시 쪼개 자 신의 세 아들에게 나눠주고는 세상을 떠났어. 869년 로트링겐을 통치하던 로타르

2세가 사망했어. 로트링겐에서 카롤링거 왕조의 혈통이 끊기고 만 거야. 그렇다면 나머지 두 나라의 왕들이 가만히 있지 않겠지? 다른 왕조에게 로트링겐을 물려줄 수는 없는 것 아니겠어?

서프랑크의 대머리왕 샤를이 잽싸게 로트링겐을 점령했어. 동프랑크의 루트비히 2세도 가만히 앉아 있다가 당할 수는 없었겠지? 결국 중프랑크 영토에서 두 형제가 전쟁에 돌입했어.

이 전쟁은 그로부터 1년 후인 870년 끝났어. 두 형제는 오늘날의 네덜란드 땅인 메르센에서 만났어. 그들은 이탈리아를 제외한 나머지 중프랑크의 땅을 둘이서 나눠가지기로 합의했어. 이제부터 세 나라는 각각 자신의 갈 길을 가기로 했어. 이로써 오늘날의 프랑스, 독일, 이탈리아가 사실상 생겨난 거란다. 이탈리아에 남아 있던 카롤링거 혈통은 5년 만에 끊어지고 말았어.

오토 대제와 신성로마 제국

프랑크 왕국은 메로빙거 왕조에서 시작됐어. 메로빙거 왕조는 프랑스 파리에서 출발했지. 동프랑크는 나중에 프랑크 왕국이 확대되면서 합류된 지역이야. 그런데 메르센 조약을 통해 동프랑크는 서프랑크와 완전히 결별했어. 그렇다면 굳이 카롤링거 왕조를 유지할 필요가 있을까? 동프랑크 왕국은 제후 귀족^공들이 자기 지역을 각자 통치하고, 중앙정부는 형식적으로 존재하는 공국체제^{영방체제}로 돌아갔어. 이 귀족들은 지역 이름을 따서 '~공'이라고 불렸지.

911년 동프랑크는 루트비히 4세가 죽어 왕통이 끊기자 마인츠, 쾰른의 대주교, 작센, 브란덴부르크 등 권력이 강한 공국의 왕^{대공} 등 여섯 명의 선거인단이 모여 왕을 선출했어. 이 선거인단을 선제후라고 불렀어. 이후 13세기가 되면 6인에 보

오토 대제의 마그데부르크 입성 오토 대제는 샤를마뉴의 뒤를 잇는 정복왕이다.

헤미아 왕이 추가돼 7선제후가 되지. 선제후가 처음으로 선출한 왕이 프랑켄 공 콘라트였어. 이로써 동프랑크에서 카롤링거 혈통이 끊어지게 됐지.

콘라트는 아주 짧은 시간 왕을 지냈고, 동프랑크의 본격적인 첫 왕조는 그 후에 등장했어. 919년 선제후에 의해 작센 공 하인리히 1세가 왕에 선출됐어. 콘라트와 달리 하인리히 1세 때부터는 왕위를 세습했어. 비로소 왕조가 탄생한 거지. 이로써 오늘날 독일의 첫 왕조인 작센 왕조919년~1024년가 시작됐어.

하인리히 1세의 근거지는 작센이었지? 그는 왕이 된 다음에도 작센에 신경을 많이 썼어. 작센 지방의 제후들은 전폭적으로 그를 지지했어. 하인리히 1세는 동프랑크의 왕으로서도 소임을 다했어. 이 무렵 유럽 본토에는 그 어느 때보다 이민족의 침략이 많았어. 북쪽으로부터 노르만족이 쳐들어왔고, 동쪽으로부터는 마자르족이 쳐들어왔지. 하인리히 1세는 이 모든 침략을 다 막아냈어. 동프랑크 왕국을 지켜낸 거야. 게다가 서프랑크로부터 로트링겐까지 빼앗았어!

샤를마뉴를 빼면 프랑크 왕국의 왕들은 대부분 허수아비였어. 그러나 하인리히 1세는 달랐어. 물론 훗날의 절대왕정에 비할 바는 못 되지만 하인리히 1세도 강력한 왕이 되려고 노력했어. 같은 혈통의 귀족들에게 공국을 다스리게 했고, 다른 귀족들도 잘 달래서 자신의 편으로 끌어들인 거야. 그래도 여전히 많은 지방의 공국들은 제멋대로였지만, 어쨌든 적지 않은 성과라고 볼 수 있지. 하인리히 1세는 중세 독일의 기초를 다진, 첫 왕으로 인정받고 있단다. 쉽게 말해, 독일 역사상 첫 왕이란 얘기야.

936년 하인리히 1세의 아들 오토 1세가 동프랑크의 왕에 올랐어. 오토 1세는 아버지의 뒤를 이어 이민족과의 전쟁에 전념했어. 그의 행적은 과거 샤를마뉴와 비슷해. 약 150년 만에 또 한 명의 영웅이 등장한 셈이지. 950년대 들어 오토 1세는 로마 교황 요한 12세의 요청을 받고 이탈리아로 진격했어. 오토 1세는 몇 차례의 전투 끝에 롬바르드 왕국을 완전히 정복하고 이탈리아의 왕을 겸했지. 이어 보헤미아와 모라비아 왕국을 정복했고, 아우구스부르크 주변에서 치러진 전투에서는 마자르인들을 격파했지. 960년대에는 폴란드도 그에게 조공을 바쳤어. 샤를마뉴와 비슷한 정복 군주라 볼 수 있겠지?

하인리히 1세는 강력한 왕의 꿈을 이루지 못했지만, 오토 1세는 그 꿈을 이뤘어. 물론 귀족들의 반발은 컸어. 여러 공국에서 반란이 일어났지. 고향과도 같은 작센에서도 반란이 일어났고, 오토 1세의 동생마저도 반란에 가담했을 정도야. 이 모든 싸움에서 오토 1세는 승리했어. 이제 무력으로 오토 1세를 제압할 귀족은 아무도 없었지.

그러나 무력으로만 독일 전체를 통일할 수는 없는 노릇이야. 오토 1세는 종교를 장악해야 한다고 판단했어. 이 무렵 로마에 교황이 있기는 했지만, 각 국가와 지방별로 별도의 교구와 수도원이 있었어. 독일의 예를 들자면, 독일의 주교와 대수도원장이 독일 국민들의 '정신'을 장악하고 있었던 거야. 오토 1세는 이 점 때문에 독일의 기독교 기구들을 모두 자신의 밑에 둬야 한다고 생각했어. 그는 자신이 직접 나서서 여러 지역에 교구를 설치하고, 수도원을 지었어. 그러나 이런 조치만으로는 뭔가 부족한 것 같았어. 오토 1세는 로마 교황을 이용하기로 했어. 로마 교황이 인정하는 황제라면, 독일의 주교와 대수도원장도 꼼짝하지 못할 거라고 생각한 거지.

962년 오토 1세는 이탈리아를 정복하고 교황령을 지켜준 공로로 교황에게서 로마 제국 황제의 관을 받았어. 샤를마뉴의 대관식 장면이 떠오르지? 이번에는 그것보다 훨씬 더 큰 이벤트였어. 생각해봐. 이 무렵 로마 교회는 동로마 제국과 사실상 완전한 남남이었어. 그렇다면 로마 교황에게 더 이상 로마 제국은 없는 셈이야. 이 때문에 이때 탄생한 제국을 신성로마 제국^{962년~1806년}이라고 부른단다. 오토

Otto der Große. 936—973.

오토 대제 적극적인 정복 전쟁을 통해 동프랑크를 발전시켰으며, 로마 교황으로부터 신성로마 제국 황제의 잔을 받았다.

1세는 오토 대제가 됐고, 동로마 제국도 그의 황제 등극을 정식으로 인정했어. 심지어 동로마 제국의 황실 여성을 오토 대제의 며느리로 보내기도 했지.

겉으로 보기에는 교황이 오토 1세를 황제로 임명했지? 그러나 이 작품의 감독은 오토 대제였어. 오토 대제는 이로써 종교까지 장악한, 중세 시대에 보기 드문 강력한 황제가 됐지. 더불어 로마 교회에도 황제의 입김이 많이 작용했어. 이 때문에 얼마 지나지 않아 교황은 인간의 왕에 불과한 황제가 감히 신성한 종교에 간섭하는 게 못마땅하다며 반발했어. 결국 신성로마

제국 황제와 로마 교황은 피 튀기는 투쟁을 하게 된단다.

자, 여기에서 신성로마 제국에 대해 좀더 알아볼까? 오늘날 신성로마 제국의 대부분 역사는 독일의 역사로 간주되고 있어. 그러나 '신성로마 제국 = 독일'이라고 생각하면 옳지 않아. 오토 대제 때야 그렇지 않았지만, 훗날에는 신성로마 제국의 황제가 다른 지역에서도 나왔거든. 특히 가장 황제를 많이 배출한 왕조 중 하나인 합스부르크 왕조는 오늘날 오스트리아의 역사로 여겨지기도 하지.

신성로마 제국의 영토는 일정치가 않아. 공국들이 중앙정부에 협력하면 무한대로 커졌다가, 공국들이 반발하면 쪼그라드는 거지. 쉽게 말하면 '영토가 없는 가상의 제국'이라고 할 수 있어. 한때 신성로마 제국은 독일, 오스트리아, 에스파냐, 네덜란드, 이탈리아까지 포함하는 큰 제국이기도 했단다. 이제 동프랑크 왕국이라는 이름은 이 책에서 더 이상 등장하지 않을 거야.

🔍 통박사의 역사 읽기

✛ 신성로마 제국의 이름 변천사

샤를마뉴 때 부활한 서로마 제국과 오토 대제 때 탄생한 신성로마 제국은 어쩌면 같다고 할 수 있어. 현대 역사가들이 따로 분류하고 있을 뿐이지. 왜냐하면 두 제국이 처음에는 그냥 제국이라고 불렸기 때문이야. 오토 대제의 아들 오토 2세 때 이 제국 앞에 로마를 추가해 로마 제국이 됐고, 12세기 황제가 된 프리드리히 1세는 이 앞에 또다시 신성을 추가했어. 정리하자면, 제국 → 로마 제국 → 신성로마 제국으로 개념이 커진 거야. 아참, 신성로마 제국의 역사를 샤를마뉴가 서로마 제국의 황제에 오르는 800년으로 보는 학자들도 있단다. 그러나 대부분은 오토 대제의 황제 등극 시점을 신성로마 제국의 시작으로 본단다.

프랑스, 카페 왕조 탄생

동프랑크 왕국에서 카롤링거 왕조가 끝나고 작센 왕조의 두 번째 왕인 오토 대제가 신성로마 제국의 황제가 되는 역사를 살펴봤어. 이번에는 서프랑크 왕국의 역사를 보도록 하지.

프랑크 왕국의 본산이 프랑스였기 때문에 오늘날 프랑스인들은 메로빙거 왕조를 자신들의 첫 왕조사로 보고 있어. 카롤링거 왕조의 카를 대제를 샤를마뉴라고 더 많이 부르는 것도 이 때문일 거야. 오늘날 파리의 노트르담 성당에 가면 웅장한 샤를마뉴의 동상이 서 있는 걸 볼 수 있지.

카롤링거 왕조가 가장 오래 지속된 곳은 서프랑크였어. 987년에야 위그 카페가 세운 카페 왕조987년~1328년가 들어섰지. 이 왕조 때부터는 과거 프랑크 왕국의 혈통과 무관해. 따라서 서프랑크라는 이름도 이제 더 이상 볼 수 없을 거야. 이제는 프랑스라고 불러야겠지.

위그 카페의 이름에서 알 수 있듯이 그는 카페 가문에서 태어났어. 그의 아버지는 서프랑크의 백작이었고, 어머니는 동프랑크의 왕 하인리히 1세의 딸이었지. 부모만 보더라도 카페 가문이 상당한 귀족 가문이었음을 알 수 있겠지?

여기에서 잠깐, 앞으로 유럽 왕들의 역사를 공부하다 보면 이처럼 서로 다른 나라의 귀족들끼리 결혼하는 경우가 상당히 많이 나와. 오늘날의 관점에서는 서로 다른 나라의 귀족들끼리 결혼하는 게 잘 이해되지 않을 거야. 그러나 중세 유럽에서는 지역을 가리지 않고 서로 혼인관계를 맺었어. 그러다 보니 이 나라의 왕실과도 친척, 저 나라의 왕실과도 친척이 되는 경우가 적지 않았지. 위그 카페도 그런 사례 중 하나인 거야. 아직까지는 국가의 개념이 명확하지 않았기 때문에 이런 일이 많았다고 볼 수 있지.

위그 카페는 956년 아
버지 대大 위그가 세상을
떠나자 영지를 물려받았
어. 이때 그는 미성년자
였는데, 그 후 어른으로
성장하면서 힘을 키웠어.
든든한 지원자도 있었
지. 바로 신성로마 제국
의 황제들이었어. 오토 1
세오토대제의 후계자로 나
란히 황제가 된 오토 2세

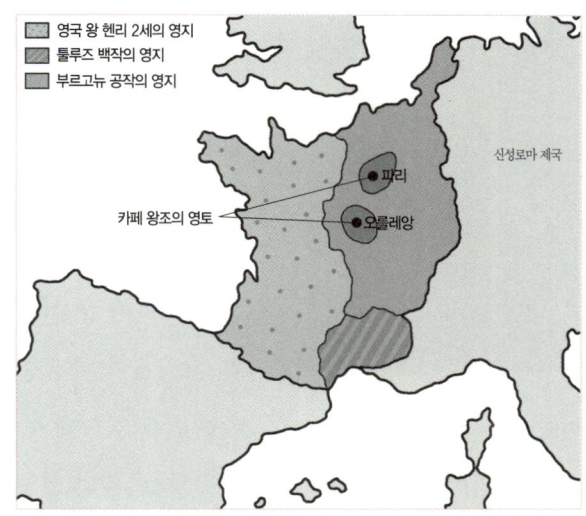

- 영국 왕 헨리 2세의 영지
- 툴루즈 백작의 영지
- 부르고뉴 공작의 영지

신성로마 제국

파리
오를레앙
카페 왕조의 영토

카페 왕조 초기의 프랑스 카페 왕조 초기에 프랑스 왕이 차지한 영토는 파리와 오를레앙 주변에 불과했다. 영국 왕 헨리 2세가 프랑스 영토의 절반 정도를 차지하고 있다.

와 오토 3세가 그를 지원한 거야. 카페 가문과 작센 가문은 친척관계였고, 서프랑크의 기존 세력을 눌러야 신성로마 제국이 강해지기 때문이겠지?

986년 카롤링거 왕조의 왕 로테르가 세상을 떠났고, 이듬해에는 그의 뒤를 이어 왕이 된 아들 루이 5세까지 죽어버렸어. 카롤링거 왕조의 혈통이 사라지자 귀족들은 새 왕으로 위그 카페를 추대했어. 그는 왕에 오르자마자 자신의 아들을 곧바로 공동 왕으로 지목했어. 왕의 자리를 카페 가문에서 세습하기 위한 계략이었지. 이렇게 해서 서프랑크, 즉 프랑스에 새로운 카페 왕조가 들어선 거야.

그러나 카페 왕조의 초기 왕들은 권력이 강하지 못했어. 신성로마 제국과 대조적이지? 이유가 있어. 이때 카페 왕조가 통치한 영토는 지금의 파리와 그 주변의 아주 작은 지역이었어. 오늘날의 프랑스와는 거리가 있지. 곧 살펴보겠지만 영국에서 노르만 왕조를 세운 정복왕 윌리엄은 프랑스 안에 있는 노르망디 공국의 왕

위그 카페 그로부터 프랑스의 카페 왕조가 시작되었다.

제후이기도 했어. 정복왕 윌리엄 말고도 영국에 있는 많은 귀족들이 프랑스에 자신의 영지를 갖고 있었지. 이렇게 해서 영국의 귀족들이 갖고 있던 땅은 오늘날 프랑스의 절반에 가까웠대.

결국 프랑스라는 나라는 컸지만, 영토의 대부분은 프랑스에 충성을 맹세한 귀족들의 것이었던 거야. 프랑스 왕에게 충성한다지만 정작 프랑스 왕은 아주 작은 영토를 지배하고 있었지. 물론 왕은 지방까지 통치하고 싶었겠지. 그러나 왕의 군대는 다른 공국의 군대보다 아주 강한 것도 아니었어. 이런 왕조에 귀족들이 진심으로 충성했겠니? 아니야. 그 때문에 중앙정부와 지방 귀족들 사이에 많은 전투가 발생했단다.

카페 왕조가 영토를 넓히고, 지방 제후를 장악하면서 왕권을 강화하는 데는 오랜 시간이 걸렸어. 대체로 12세기 전반의 루이 6세 때부터 루이 9세에 이르는 13세기쯤이면 프랑스의 왕들이 권력을 제대로 잡기 시작한 걸로 보고 있어.

통박사의 역사 읽기

✦ 봉건 제후의 서열

중세 봉건제의 가장 큰 특징은 왕이 충성을 맹세한 부하에게 땅을 내주는 거야. 이 땅을 받은 귀족은 그 땅에서는 왕과 다름없었지. 이 땅(영지)을 받은 귀족(영주)을 봉건 제후라고 불렀어. 그러나 모든 귀족들이 똑같지 않았어. 여기에도 서열이 있었지. 왕은 영지를 내줄 때 서열, 즉 작위도 결정해줬단다. 가장 높은 작위가 공작이야. 공작 다음의 작위는 후작, 백작, 자작, 남작의 순서였지. 그렇다면 공작의 영지가 모든 귀족 가운데 가장 넓었을까? 그런 건 아니야. 서열이 낮아도 더 넓은 영지를 가질 수 있었지. 정치권력은 덜 하지만 경제력은 훨씬 뛰어난 하급 귀족들도 많았단다.

노르만족의 이동

4세기 게르만족의 이동으로 유럽 지도가 크게 바뀌었지? 프랑크 왕국이 등장하면서 문명의 중심은 로마에서 중서부 유럽으로 이동했어. 9세기 들어서도 이처럼 유럽 지도를 크게 바꾸는 민족의 이동이 발생했단다. 이번에는 유럽의 맨 위쪽 스칸디나비아 반도 주변에 있던 노르만족이 남쪽으로 이동한 거야. 이 사건을 2차 유럽 민족의 이동이라고도 부른단다.

노르만족의 이동으로 가장 먼저 난리를 치른 나라들이 네덜란드, 독일, 영국 등이야. 830년대부터 덴마크 출신의 노르만족이 네덜란드와 독일을 초토화시켰어. 이 노르만족은 그 어떤 민족보다 용맹했기 때문에 모두 벌벌 떨었지. 오늘날 우리가 바이킹이라고 부르는 민족이 바로 노르만족이란다. 노르만족은 그 후 영국과 프랑스까지 공격했어.

앨프레드 대왕과 크누트 대왕

우선 노르만족이 어떤 민족인지부터 살펴보도록 하지. 노르만은 북방인이란 뜻이야. 이들이 북부 유럽의 스칸디나비아 반도 일대에서 출발했기 때문에 이런 이름이 붙었지.

노르만족은 원래 농사를 짓거나 어업을 했어. 스칸디나비아 반도 주변은 추운 계절이 많은 지역이야. 농경이나 목축을 할 수 있는 좋은 땅은 얼마 되지 않았는데, 모두 귀족들이 차지했지. 8세기쯤 이 추운 땅에 나라들이 건설됐어. 더불어 해적도 많이 생겨났지. 좋은 땅이 없어 추운 지방으로 밀려난 사람들은 먹고살기 위해 약탈을 해야 했거든. 오늘날 '바이킹' 하면 해적이 떠오르는 게 이런 이유에서야. 그러나 허구한 날 해적질만 하며 살 수는 없었겠지? 9세기 중반부터 일부 노르만족이 더 비옥한 땅을 찾아 남쪽으로 내려오기 시작했어. 노르만족의 대이동이 시작된 거야.

원래 바다에서 컸기 때문에 항해 하나만큼은 그 누구도 따를 민족이 없었어. 노르만족 가운데 덴마크 계열의 사람들은 주로 프랑크 왕국과 잉글랜드 섬으로 향했어. 노르웨이 계열의 사람들은 대서양을 지나 북쪽으로 항해했지. 그들이 도착한 곳이 오늘날 아이슬란드와 그린란드야. 모험심이 더 강한 사람들은 멀리 북아메리카까지 가기도 했어. 그렇다면 스웨덴 계열의 사람

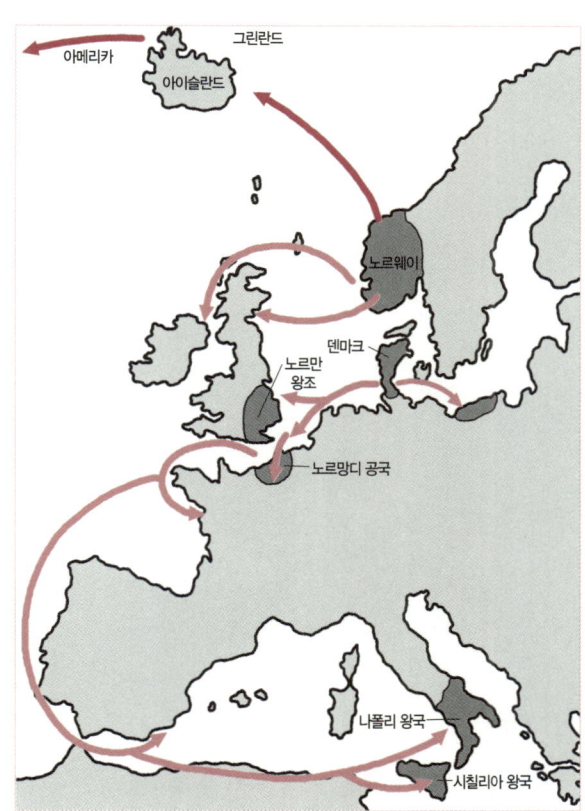

덴마크·노르웨이 계열 노르만족의 이동 덴마크 노르만족은 프랑스와 영국에 정착했고, 일부가 대서양을 돌아 이탈리아 남부에 정착했다. 노르웨이 노르만족은 영국 북부와 아이슬란드, 그린란드를 거쳐 북미 대륙까지 진출했다.

들은 어디로 갔을까? 그들은 동유럽 쪽으로 갔어. 그리고 오늘날 러시아의 기원이 되는 나라들을 만들었지.

자, 그러면 우선 덴마크 노르만족의 활약부터 살펴볼까? 우선 프랑스 지역부터 보도록 하지.

덴마크 노르만족들은 가장 먼저 프랑스 해안을 공격했어. 871년에는 파리 부근까지 공격했다는구나. 당시 서프랑크 왕국의 왕 샤를 3세는 노르만족의 행패에 골치가 엄청 아팠나봐. 왕은 노르만족을 달래기 위해 912년 센 강 하류에 있는 노르망디 지역을 그들에게 줘버렸어. 그곳에서 조용히 살라는 뜻이었지. 이듬해에는 노르망디를 공국으로 인정했단다. 노르만족의 족장 롤로를 백작으로 받아들이고 봉토를 준 거야. 이 노르망디 공국의 제후, 즉 노르망디 공 윌리엄 1세가 훗날 영국을 정복해 '정복왕'이란 칭호를 얻는단다.

앨프레드 대왕 9세기 영국을 침범한 노르만족을 물리쳤다.

이번엔 영국을 볼까? 영국에는 로마 시대까지만 해도 주로 켈트족이 살고 있었어. 게르만족의 이동 때는 앵글족과 색슨족이 그들을 북쪽 스코틀랜드와 서쪽 웨일스로 몰아내고 남쪽 잉글랜드 지방을 차지했지. 그들은 곧 앵글로색슨족이라는 단일 민족이 됐지만 500년이 지나도록 통일 왕국을 건설하지는 못했어. 덴마크 노르만족이 자주 괴롭혔기 때문이야.

9세기까지만 해도 영국에는 앨프레드 대왕이란 영웅이 있어 노르만족의 지배를 피할 수 있었어. 그는 잉글랜드에 들어선 여러 왕국 가운데 웨식스 왕국의 왕이었어. 그가 왕에 오를 때만 해도 잉글랜드는 대부분 덴마크 노르만족의 수중에 있었지. 앨프레드는 몇 차례 그들과의 싸움에서 패하기는 했지만, 878년에 치러진 결정적인 전투에서 승리하면서 영국을 장악했어. 이 때문에 영국인들은 앨프레드를 최초의 통일대왕으로 부른단다. 이 무렵 프랑크 왕국이 메르센 조약을 체결하며 프랑스, 독일, 이탈리아가 생겨났으니, 거의 비슷한 시기에 중부와 서부 유럽의 지도가 만들어진 셈이야.

앨프레드 대왕은 언제 적이 침략해도 물리칠 수 있도록 군대 제도를 개혁했으며 전국 각지에 성을 쌓았어. 적이 상륙하기 전에 물리칠 심산으로 함선을 늘리는 등 해군도 강화했지. 앨프레드 대왕은 이밖에도 법전을 만들고, 후세에 대한 교육을 강화했어. 잉글랜드는 점점 강해졌지.

그러나 앨프레드 대왕의 노력은 899년 그가 죽자마자 수포로 돌아가버렸어. 영국은 다시 오합지졸이 됐고, 이 혼란을 틈타 덴마크 노르만족이 다시 침략하기 시작했지. 앨프레드의 다음 왕들은 그들을 막지 못했어.

신성로마 제국이 탄생하고 50여 년이 지난 1013년 덴마크의 왕자 크누트가 이끄는 노르만 군대가 잉글랜드를 침략했어. 잉글랜드 왕은 허겁지겁 달아났고, 노르만족의 영국 정복은 시간문제였어. 그러나 아직 때가 아니었나봐. 바로 이듬해 크누트는 아버지가 세상을 떠나는 바람에 군대를 돌려야 했지. 크누트는 아버지 장례와 내부 정비를 모두 끝낸 뒤 다시 잉글랜드를 침략했고, 마침내 정복에 성공했어.

크누트는 바로 다음 해^{1016년} 잉글랜드의 왕에 올랐어. 3년 후^{1019년}에는 덴마크

크누트 잉글랜드, 덴마크, 노르웨이를 차차 정복하고 해상 제국을 건설했다.

의 왕에 올랐고, 다시 9년 후^{1028년}에는 노르웨이의 왕위도 차지했어. 이어 영국 북부의 스코틀랜드와 스웨덴의 영토 가운데 일부도 빼앗았어. 크누트가 그야말로 북유럽의 최고 강자가 된 거야. 이때의 제국을 북방 제국 또는 앵글로 스칸디나비아 제국이라고 부른단다.

그러나 이 대제국도 크누트가 1035년 세상을 떠나면서 무너지고 말았어. 덴마크와 노르웨이에서는 반란이 일어난 데다 그의 아들들은 왕 자리를 놓고 권력 다툼을 심하게 벌였어. 역시 강한 지도자가 사라지면 나라 꼴은 엉망이 되고 마나 봐. 아참, 덴마크 노르만족은 그 후로도 남쪽으로 이동을 계속했어. 나폴리와 시칠리아에 노르만 왕국을 건설한 것도 바로 덴마크 노르만족이란다.

러시아의 탄생

노르만족의 활약은 이것으로 끝나지 않아. 노르웨이 계통의 노르만족은 아일랜드로 쳐들어갔어. 그들도 아일랜드에 노르만족의 나라를 만들었어. 이윽고 일부는 다시 북아메리카로 건너갔어. 신대륙을 개척한 거지.

스웨덴 계열 노르만족은 나머지 두 노르만족이 가지 않은 길을 개척했어. 동유럽 쪽을 겨냥한 거야. 이 항해를 이끈 인물은 류리크야. 그는 무리들을 이끌고 드네프르 강을 타고 항해를 했어. 간혹 해안에 상륙해 원주민들을 습격하고 식량을 빼앗기도 했지. 해적이나 다름없었어. 그러나 언제까지 그렇게 살 수는 없었겠지?

류리크는 부하들과 드네프르 강 유역에 정착촌을 건설하기로 결심했어. 이미 그

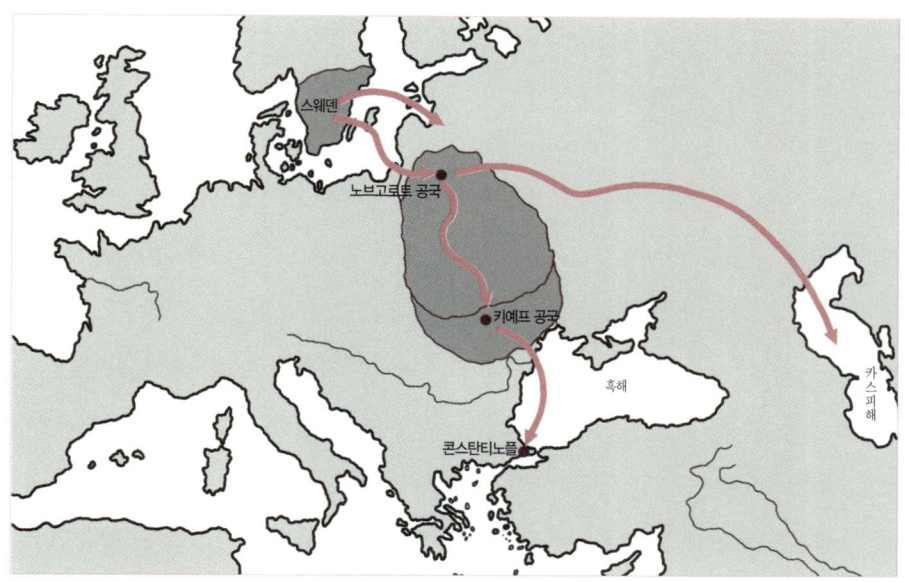

스웨덴 계열 노르만족의 이동 덴마크와 노르웨이 계열의 노르만족이 서쪽으로 간 반면, 스웨덴 노르만족은 동쪽으로 향했다. 오늘날 러시아의 기원이 이 민족의 이동에 비롯됐다.

곳에는 7~8세기부터 슬라브족이 정착해 살고 있었어. 노르만족이 정착하려면 그들을 몰아내야 하는 걸까? 아니야. 다행히 두 민족은 싸우지 않았어. 오히려 사이좋게 힘을 합쳐 나라를 건설했지. 이렇게 해서 만들어진 나라가 노브고로트 공국이야.

노브고로트 공국은 아주 작은 나라였어. 그러나 이 나라가 가지는 역사적 의미는 대단히 크단다. 왜 그럴까? 이 나라가 바로 오늘날 러시아의 기원이 되기 때문이야. 물론 논란의 여지가 있어. 어떤 학자들은 노브고로트 공국이 국가 형태로는 처음 만들어진 나라이기 때문에 러시아의 시작으로 봐. 반면 어떤 학자들은 노브고로트 공국보다 훨씬 국가다운 모습을 띠고 동로마 제국과 교류를 하던 키예프 공국을 러시아의 시작으로 보지.

논란은 있지만 확실한 점은 노브고로트 공국이 키예프 공국으로 발전했다는 거야. 키예프 공국은 882년 무렵 세워진 나라야. 이 나라를 세운 민족 또한 스웨덴 노르만족이지. 노브고로트 공국을 세운 노르만족이 아니라 또 다른 스웨덴 노르만족이 키예프 공국을 세웠다고 말하는 사람도 많아. 하지만 노브고로트 공국의 지배자들이 수도를 키예프로 옮기고 주변에 있던 슬라브족을 모두 정복했다는 학설이 우세해. 이때의 지배자들을 핀란드어로 루스라고 불렀어. 이 말이 러시아로 발달한 거지. 이 점 때문에 키예프 공국을 러시아의 기원으로 보기도 한단다.

노르만족이 자꾸 동유럽으로 진출하자 그전부터 이곳에 살던 슬라브족은 남쪽으로 밀려날 수밖에 없었어. 그 슬라브족도 나라를 만들었지. 세르비아, 크로아티아, 보헤미아가 바로 그 나라들이란다. 노르만족의 이동이 결국 오늘날 동유럽 국가들을 탄생시켰다고 해도 과언이 아니야.

키예프 공국은 노브고로트 공국보다 훨씬 컸고, 문화도 동로마 제국의 것을 많이 닮았어. 종교도 동로마 제국에서 수입했지. 10세기 중반 키예프 공국의 공주 올가는 동로마 제국의 콘스탄티노플을 방문해 교류의 물꼬를 텄어. 이어 몇 년 후에는 키예프 공국의 블라디미르 왕자가 동로마 제국 황제의 누이와 결혼했어. 980년에는 블라디미르가 왕이 되면서 동방정교를 받아들였어. 러시아에서는 러시아정교라고 불렸지. 이듬해 블라디미르는 동방정교를 국교로 선포했단다.

윌리엄, 영국 정복하다

다시 영국으로 돌아왔어. 크누트 대왕이 세상을 떠난 후의 영국은 당연히 혼란스러웠겠지? 그의 아들이 잉글랜드보다 고국인 덴마크를 더 좋아했는데, 앵글로색슨 귀족들이 좋아할 리가 있겠니? 앵글로색슨 왕조가 무너진 1042년 앵글로색슨 귀족들은 앨프레드의 후손인 웨식스 가문의 에드워드를 잽싸게 왕에 앉혔어.

에드워드는 사실 앵글로색슨족과 노르만족의 피가 섞인 인물이었어. 에드워드는 귀족들의 압박을 피하기 위해 왕이 되기 전에는 프랑스의 노르망디 공국에서 살았단다. 어? 노르망디 공국은 노르만족이 가장 먼저 정착한 프랑스의 땅이지? 그래, 에드워드의 어머니가 바로 노르망디 공의 가문이었던 거야. 이런 인연으로 에드워드는 노르망디 공국에 살았던 거지. 그곳에는 에드워드와 비슷한 또래의 남자가 있었어. 그가 바로 윌리엄이었지.

어쨌든 에드워드는 영국으로 돌아와 왕이 됐어. 에드워드는 독실한 기독교 신자였어. 오늘날 런던의 대표적인 기념물인 웨스트민스터 대성당을 건설한 왕도 에드워드란다. 이 때문에 그에게는 '참회왕'이란 별칭이 붙어. 에드워드는 종교면에서는 훌륭한 왕이었지만 정치면에서는 그러지 못했어. 노르망디 공국에서 살았던 경험 때문인지 노르만족 출신의 인물을 신임했지. 앵글로색슨 귀족들은 "누구 덕분에 왕이 됐는데 이런 푸대접이야?"라며 반발했어.

1066년 참회왕 에드워드가 세상을 떠났어. 앵글로색슨 귀족들은 즉각 왕을 뽑기 위한 회의를 열었어. 이 회의에서 귀족들은 당시 가장 권력이 강했던 고드윈 백작의 아들 해럴드를 왕으로 임명했어. 이 왕이 해럴드 2세야. 여기까지는 별문제 없는 것 같지? 그런데 해럴드 2세에 반대하는 사람이 나타났어. 그가 바로 노르망디 공 윌리엄이었어.

윌리엄은 "에드워드가 내게 왕위를 물려주겠다고 약속했으니 내가 영국의 왕이 돼야 한다"라고 주장했어. 도대체 이게 무슨 소리지? 그래, 에드워드는 죽기 전에 외사촌 동생인 윌리엄을 후계자로 임명하겠다는 약속을 해버렸던 거야. 윌리엄은 해럴드 2세에 대해서도 비판했어. 윌리엄은 "해럴드가 예전에 노르망디 공국을

윌리엄 1세 잉글랜드의 해럴드 2세 왕을 죽이고 노르만 왕조를 창건했다.

방문했을 때 내게 신하가 되겠다고 맹세했었는데, 이제 와서 맹세를 깨고 왕이 되는 것은 옳지 않다"라고 말했어. 해럴드 2세와 앵글로색슨 귀족들은 콧방귀를 뀌었어. 하긴 누구나 마찬가지였을 거야. 어떤 사람이 갑자기 나타나서 "왕 자리를 내놔!"라고 한다면 넌 그걸 넘겨주겠니?

상황이 이렇게 되자 윌리엄은 영국을 무력으로 정복하기로 마음먹었어. 우선 명분을 얻어야 했지. 윌리엄은 교황 알렉산드르 2세를 설득해 지지선언을 얻어냈어. 해럴드 2세가 왕이 된 지 몇 달 지나지 않았을 거야. 윌리엄은 5천여 명의 군사를 이끌고 잉글랜드에 상륙했어. 해럴드 2세의 군대도 그를 기다리고 있었지. 전투가 벌어진 곳은 헤이스팅스. 이 전투는 꼬박 하루 동안 치러졌어. 결과는 윌리엄의 대승이었지. 잉글랜드를 차지한 윌리엄은 윌리엄 1세로 왕에 올랐고, 그에게는 '정복왕'이란 타이틀이 붙었어. 윌리엄이 세운 왕조는 대륙 문화를 듬뿍 갖고 온 첫 왕조야. 이때부터 영국에 유럽 대륙의 문화가 퍼지기 시작했단다. 이 왕조가 노르만 왕조^{1066년~1154년}란다.

국가 차원에서 보자면, 이 일은 프랑스가 영국을 정복한 사건이야. 노르망디 공국은 프랑스에 속해 있었잖아? 이 때문에 프랑스가 영국을 정복했다고 해도 크게 틀리지는 않아. 다만 이 시대 유럽 상황을 이해해야 돼. 앞에서도 말했지만 프랑스 왕이라고 해봐야 공국의 왕, 즉 제후 귀족들보다 힘이 세지는 않았어. 노르망디 공국 자체가 하나의 왕국이었던 셈이지.

윌리엄은 어떤 왕이었을까? 프랑스 왕과는 확연히 달랐고, 유럽의 여느 왕들과도 달랐어. 그는 강한 왕이었어. 엄밀하게 말하면, 윌리엄 1세는 침략자야. 당연히 반란이 일어날 수밖에 없겠지? 그는 그 반란을 모두 진압했고, 앵글로색슨 귀족의 땅도 몰수해버렸어. 그 땅은 윌리엄 1세를 위해 싸웠던 기사들에게 봉토로 주어졌어. 봉토를 받은 기사들은 윌리엄 1세에게 충성을 맹세했어. 이런 점 때문에 영국의 정치 형태는 프랑스와 달리 중앙집권적인 요소가 강했어.

둠스데이 북전 2권이란 책을 만든 사실만으로도 중앙집권적 요소가 강했다는 것을 알 수 있어. 이 책은 1086년 만들어진 것인데, 전국의 토지 현황을 조사한 거야. 누가 그 땅을 갖고 있고, 가격은 얼마며 몇 명의 농민과 노예가 그곳

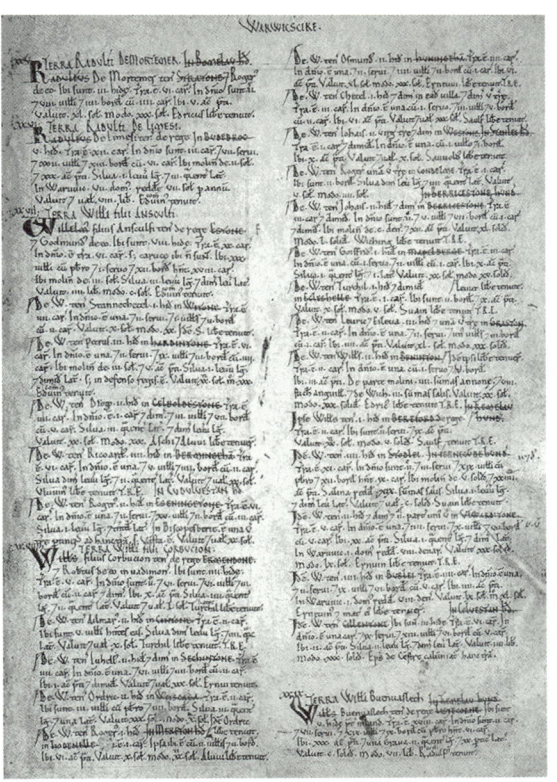

둠스데이 북 영국의 토지 현황과 노동력을 기술한 책으로 과세의 기준이 되었다.

에서 일하고 있는지 자세하게 적혀 있지. 윌리엄 1세는 이 책을 근거로 전국 모든 땅에 세금을 부과했어. 이 무렵 다른 유럽 국가에서는 상상도 하지 못할 일을 윌리엄 1세는 해낸 거야. 윌리엄 1세는 이듬해 자신의 근거지였던 노르망디에서 프랑스의 왕 필립 1세와 전투하던 도중 목숨을 잃었단다.

통박사의 역사 읽기

+ 왕을 뽑는다?

윌리엄은 영국을 정복하고 나서 귀족들의 회의 하나를 없애버렸어. 그 회의가 바로 위턴 회의야. 위턴 회의는 귀족들이 모여 왕을 선출하는 회의였어. 윌리엄이 정복하기 전까지 귀족들이 얼마나 권력이 강했는가를 알 수 있겠지? 윌리엄의 정복 전쟁도 바로 이 위턴 회의에서 해럴드를 왕으로 선출한 게 발단이 됐던 거야. 이때 영국에서 가장 권력이 강했던 귀족은 고드윈인데, 해럴드는 바로 고드윈의 아들이었던 거지. 자신을 배척한 위턴 회의를 윌리엄이 그냥 둘 리 만무하겠지? 우리 민족에도 이와 비슷한 역사가 있어. 신라의 화백 회의야. 신라의 귀족들은 이 회의에서 만장일치제로 왕을 선출했단다.

종교 갈등 터지다

서유럽 지도가 오늘날의 모습으로 서서히 만들어지고 있을 무렵, 기독교는 두 파벌로 확연히 갈라서고 있었어. 로마 교황이 동로마 황제를 황제로 인정하지 않고, 동프랑크 왕을 신성로마 제국의 황제로 임명한 이유를 떠올려봐. 동로마 황제가 종교 위에 서려고 했기 때문이지?

로마 교회는 동로마 교회와 한판 싸움을 벌이고 나서 다음 싸움을 벌였어. 이번에는 신성로마 제국의 황제가 그 대상이었지. 이유는 비슷해. 신성로마 황제가 교황 위에 군림하려 한다고 생각한 거지. 기독교 대 기독교 갈등에서 종교 대 정치 갈등으로 확대된 거야.

종교 갈등은 중세가 끝나고 근대가 시작된 후에도 여러 차례 전쟁으로 발전했어. 유럽은 종교의 대륙인 것일까?

동서 기독교, 완전히 갈라서다

윌리엄 1세가 영국을 정복하기 12년 전인 1054년, 로마 교회와 정교회^{동방정교회}는 완전히 갈라섰어. 서로가 서로를 파문하는 해프닝과 함께 다시는 화해할 수 없는 사이가 돼버린 거야. 왜 기독교는 이 지경에 이른 것일까? 우선 그동안의 기독교 발전 과정을 잠시 살펴보는 게 도움이 될 거야.

기독교가 공인된 것은 313년 밀라노 칙령을 통해서야. 그 후 종교회의^{공의회}를

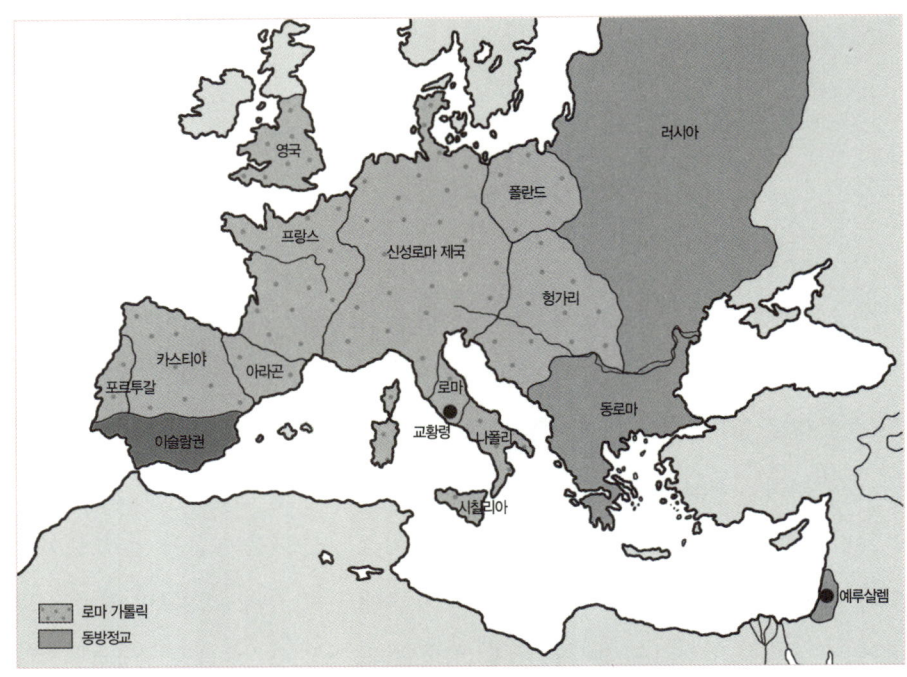

기독교의 분열 11세기가 되면 기독교는 두 파벌로 나뉘게 된다. 동로마 제국과 러시아는 동방정교를 믿었지만 나머지 유럽 중서부 국가들은 대부분 로마 가톨릭을 믿었다.

통해 콘스탄티노플, 로마, 이집트 알렉산드리아, 안티오키아, 예루살렘 등 다섯 지역의 교회를 5대 교구로 선정했어. 가장 큰형님은 로마 교회였고, 그다음이 콘스탄티노플 교회였지. 아무래도 황제가 머무는 곳이니까 콘스탄티노플 교회를 대우한 거겠지? 각 교회는 총 대주교가 관장했어. 총 대주교는 자신의 밑에 여러 교구별로 교회를 뒀지. 그러다 보니까 지역별로 교리와 예법이 약간씩 달라지게 됐어.

451년 칼케돈에서 공의회가 다시 열렸어. 이때 로마 교회는 큰 충격을 받았단다. 회의 결과 콘스탄티노플의 총 대주교가 다섯 교회의 큰형님으로 승진한 거야. 그 후 여러 차례 논란을 거쳐 공식적으로 "콘스탄티노플 총 대주교가 세계의 총 대주교다"라는 선언까지 나왔어. 로마 교회는 당연히 속이 부글부글 끓었겠지?

교리를 둘러싼 논쟁도 살펴볼까? 너무 복잡하니까 종교 갈등을 이해하기 위해 필요한 부분만 짚어볼게. 325년 니케아 공의회에서 예수의 신성신의 성격을 부정한 아리우스파가 추방된 건 기억하지? 이때 삼위일체설이 정통 교리로 인정받았어. 그 후 논쟁은 예수의 성격으로 옮아갔어. 예수가 신성神性과 인성人性을 따로따로 가졌느냐, 하나로 통일해 가졌느냐 하는 문제로 또다시 교리 논쟁을 한 거야. 5세기 초반과 중반에 후끈 달아오른 이 논쟁은 7세기로 접어들어 또 다른 국면으로 접어들었어. 동로마 황제가 예수 그리스도에 관한 논쟁을 더 이상 하지 못하도록 금지시켜버린 거야. 로마 교황이 여기에 발끈하자 황제는 교황을 유배시켜버렸어.

동로마 황제와 로마 교황의 사이는 점점 나빠지고 있었어. 726년에는 성상숭배 금지령으로 또다시 한판 붙었지? 그러나 이 정도는 약과였어. 결국 최악의 상황을 맞게 된단다.

1054년 동방정교회 신도들에게 로마 교회가 자신들의 예법을 강요한 게 화근이었어. 동로마 제국의 황제는 즉각 콘스탄티노플 일대에 있는 로마 가톨릭 교회와 수도원을 폐쇄해버렸지. 로마 교황 레오 9세는 발끈했어. 교황은 항의도 하고 문제도 해결할 겸해서, 콘스탄티노플에 추기경을 단장으로 하는 사절단을 보냈어. 그러나 사절단은 문제를 해결하기는커녕 사태를 최악으로 끌고 갔어.

로마 사절단은 "로마 가톨릭만이 유일한 정통이다. 콘스탄티노플 총 대주교가 세계 총 대주교라는 건 말도 안 된다"라고 항의했어. 콘스탄티노플의 총 대주교인 케룰라리우스는 콧방귀를 뀌면서 항의를 묵살해버렸지. 그러자 로마 사절단 대표인 추기경이 케룰라리우스를 파문해버렸어. 파문은 '당신을 기독교에서 제명한다'는 선언이야. 그러자 케룰라리우스도 앉아서 당하지 않았어. 교황 사절단을 파문한 거야.

이제 로마 교회와 동로마 교회는 건널 수 없는 강을 넘고야 말았어. 이 사건으로 정교회와 로마 가톨릭은 기독교라는 근본만 같을 뿐 성격이 확연히 다른 종교가 된단다.

하인리히 4세 VS 그레고리우스 7세

동로마 교회와 완전히 갈라선 로마 교황의 다음 상대는 신성로마 제국, 그러니까 독일의 황제였어. 이 싸움은 오랜 시간을 끈 결과, 일단 교황이 판정승을 거뒀다고 할 수 있어.

11세기 초반 독일의 첫 왕조인 작센 왕조에 이어 새로이 잘리어 왕조^{1024년~1125년}가 들어섰어. 잘리어 왕조는 전통적으로 프랑켄 공국의 백작 가문이었어. 이 때문에 프랑켄 왕조라고도 한단다. 잘리어 왕조의 초기 왕들은 작센 왕조의 오토 대제처럼 정복 전쟁을 활발히 펼쳤어. 첫 왕인 콘라트 2세는 폴란드를 정복했고, 다음 왕인 하인리히 3세는 헝가리까지 정복했지.

이즈음에는 베네딕트 수도회 소속의 클뤼니 수도원이 수도원 개혁운동을 한창 진행하고 있었지. 이 개혁운동은 황제 하인리히 3세의 지원을 받으며 진행됐어. 왜 황제가 수도원 개혁운동을 지원했을까? 잠시 이때의 상황을 볼까?

수도원은 대체로 영주의 땅 안에 있었어. 영주들은 수도원에게 땅을 내주고 돈을 갖다 바쳤지. 수도원은 풍족한 생활을 했어. 그러다 보니 수도원은 로마 교황의 명령보다 영주의 부탁을 더 잘 들어줬어. 정치와 종교가 결탁한 셈이야. 이런 부패를 뜯어고치겠다는 게 수도원 개혁운동이 내세운 목표였어. 하인리히 3세야 이런 개혁이 나쁠 리가 없으니 전폭적으로 지원한 거지.

그런데 그가 예측하지 못한 부분이 있었어. 수도원의 개혁이 결국에는 종교의 독립운동으로 이어졌다는 거야. 왜 그런지 아니? 이런 개혁을 추진했던 수도원 출신 성직자들이 나중에 주교도 되고, 교황도 됐어. 기독교의 지도자가 된 이 개혁주의자들은 황제로부터 종교를 해방하자는 쪽으로 운동을 발전시킨 거야.

이 무렵, 로마 교회도 부자였기 때문에 황제라고 해서 무서울 것도 없었어. 교황은 한 나라의 왕이 그러는 것처럼 신도들에게 세금을 걷어들였지. 게다가 교황에게는 또 하나의 막대한 권력이 있었어. 기독교 신도의 자격을 박탈하는 권리, 즉 파문할 수 있는 권리가 있었던 거야. 아무리 신성로마 제국의 황제라고 해도 교황이 파문해버리면 신임을 잃을 수밖에 없었지.

1056년 하인리히 3세가 사망하자, 그의 아들 하인리히 4세가 겨우 여섯 살의 나이로 왕이 됐어. 3년 후 로마 교황청은 주교들을 모아 종교회의를 열었어. 이 회의에서 성직자들은 "앞으로 로마 교황을 왕이나 귀족이 아닌, 추기경들이 선출한다!"라고 결의했어. 이 결의에 따라 알렉산드르 2세가 교황에 선출됐지. 이 인물도 수도원 개혁운동을 주도했던 클뤼니 수도원 출신이었단다.

그다음은 충분히 예상할 수 있겠지? 알렉산드르 2세는 성직자들을 교황이 임명해야 한다고 주장하기 시작했어. 여기까지는 큰 충돌이 없었어. 문제는 그의 뒤를 이어 교황이 된 그레고리우스 그레고리오 7세 때 터졌지.

1073년 교황에 오른 그레고리우스 7세는 종교가 정치권력보다 우월하다는 철학을 가지고 있었어. 그 때문에 종교 문제에 왕이나 귀족들이 간섭하는 것을 용납할 수 없었지. 그는 2년 후 27개 조항의 교황령을 발표했어. 이 교황령에는 모든 성직자를 임명할 권리를 교회가 갖는다는 조항이 들어 있어. 그전까지 성직자는 왕이나 황제가 임명했단다. 정치권력에 빼앗긴 종교를 되찾겠다는 뜻이야. 이미 짐작했겠지만, 그 또한 클뤼니 수도원 출신이었단다.

이즈음 밀라노의 주교를 새로 선출해야 할 상황이 생겼어. 그레고리우스 7세는 교황령에 따라 하인리히 4세에게 관여하지 말라고 경고했어. 하인리히 4세는 코웃음을 쳤지. 그동안 황제에게 교황이 대드는 것은 상상도 못했으니까 말이야. 당연히 예전처럼 밀라노 주교 선출에 개입하기 시작했지.

하인리히 4세는 나아가 "각 지역의 주교들은 로마 교황에게 충성할 의무가 없다!"라고 선언했어. 교황의 기를 아예 꺾어놓으려는 속셈이었겠지? 아마 하인리히 4세는 교황이 큰 위기를 맞았다고 생각했을 거야. 그러나 곤경에 처한 사람은 교황이 아니라 황제였단다. 그레고리우스 7세가 황제를 파면해버렸거든. 역사상 유례가 없는 일이었지. 그 결과는 뜻밖이었어. 그전까지만 해도 하인리히 4세를 지지하던 귀족들이 금세 돌아선 거야. 귀족들은 이미 대부분의 독일인들이 로마 가톨릭을 믿고 있는데, 교황으로부터 파문당한 황제를 지지하다가 자신의 공국에서 반란이 일어날 수도 있다고 생각한 거지.

하인리히 4세는 궁지에 몰렸어. 방법은 하나뿐이었지. 교황에게 찾아가 사죄하는 거야. 그는 추운 겨울날, 그레고리우스 7세가 머물고 있는 카노사에 찾아가 무릎을 꿇었어. 사흘 동안 밖에서 차가운 눈을 맞으며 참회했지. 비로소 교황의 용서를 받고 나서야 이 사태는 마무리됐어. 1077년 일어난 이 사건을 카노사의 굴욕이라 부른단다.

한편 파문을 면한 하인리히 4세는 속으로 이를 갈았어. 은밀히 황제의 권력을 강화하기 시작했지. 독일 교회와 제후들을 자신의 편으로 끌어들였어. 하인리히 4세가 강해지자 카노사의 굴욕 때 교황 편에 섰던 제후국들은 위기의식을 느꼈어. 그들은 또다시 하인리히 4세를 쫓아냈고, 교황도 그를 파문했어.

그러나 하인리히 4세는 다 대비하고 있었어. 곧바로 군대를 이끌고 로마로 쳐들어간 거야. 통쾌한 역전승이었어. 그는 그레고리우스 7세를 추방하고 빅토르 3세를 새 교황에 앉혔어. 결국 그레고리우스 7세는 유배지에서 세상을 떠나고 말았지.

황제와 교황의 싸움은 1122년 끝났어. 당사자는 모두 사라지고, 황제 하인리히 5세와 교황 칼리스토 2세가 독일의 보름스에서 만나 협약을 맺었지. 성직자를 임명하는 권한은 교황이 갖되, 이렇게 임

카노사의 굴욕 당시 교황권이 황제권보다 우위에 있음을 입증한 사건이다.

명된 성직자는 황제에게 충성 맹세를 하고 토지를 받기로 했어. 얼핏 보면 무승부지? 그러나 가장 중요한 성직자 임명권을 교황이 가졌고, 황제와 대등한 수준으로 지위가 올라갔으니까 교황의 판정승이라고 봐야겠지?

+ 교황령

종교 갈등의 발단이 됐던 사건은 1075년 발표된 교황령이었어. 그레고리우스 7세가 만든 27개조 교황령은 더 이상 교회가 황제에 끌려갈 수 없다는 선전포고였단다. 교황이 주교를 임명하겠다는 것은 전체 내용 중 극히 일부분이야. 다른 내용을 잠깐 들여다볼까? 영주들이 존경의 표시로 교황의 발에 입을 맞춰야 한다는 내용도 있어. 교황이 심하다고? 그런데 이게 다가 아니야. 교황은 부적절한 황제를 쫓아낼 권한을 가지고 있으며, 이런 황제에게 충성 맹세를 한 부하들은 교황의 동의하에 그 맹세를 철회할 수 있다는 내용도 들어 있었단다. 하인리히 4세가 폭발할 수도 있겠다 싶지?

마이너 유럽의 변화

5~11세기 유럽의 메이저 역사를 살펴봤어. 이 시기 메이저에 해당하는 곳은 프랑스, 독일^{신성로마 제국} 정도가 될 거야. 동로마 제국은 이보다는 약하지만 그래도 로마의 전통을 존중하는 의미에서 이들 나라의 역사와 함께 다뤘어.

유럽 북부의 스칸디나비아 반도부터 볼까? 이 반도에는 오늘날 노르웨이, 스웨덴, 핀란드가 있어. 반도의 끝자락과 유럽 대륙의 유틀란트 반도에는 덴마크가 있지. 이들 네 나라는 같은 듯 다르며, 다른 듯 같은 구석이 많아.

북유럽의 변화

보통 스칸디나비아 3국이라 하면 노르웨이, 스웨덴, 핀란드를 말해. 그러나 문화적·민족적으로는 핀란드와 나머지 두 나라가 많이 달라. 두 나라는 오히려 덴마크와 비슷하지. 핀란드를 제외한 노르웨이, 스웨덴, 덴마크 세 나라는 모두 게르만 계통의 북유럽 인종에 속하며 언어의 기원도 같아. 그 때문에 오늘날까지도 모두 다른 언어를 쓰지만 서로 의사소통이 가능하다는구나.

게르만족의 대이동 후에도 게르만족은 끊임없이 유럽 곳곳을 돌아다녔어. 대략 6~7세기쯤 게르만족이 독일 지역을 거쳐 이 세 나라로 들어와 정착한 걸로 추정되고 있어. 이때부터 8세기 후반까지는 부족국가 수준의 작은 나라들이 흩어져 있었지.

하랄 1세 노르웨이를 최초로 통일한 왕으로 '금발왕'이라 불렸다.

다만 핀란드는 상황이 좀 달라. 이 나라는 민족과 언어가 나머지 세 나라와 같지 않아. 일단 언어부터 인도유럽어가 아니라 우랄어족에 속해. 핀란드의 조상인 핀인도 게르만족이 아니라 우랄 산맥에 살던 아시아 인종이었어. 민족 이동 경로도 다르지. 독일을 거쳐 핀란드로 들어간 게 아니라 발트 3국인 에스토니아를 거쳐 핀란드로 들어갔단다. 핀란드에 정착하기 시작한 시기는 8세기로 비슷해. 핀란드 또한 부족국가 수준을 벗어나지는 못하고 있었어.

800년 샤를마뉴가 서로마 제국 황제로 등극했지? 샤를마뉴는 사실 남쪽뿐만 아니라 북쪽으로도 정복 전쟁을 벌였어. 유럽 북부로 진격하면 가장 먼저 만날 나라는 덴마크겠지? 만약 덴마크가 뚫렸다면 스칸디나비아 반도도 무사하지 못했을 거야. 그러나 천하의 샤를마뉴도 덴마크를 정복하지는 못했어. 프랑크와 덴마크는 국경을 확정하고 전쟁을 끝냈단다. 이 전쟁이 힘들었던 것일까? 그 후 덴마크 왕국은 크게 힘을 잃어갔어.

프랑크 왕국이 메르센 조약과 함께 동프랑크와 서프랑크로 나뉘고 2년이 지난 872년, 노르웨이가 처음으로 통일됐어. 이 위업을 이룬 왕은 하랄 1세야. 그는 금발의 머리를 가진 모양이야. 별명이 '금발왕'이었단다. 하랄 1세의 노르웨이 통일 전쟁 때 반대 세력들은 그를 피해 대서양으로 도망쳤어. 도망자들은 스코틀랜드 주변의 섬에 도착했어. 하랄 1세는 그들이 반란을 일으킬지도 모른다고 생각하고, 이 잡듯이 섬을 뒤졌어. 그들은 다시 아이슬란드로 도망쳤어. 이렇게 해서 아이슬란드에도 많은 사람들이 정착하게 됐단다.

우연일까? 샤를마뉴와의 전쟁 이후 다시 부족국가들로 분열됐던 덴마크를 10세기 중반에 통일한 왕도 노르웨이 왕과 이름이 같은 하랄 1세였어. 이 하랄 1세의 별명은 '푸른 이빨왕'이었어. 하랄 1세가 있을 때 덴마크는 기독교를 받아들이고 발전하기 시작했단다. 하랄 1세에 이어 왕이 된 스벤 1세는 1013년 잉글랜드 정복에 나섰는데, 이 전쟁은 이미 앞에서 다뤘어. 이 전쟁을 실제 지휘한 인물이 바로 스벤 1세의 아들인 크누트 왕자란다. 영국을 정복한 크누트 대왕은 잉글랜드, 노르웨이, 스웨덴, 스코틀랜드에 이르는 대제국을 건설했었지? 그러나 크누트가 세상을 떠나면서 덴마크는 약소국으로 전락했고, 그 밑에 있던 나라들은 독립을 얻었어.

스칸디나비아 반도 일대에 기독교가 전파된 것은 나라마다 약간씩 다르지만 대체로 9~11세기였단다. 처음에는 독일 교구에 속해 있었지만, 12세기 이후에는 자신의 땅에 독립 교구를 설치할 정도로 기독교가 급속히 퍼져나갔어. 다만 핀란드는 12세기가 돼야 기독교가 전파됐단다.

동유럽의 변화

북유럽을 살펴봤으니 또 하나의 마이너 지역인 동유럽을 살펴볼까? 지역별로 약간씩 차이가 있지만 5~7세기에 슬라브족이 이곳에 정착하기 시작했어. 슬라브족은 동로마 제국과 교류하면서 대체로 9~10세기에 동방정교를 받아들었어. 그러나 폴란드, 체코, 슬로바키아 등 서슬라브족과 크로아티아, 슬로베니아 등 남슬라브족은 중서부 유럽과 가까이 있어 로마 가톨릭을 받아들였단다.

이제 나라별로 볼까? 우선 체코와 슬로바키아! 이 두 민족은 이 무렵 현재의 체코와 슬로바키아 지역에 정착했어. 체크족은 보헤미아와 모라비아에, 슬로바크족은 슬로바키아에 터전을 잡았지. 이들은 9세기 초반에 연방국가인 모라비아 왕국을 건설했어. 모라비아 왕국은 그 후 영토를 동쪽으로 헝가리, 북쪽으로 폴란드로 확대해나갔지.

모라비아 왕국이 헝가리로 영토를 확장할 때 헝가리에는 누가 살고 있었을까? 그곳에는 슬라브족이 없었어. 마자르족이 살고 있었지. 마자르족은 5세기쯤 아시아 민족인 훈족의 공격을 피해 이곳으로 도망친 민족이란다. 마자르족은 9세기 후반 헝가리에 확실히 정착했고, 10세기 초반에는 모라비아 왕국에 대해 반격을 시작했어. 헝가리는 이 전쟁을 통해 모라비아 왕국으로부터 슬로바키아 지역을 빼앗았지. 이때부터 슬로바키아는 헝가리의 지배를 받았어. 체코와 슬로바키아가 하나로 합쳐진 것은 천 년이 지난 20세기 때란다. 헝가리는 1001년쯤 독립 국가를 건설하고 기독교를 받아들였어. 이제 비로소 유럽 국가가 된 거지.

헝가리의 공격을 받은 모라비아 왕국은 보헤미아 왕국으로 바뀌었어. 오늘날 보헤미아는 체코에 있는 지역 이름이지만 이때는 보헤미아와 모라비아 땅, 슐레지엔 등을 합친 왕국이었단다. 보헤미아 왕국에 슬로바키아 영토는 빠졌지만, 그래도 꽤 큰 왕국이 만들어진 셈이지. 보헤미아 왕국은 일찍부터 유럽권에 들어갔어. 보헤미아의 왕이 신성로마 제국 황제를 받들었고, 기독교를 도입하는 데에도 적극적이었거든. 그 결과 보헤미아 왕이 정식 왕으로 인정받았고, 13세기 초반에는 보헤미아가 정식 국가임을 인정받았단다.

슬라브족의 한 분파인 남슬라브족이 정착한 곳은 발칸 반도야. 6~7세기에 오늘날 세르비아, 몬테네그로, 마케도니아, 슬로베니아 지역에 남슬라브족의 작은 왕국들이 생겨나기 시작했어. 아참, 헷갈리지 말아야 할 대목이 있어. 마케도니아는 알렉산더 대왕의 고대 마케도니아와 다른 나라야. 마케도니아도 일부를 빼고는 이때부터 남슬라브족이 대부분을 차지했단다.

발칸 반도의 슬라브족 국가들과 동로마, 또는 프랑크 왕국은 어떻게 지냈을까? 몬테네그로는 동로마로부터 땅 일부를 받아, 사실상 봉건 제후국으로 지냈어. 그러나 불가리아는 동로마와 여러 차례 전쟁을 벌였단다. 불가리아도 9세기 중반에 동로마 제국으로부터 동방정교를 받아들이면서 유럽 국가의 일원이 됐단다. 몬테네그로가 그랬던 것처럼 불가리아도 종교를 수입하면서 동로마 황제로부터 봉건 관계까지 받아들였어. 11세기 초반 불가리아는 동로마 제국에게 정복됐어. 불가리아는 100년 넘게 동로마 제국의 지배를 받게 된단다. 폴란드도 10세기 중반에는 기독교로 개종하면서 유럽의 봉건제를 받아들였어.

크로아티아는 7~9세기에 북부는 프랑크 왕국, 동부는 동로마 제국의 지배를 받았어. 헝가리가 모라비아 왕국을 공격할 즈음 크로아티아에도 왕이 나타나 통일국가가 건설됐어. 이 왕은 곧 기독교로 개종해 유럽 국가가 됐어. 8세기 슬로베니아는 바이에른과 프랑켄 공국에 속해 있었지만, 그 후 카롤링거 왕조 때 로마 가톨릭으로 개종하고 서유럽 문화권에 편입됐어. 슬로베니아는 10세기에 신성로마 제국, 14세기에 합스부르크가의 지배를 받았지.

영국과 러시아도 이 무렵까지는 메이저라기보다 마이너에 속하지. 그러나 노르만족의 이동을 살필 때 이 두 나라의 역사를 다뤘기 때문에 마이너 유럽 역사에서 또 살펴보지는 않을게.

4장

중세에서 근대로

12세기~16세기

이 무렵 유럽은 여러 차례 큰 전쟁에 휩싸였어. 십자군 전쟁이 첫째고, 백년 전쟁이 둘째야. 첫 번째 전쟁은 중세 시대를 무너뜨리는 데 기여했고, 두 번째 전쟁은 근대 시대를 앞당기는 데 기여했지. 이 전쟁 이후 영국과 프랑스에서 절대왕정 체제가 등장했고, 시민의 권력이 강해지면서 근대 국가로 발전하기 시작한 거야.

유럽이 근대 세계로 향하고 있다는 걸 알 수 있는 두 번째 사건은 영국에서 일어난 대헌장이야. 왕의 권한이 처음으로 제한된 사건이었지. 세 번째 사건은 대항해 시대야. 포르투갈과 에스파냐는 이 사건으로 순식간에 메이저로 부상했어. 네 번째 사건은 이탈리아 북부와 북해 연안 플랑드르 지방의 르네상스야. 다섯 번째 사건은 종교개혁이야. 신성로마 제국에서 시작된 종교개혁은 유럽 전역으로 확산됐어. 이 다섯 개의 큰 사건 하나하나가 모두 흥미진진할 거야.

십자군 전쟁, 종교 시대 끝내다

11세기 이후 유럽은 확실한 기독교 대륙이 됐어. 카노사의 굴욕 사건 이후 로마 교황의 힘은 날로 강해졌지. 신성로마 제국 황제도 함부로 대하지 못할 정도였으니까 유럽에서 기독교의 위상이 어느 정도인지 알 수 있을 거야.

이런 상황에서 이슬람 셀주크 왕조가 유럽을 위협했어. 셀주크 군대는 동로마 군대와 수시로 충돌했고, 소아시아를 넘어 콘스탄티노플까지 진격하기도 했어. 그러나 강력했던 셀주크 왕조는 11세기 후반으로 접어들면서 왕실 내부의 권력 다툼으로 힘이 약해지기 시작했어. 늘 얻어터지기만 하던 동로마 제국은 이참에 셀주크 군대를 밀어붙여야겠다고 생각했어. 동로마 황제 알렉시우스 1세는 로마 교황청에 "군대를 지원해달라!" 요청했어.

1095년 로마 교황 우르바누스^{우르바노} 2세는 이에 즉각 화답했어. 그는 프랑스의 클레르몽에서 종교회의를 열고 "기독교의 성지 예루살렘을 야만적인 이슬람교도들이 점령하도록 내버려두는 것은 기독교와 유럽 전체의 불명예다. 그리스도의 땅을 되찾자!"라고 연설했어. 종교 전쟁, 즉 성전聖戰을 벌이자는 교황의 연설에 모든 유럽 사람들이 감동했어. 그래, 십자군 전쟁1096년~1270년이 터진 거야.

유럽 모두가 바란 전쟁?

그런데 왜 예루살렘을 가지고 그렇게 싸운 걸까? 예루살렘의 역사를 알게 되면

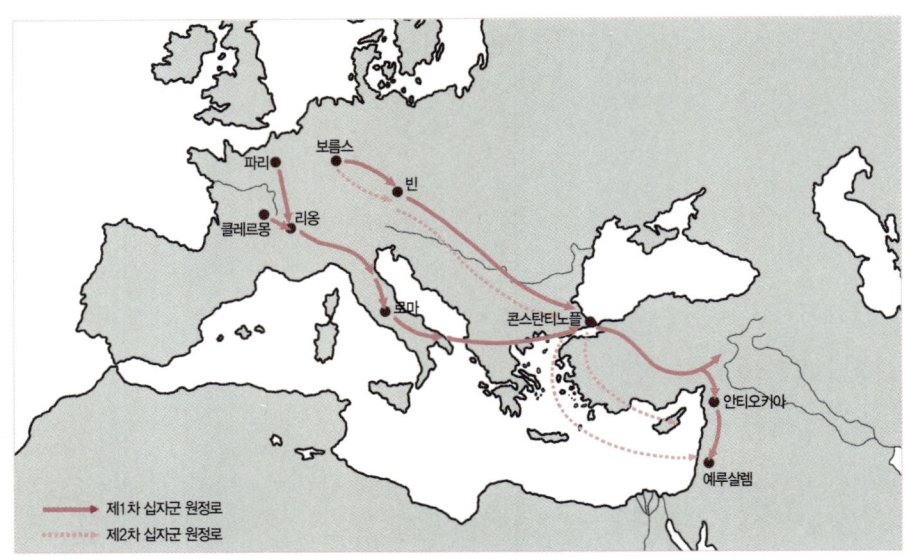

제1차 십자군 원정로
제2차 십자군 원정로

제2차 십자군 원정 유럽의 첫 십자군은 예루살렘을 점령하는 데 성공했다. 제2차 원정로는 제1차 원정로와 크게 다르지 않다.

그 이유를 알 수 있어. 이곳은 종교 갈등이 애초부터 예정돼 있던 곳이란다.

예루살렘은 예수 그리스도가 생을 마친 곳이야. 이곳에 있는 성묘 교회는 예수 그리스도가 묻힌 곳으로 알려져 있어. 당연히 기독교 신도들에게는 최고의 성지일 수밖에 없지. 그런데 예루살렘에는 이슬람 사원인 오마르 사원도 있어. 이슬람교를 창시한 예언자 무함마드가 여기서 기적을 체험했는데, 그것을 기리기 위해 만든 거지. 이슬람 신도들도 당연히 예루살렘을 성지로 여기겠지? 그뿐이 아니야. 유대인들은 기원전 1300년쯤 이집트에서 탈출해 예루살렘에 정착했어. 1세기쯤에는 성전을 만들고 로마 군대에 저항했지. 성벽은 무너졌고, 유대인이 집단 자살했어. 폐허 속에서 간신히 남은 벽을 '통곡의 벽'이라고 부르지. 유대인들에게도 성지인 셈이야.

정리하자면, 예루살렘은 이 세 종교 모두에게 성지였어. 모두가 평화롭게 성지를 순례할 수 있다면 큰 문제가 생기진 않았을 거야. 그러나 만약 한 종교에서 다른 종교의 순례를 방해하면 갈등이 생길 수밖에 없지.

이 지역은 무함마드가 있을 때부터 사실상 아랍 사람들이 지배했고, 7세기 후반에는 정식으로 이슬람의 영토가 됐지. 그래도 이슬람 왕조들은 기독교 신도들이 성지 순례하는 것을 방해하지 않았지. 그러나 이슬람 아바스 왕조의 뒤를 이어 새 강자로 떠오른 셀주크 왕조는 그렇지 않았어. 그들은 오랜 세월 수많은 전쟁을 치르며 살아온 민족이야. 동로마 제국과도 수시로 충돌했어. 그들은 기독교도들이 성지로 가는 길목을 장악하고 통행료를 요구했어. 사실상 기독교 신도들의 성지

성묘 교회 예수 그리스도가 묻힌 묘지에 세워진 교회다. 오늘날 구예루살렘 북서쪽의 골고다 언덕 위에 위치한다.

순례를 막기 시작한 거야.

그렇다면 적당히 협상으로 해결할 수 없었던 걸까? 꼭 전쟁을 해야 했을까? 사실 모든 유럽 사람들이 이 전쟁을 원했어. 동로마 제국은 이 기회에 이슬람 세계로 영토를 넓히려고 했고, 로마 교황은 자신의 권위를 높일 수 있는 찬스로 생각했지. 봉건 제후들은 영지를 넓히려고, 기사들은 새로운 땅에서 제후가 되려고 했어. 농민들은? 노예와 같던 삶을 정리하고 새 땅에서 새 삶을 시작하려고 했지. 왕들은? 독실한 기독교 신자로서, 하늘의 사명을 달성해야 한다는 책임감을 느꼈어. 이러니 전쟁이 터지자 모두 흥분할 수밖에 없었지.

십자군 전쟁은 약 180년간 진행됐어. 공식적으로 집계된 전투는 8회였지만, 여기저기에서 치러진 작은 전투까지 합치면 수십 건이 더 돼. 아주 길고 지루한 전쟁이었지.

최초의 십자군은 아주 엉성했어. 초야에 묻혀 있어 은자隱者라는 별명이 붙은 피에르가 군중을 끌어 모았어. 전투병은 거의 없고, 농민들이 대부분인 십자군이 만들어졌지. 이 때문에 이들을 군중 십자군이라고 불러. 군중 십자군은 예루살렘이 어디에 있는지도 몰랐어. 무작정 동쪽으로 진군했지.

얼마나 행군했을까? 식량이 떨어졌어. 그들은 배를 불리기 위해 닥치는 대로 약탈하고 양민을 죽였어. 헝가리에서도 똑같은 만행을 저질렀어. 보다 못한 헝가리 군대가 그들을 공격했어. 군중 십자군의 절반 이상이 죽었지. 살아남은 십자군은 다시 동쪽으로 향했어. 우여곡절 끝에 예루살렘 근처에 도착했지. 결과는 뻔하지 않겠어? 이슬람 군대에 의해 전멸했어. 너무 한심한 이 십자군은 정규 십자군 역사에 포함시키지 않는단다.

1095년 여름, 제1차 십자군 5만여 명이 콘스탄티노플에 집결했어. 십자군은 소아시아, 그러니까 오늘날의 터키로 진격했어. 니케아를 먼저 공략했고, 이어 터키와 시리아 국경 부근에 있는 안티오키아로 진격했어. 이슬람 군대와 무려 8개월간 싸운 끝에 제1차 십자군이 이겼어. 그다음은 차마 입에 담지 못할 만큼 끔찍했어. 정규 십자군도 군중 십자군처럼 닥치는 대로 이슬람인들을 죽이고 약탈한 거야. 심지어 죽은 사람들의 배를 가르기도 했어. 이슬람인들이 보물을 빼앗기지 않으려고 죽기 전에 그것을 삼켰다는 소문이 나돌았기 때문이야.

1099년 7월 십자군은 마침내 치열한 접전 끝에 예루살렘을 함락했어. 이로써 제1차 십자군 전쟁은 기독교의 승리로 끝났지. 그러나 이번에도 십자군의 잔인함이 드러났어. 그들은 예루살렘 안에 살고 있는 유대인과 이슬람인을 모두 죽여버렸어. 심지어 여자와 아이들까지!

십자군이 이처럼 난폭한 데는 이유가 있단다. 교황은 성전을 촉구하면서 동방에 막대한 보물이 있다고 선전했어. 그래야 군인들이 잘 모이겠지? 이 선전을 믿고 십자군에 참가한 사람들은 종교적 순수함보다 재물에 대한 욕심이 더 컸지. 십자군들은 유대인과 이슬람인을 죽이는 걸 죄라고 생각하지도 않았어. 모두 야만인이라고 봤거든. 교황도 군대의 사기가 떨어질까봐 말릴 생각도 하지 않았어. 어처구니가 없지?

전쟁에 승리한 십자군은 터키 동남부, 시리아, 예루살렘 주변에 네 개의 기독교 왕국을 세웠어. 요한 기사단, 템플 기사단, 독일 기사단 등 3대 종교 기사단이 왕국의 방위를 맡았지. 그러나 십자군이 이 왕국을 얼마나 지켜낼지는 미지수야.

✚ 같은 뿌리, 다른 종교

십자군 전쟁은 기독교와 이슬람교의 전쟁이야. 그런데 이 두 종교가 사실은 한 뿌리에서 나왔다는 거 알고 있니? 이 종교만이 아니야. 유대교도 뿌리는 같단다. 각 종교에서 모시는 신을 볼까? 기독교는 예수 그리스도, 이슬람교는 알라, 유대교는 야훼지. 신이 다른 데 어떻게 같은 종교냐고? 이들의 조상이 아브라함으로 모두 같단다. 다만 유대교는 구약성경의 말씀을 믿지만, 기독교는 예수 그리스도를 메시아로 보고 있지. 이슬람교에서는 무함마드가 예언자로 추앙받고 있고, 성경과 같은 역할을 쿠란이 하고 있단다.

리처드 1세 VS 살라딘

이슬람 셀주크 왕조의 반격이 시작됐어. 셀주크 군대는 제1차 십자군 전쟁이 끝나고 45년이 지난 1144년, 네 개의 기독교 왕국 가운데 에데사 오늘날 터키 동남부 지역를 공격해 빼앗았어. 당장 유럽이 반격에 나섰지. 이때 만들어진 게 제2차 십자군이야. 프랑스 왕 루이 7세와 신성로마 제국 황제 콘라트 3세가 군대를 지휘했어. 제2차 십자군은 곧 소아시아에 상륙했어.

그러나 이미 셀주크 군대가 만반의 준비를 갖추고 십자군을 기다리고 있었어. 십자군은 변변한 싸움 한 번 해보지 못하고 패하고 말았지. 십자군은 다시 시리아의 다마스쿠스로 이동했어. 그러나 이미 십자군의 기세는 꺾여 있었어. 셀주크 군대의 공격을 받은 십자군은 또 패하고 말았고, 두 명의 왕은 고개를 숙인 채 자기 나라로 돌아갔어. 제2차 십자군 전쟁은 싱겁게 끝나고 말았단다.

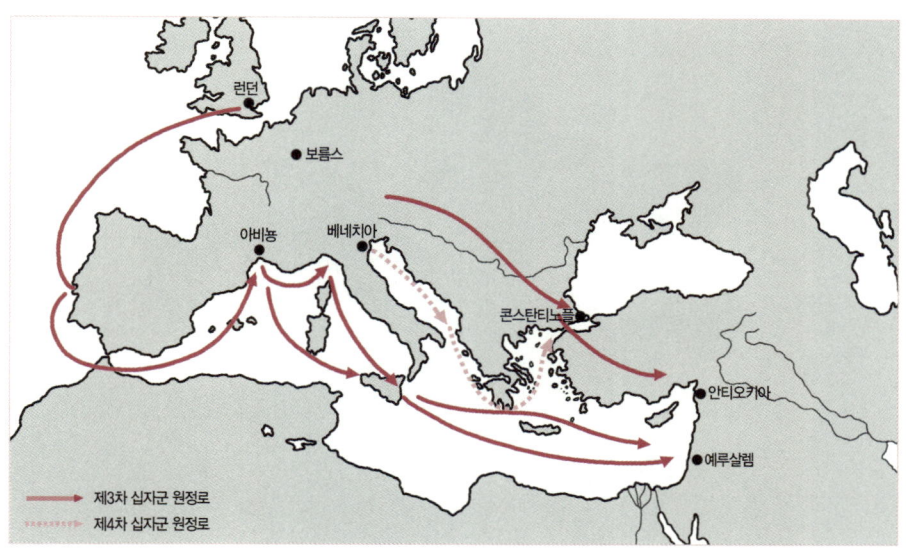

제3, 4차 십자군 원정 제3차 원정은 영국, 프랑스, 독일에서 각각 출발했다. 제4차 십자군은 베네치아에서 출발해 콘스탄티노플로 진격했다.

40년이 흘렀어. 이때까지 예루살렘은 제1차 십자군 전쟁에서 승리한 유럽인들이 지키고 있었어. 그러나 이슬람 세계의 주도권이 셀주크 왕조에서 이집트의 아이유브 왕조로 넘어가면서 상황이 달라졌어. 아이유브 왕조를 세운 살라흐 알 딘, 즉 살라딘이란 인물이 대단한 군인이었거든.

1187년 살라딘은 군대를 이끌고 예루살렘을 공격했어. 결과는 뻔했어. 손쉽게 예루살렘을 도로 빼앗았지. 2년 후 유럽은 살라딘으로부터 예루살렘을 되찾기 위해 제3차 십자군을 조직했어. 제3차 십자군이야말로 십자군 전쟁 역사를 통틀어 최고의 정예 군대라고 할 수 있단다. 신성로마 제국 황제 프리드리히 1세, 프랑스 왕 필립 2세, 영국 왕 리처드 1세가 지휘관으로 참전했어. 이 무렵 유럽 최고 강대국의 왕들이 모두 뛰어든 거야. 이 가운데 리처드 1세는 '사자왕'이라는 별명이 붙

살라딘 십자군에게 빼앗겼던 예루살렘을 다시 찾았다. 십자군이 이슬람교도에 대해 무차별 학살을 자행한 반면, 그는 항복한 기독교도에게 관대했다.

을 정도로 용맹스러웠어.

그러나 이 십자군은 처음부터 삐걱거렸어. 우선 프리드리히 1세가 소아시아 남쪽 길리기아 지역의 강에 빠져 죽고 말았어. 필립 2세는 원래 리처드 1세와 사이가 좋지 않았어. 그 이유는 프랑스와 영국의 갈등 때문이었는데, 조금 있다가 살펴볼 거야. 어쨌든 필립 2세는 군사 요충지인 이스라엘 북부 항구 도시 아크레를 함께 정복하고 나서 병에 걸렸다며 프랑스로 돌아가버렸어. 필립 2세가 본국으로 돌아갈 때 오스트리아 공 레오폴트 5세도 함께 짐을 싸버렸어. 레오폴트 또한 리처드 1세와 갈등이 있었단다.

이제 남은 사람은 리처드 1세밖에 없었어. 그래도 그는 사자왕이란 별명이 부끄

럽지 않게 용맹하게 싸웠어. 한때는 살라딘과의 전투에서 여러 번 승리해 영토의 일부를 되찾기도 했지. 그러나 아무래도 살라딘이 더 강했던 것 같아. 리처드 1세는 결국 예루살렘을 되찾는 데 성공하지 못했어. 그래도 성과는 있었지. 영웅은 영웅을 알아본다고 해야 할까, 아니면 두 영웅이 똑같이 너무 강했던 것일까? 살라딘과 리처드 1세는 서로에 대해 우호적인 감정을 가지게 됐어. 그 결과 1192년 평화적으로 휴전 협정을 맺었단다.

협정 내용을 볼까? 우선 리처드 1세는 예루살렘이 이슬람 제국의 영토라는 사실을 받아들이기로 했어. 그 대신 아크레는 십자군이 가지기로 했고, 이슬람 군대가 기독교도의 예루살렘 순례도 더 이상 막지 않기로 했어. 평화적으로 마무리된 것 같지? 그러나 아쉬운 대목도 있어. 이 협상이 진행되는 동안 리처드 1세는 이슬람 포로 2,700여 명을 학살했단다. 살라딘은 포로의 대부분을 풀어줬지. 어느 왕이 현명한 것일까?

자, 이제 십자군 전쟁이 끝난 것 같지? 아니야. 앞으로도 다섯 번의 전쟁이 더 남았어. 그러나 엄밀한 의미에서 종교 전쟁은 제2차 십자군 전쟁으로 끝이야. 그다음부터 성지 탈환은 명분일 뿐이고, 온갖 학살과 약탈이 난무했어. 이제부터의 전쟁은 기독교를 수호한다는 가면을 쓰고 집단 테러를 저지른 것과 하나도 다를 게 없었단다.

명분 사라진 종교 전쟁

십자군 원정은 시간이 지나면서 더 타락했어. 1202년 시작된 제4차 십자군 전쟁이 대표적인 사례야. 십자군은 원래 이슬람 아이유브 왕조가 있는 이집트를 공격하기로 했어. 군대는 베네치아에 모였지.

이 당시 베네치아 상인들은 기독교 신도였지만 이집트와 무역을 많이 했어. 그들은 전쟁이 유럽의 승리로 끝나든, 이슬람의 승리로 끝나든 관심이 없었지. 돈이 더 중요했으니까! 십자군은 베네치아 상인들에게 군대를 이집트까지 수송해달라고 요청했어. 물론 돈을 주기로 약속했지.

그런데 문제가 생겼어. 전쟁 자금이 도착하지 않은 거야. 십자군은 본의 아니게 빚 독촉에 시달려야 했어. 이때 베네치아 상인들이 콘스탄티노플을 공격하면 빚을 돌려받지 않겠다는 제안을 했어. 동로마 제국이 베네치아의 무역을 방해했기 때문이었지. 마침 콘스탄티노플에는 황금이 쌓여 있다는 소문까지 돌았어. 십자군의 눈이 확 뒤집혔어. 십자군은 이집트 원정이라는 당초의 목표를 수정해 콘스탄티노플로 향했단다.

1204년 십자군은 콘스탄티노플을 공격했어. 성안의 도시를 약탈하고 닥치는 대로 사람을 죽였어. 비록 동방정교회라 로마 가톨릭과는 다르긴 해도 같은 기독교 신도들끼리 전쟁을 벌인 거야. 콘스탄티노플은 폐허가 됐어. 십자군은 그것도 모자라 아예 그곳에 눌러앉기로 결정했어. 콘스탄티노플에 새로운 나라를 건설한 거야. 이 나라는 약 50년 후에 멸망했어. 콘스탄티노플은 다시 동로마 제국의 영토가 됐지만, 이때부터 동로마 제국은 급격히 쇠퇴하기 시작했단다.

십자군 역사에 또 하나의 어이없는 해프닝이 생

십자군의 콘스탄티노플 공격 십자군은 전쟁의 횟수가 거듭될수록 본래의 목적을 망각했다.

기기도 했어. 1212년의 일이야. 신의 계시를 받았다는 10대의 어린아이들이 군대를 만들었어. 이른바 소년 십자군이라 부르지. 결과는 안 봐도 뻔하겠지? 대부분 베네치아 상인들의 꾐에 넘어가 노예로 팔려갔단다. 아이들을 실은 배는 폭풍우를 만나 침몰되고 말았지. 그나마 살아남은 아이들은 이슬람 군대에 사로잡혔어. 다행인 것은, 이슬람

소년 십자군 대부분의 어린 소년들이 베네치아 상인들에 속아 노예로 팔려가는 불운을 맞았다.

군대의 지휘관이 남은 아이들을 집으로 돌려보냈다는 거야.

6년 후 교황 인노켄티우스 3세가 주도해 제5차 십자군이 만들어졌어. 십자군은 나름대로 전략을 짰어. 그 전략에 따라 예루살렘 부근의 아크레를 거쳐 이집트로 들어갔지. 나일 강 삼각주의 항구 도시인 다미에타를 포위했어. 그러나 성공은 거기까지였어. 카이로를 향해 진격하던 십자군은 이슬람 군대에 패하고 말았지.

이어 1228년 제6차 십자군이 출정했어. 이번에는 신성로마 제국 황제 프리드리히 2세가 주도했지. 프리드리히 2세는 현명한 황제였어. 굳이 싸우지 않고 외교적으로 예루살렘 문제를 해결할 수 있다고 믿었어. 정말 그의 생각대로 됐어. 프리드리히 2세는 외교 협상을 벌여 예루살렘을 넘겨받기로 했단다. 그러나 문제는 그

후에 생겼어. 프리드리히 2세가 철수한 뒤에 남아 있던 병사들 사이에 내분이 생긴 거야. 이 와중에 예루살렘은 다시 이슬람에게 넘어가고 말았지.

20년 뒤 제7차 십자군이 결성됐어. 이 십자군의 지휘관은 프랑스 왕 루이 9세였어. 루이 9세도 한때 다미에타를 점령하는 전과를 올렸지. 그다음은 제5차 십자군과 비슷해. 카이로를 향해 진격하다 실패한 거야. 오히려 더 치욕적인 사건도 생겼어. 루이 9세가 이슬람 군대에 사로잡힌 거지. 이때 이슬람 군대의 지휘관은 오늘날까지 이슬람 세계에서 영웅으로 추앙받고 있는 맘루크 왕조의 바이바르스 1세야. 맘루크 왕조는 살라딘의 아이유브 왕조를 무너뜨리고 세운 왕조란다. 어쨌든 프랑스는 몸값으로 어마어마한 돈을 바이바르스 1세에게 주고 루이 9세를 되찾았어.

자존심을 회복하기 위해서였을까? 루이 9세는 1270년 제8차 십자군을 일으켰어. 그러나 루이 9세는 독실한 기독교 신도였을 뿐, 전투력은 엉망이었어. 오히려 튀니스를 공격하다가 전사하고 말았단다. 이렇게 해서 제8차 십자군 원정도 끝이 났어.

이 전쟁을 마지막으로 십자군 전쟁은 공식적으로 종결됐어. 그러나 모든 전쟁이 끝난 것은 아니야. 아직도 일부 기독교 군대는 아크레에서 여전히 이슬람 군대와 대치하고 있었지. 그러나 제8차 원정이 실패로 끝나면서 유럽 사람들은 그들을 까맣게 잊어버렸어. 고립돼 있던 그들은 1291년 맘루크 군대의 공격에 무너지고 말았지. 이때 최후의 거점이었던 아크레도 잃어버렸어. 결국 180년간 계속된 동서양 종교 전쟁은 이슬람의 승리로 막을 내렸단다.

✛ 알비주아 십자군을 아시나요?

십자군 전쟁은 기독교와 이슬람교 사이에만 터진 게 아니야. 로마 교황은 이 전쟁을 기회로, 이단으로 보이는 파벌을 싹쓸이하려고 했어. 그 대표적인 십자군이 알비주아 십자군이란다. 10세기부터 기독교의 교리에 반대하는 파벌이 동로마 제국에서 유행하기 시작했어. 이 파벌을 카타리파라고 했는데, 나중에는 프랑스 남부 지역까지 확산됐어. 이 파벌은 알비주아파라고도 불렸는데, 철저한 금욕 생활을 했지. 타락한 가톨릭에 신물이 난 사람들이 알비주아파를 따르기 시작했어. 결국 1208년 로마 교황 인노켄티우스 3세는 특단의 명령을 내렸어. "알비주아파를 제거하라!" 프랑스 십자군이 다시 만들어졌고, 그들은 이슬람교도가 아닌 같은 기독교도를 학살했단다.

아비뇽 유수

십자군 전쟁이 기독교 세계의 패배로 끝나면서 가장 큰 손해를 입은 사람은 누구일까? 바로 십자군 전쟁을 부르짖었던 교황이야. 교황의 권위는 추락하기 시작했어. 반대로 가장 큰 이익을 본 사람은 왕이나 황제가 되겠지? 정말 그랬어. 이때부터 왕의 권력이 강해지기 시작했어. 훗날 절대왕정 시대의 기초가 이때부터 만들어지고 있던 거지.

차차 살펴보겠지만, 십자군 전쟁 이후 교황의 목소리는 아주 작아졌어. 유럽의 왕들이 별로 두려워하지 않게 된 거야. 특히 프랑스 왕 필립 4세는 로마 교황이 신성로마 제국 영방 가운데에서만 황제를 임명하는 데 불만이 컸어. 이 무렵 최고 강

필립 4세 교황청을 프랑스의 아비뇽으로 옮기는 아비뇽 유수를 통해 황제권이 교황권의 우위에 있음을 과시했다.

대국은 프랑스였거든. 필립 4세는 자신도 황제가 돼야 한다고 생각했어. 그러나 로마 교황 보니파키우스 8세는 필립 4세를 지지하지 않았어.

교황은 그가 맘에 들지 않았어. 필립 4세가 프랑스 교회에게 세금을 부과하는 게 못마땅한 거였지. 보니파키우스 8세는 "왜 왕이 신성한 교회에 세금을 내라고 하는가?"라며 항의했어. 필립 4세는 콧방귀를 뀌었어. 필립 4세는 이어 교황을 혼내주기로 결심했어. 그러나 그러기 위해서는 명분이 필요했지. 이때 그가 고안한 게 바로 삼부회야. 1303년 필립 4세는 성직자, 귀족, 평민 대표로 구성된 의회인 삼부회를 처음으로 소집했어. 삼부회에 대해서는 조금 있다가 다시 살펴볼게.

카페 왕조는 이 무렵이 가장 강력했어. 당연히 삼부회는 강한 왕인 필립 4세를 지지했지. 그는 힘을 얻었고, 마침내 도박을 하기로 했어. 그게 뭔지 아니? 교황을 납치하는 거야! 필립 4세는 보니파키우스 8세가 머물고 있던 아나니의 교황 별장을 습격하도록 지시했어. 보니파키우스 8세가 대적할 방법이 있겠니? 다행히 프랑스로 끌려가는 수모는 피했지만 별장 안에 갇혀 지내야 했어. 화병에 걸렸던 걸까? 보니파키우스 8세는 곧 세상을 떠나고 말았단다.

필립 4세는 더 강력하게 밀고 나갔어. 비어 있는 교황의 자리에 자신의 측근인 프랑스 추기경을 추대한 거야. 강대국 프랑스의 독단을 누가 막을 수 있겠니? 프랑스 추기경은 콘클라베를 통해 정식 교황으로 추대돼 클레멘스 5세가 됐어.

교황이 됐다면 당연히 로마 교황청으로 가야겠지? 그런데 클레멘스 5세는 로마 교황청으로 가지 못했어. 어쩌면 필립 4세의 눈치 때문에 스스로 거절했는지도 몰라. 1309년 필립 4세는 프로방스 지역의 아비뇽에 새로이 교황청을 만들었어. 클레멘스 5세는 그곳에서 교황 집무를 보기 시작했지. 이때부터 약 70년간 교황은 로마가 아닌, 프랑스에 속해 있는 아비뇽에서 집무를 봤어. 이 사건을 아비뇽 유수 1309년~1377년라고 부른단다.

클레멘스 5세 이후 일곱 명의 교황이 아비뇽에서 집무를 봤어. 필립 4세가 살아 있을 때 교황들은 로마로 돌아가지 못했어. 14세기 초반 필립 4세가 세상을 떠났어. 그 후 루이 10세, 필립 5세, 샤를 4세의 순서로 왕이 바뀌었지. 이들 왕은 필립 4세처럼 강력하지 않았어. 교황이 로마로 복귀할 수 있는 기회가 온 거야.

1377년 교황에 선출된 그레고리우스 11세가 로마로 복귀하면서 70년간의 아비뇽 유수가 끝났어. 기독교와 교황은 중세 유럽의 상징이야. 그런 상징이 한 나라의 왕에 의해 70년이나 감옥 생활을 한 거야. 중세가 몰락하는 소리가 들리지 않니?

그다음은 더 가관이었단다. 그레고리우스 11세는 로마로 복귀한 이듬해 세상을 떠났어. 이어 로마파 교황 우르바노 6세가 콘클라베에서 교황에 선출됐지. 그러자 뜻밖의 사태가 터졌어. 프랑스 추기경들이 콘클라베를 인정하지 않겠다며 뛰쳐나온 거야. 그들은 따로 프랑스 교황 클레멘스 7세를 선출했고, 클레멘스 7세는 아비뇽에서 집무를 봤어. 교황이 두 명이 된 거야! 이때부터 약 30년간 로마파 교황과 프랑스파 교황이 동시에 존재하는 공동교황 시대 ^{1378년~1417년}가 계속됐어.

두 명의 교황이 있으니, 나라도 두 파벌로 갈렸어. 예전부터 로마 교황과 각별한 사이였던 신성로마 제국은 로마파 교황을 지지했고, 프랑스는 프랑스파 교황을 지지했어. 프랑스와 사이가 좋지 않은 영국은 로마파 교황의 편에 섰고, 영국과 사이가 좋지 않은 스코틀랜드는 프랑스파 교황을 지지했지. 어때? 이대로 가다간 결국 큰일이 터질 것 같지 않니? 그래, 백년 전쟁이 터진 것도 이와 무관하지는 않단다.

아비뇽의 교황청 아비뇽 유수 이후 권력이 약화된 교황은 이곳에서 집무를 봐야 했다.

결과를 살짝 볼까? 1414년 콘스탄츠에서 종교회의가 열렸는데, 로마 교황을 정통으로 인정했단다. 프랑스파 교황은 폐위됐고, 로마파 교황을 비난했던 보헤미아의 종교개혁가 후스는 화형에 처해졌지. 그러나 이때 이미 유럽 종교개혁의 불씨에 불이 붙었다고 볼 수 있어.

12~13세기 유럽, 근대로 치닫다

십자군 전쟁은 1096년부터 1270년까지 무려 180여 년간 계속됐어. 이 전쟁에는 유럽 여러 나라가 자발적으로 참전했지. 이 나라들은 이슬람 세력과의 싸움이라는 공동 목표를 위해 함께 전쟁을 치렀어. 그러나 자기들끼리도 영역을 확대하기 위해 미묘한 신경전을 벌였고, 무력 충돌도 마다하지 않았어.

십자군 전쟁이 치러졌던 12~13세기, 유럽에서 최고의 메이저 국가를 들라면 신성로마 제국과 프랑스일 거야. 영국은 프랑스의 봉건 제후국이었으니 메이저 축에는 끼지 못해. 그러나 앞에서도 말했듯이 프랑스 왕이 가지고 있는 영토는 영국 왕이 프랑스에 가지고 있는 영토보다 작았어. 이 때문에 영국도 어느 정도는 메이저라고 봐야 할 거야.

따라서 여기서는 영국, 프랑스, 신성로마 제국의 이 무렵 역사를 집중적으로 살펴볼게. 특히 영국의 역사 가운데 대헌장을 기억해둬. 입헌민주주의의 첫 단추를 꿴 역사적 사건이거든.

마틸다와 엘레오노르

제1차 십자군 전쟁이 끝난 직후부터 살펴볼까? 이 무렵 영국의 왕은 정복왕 윌리엄의 아들인 헨리 1세였어. 헨리 1세는 딸 마틸다를 프랑스 앙주 가문의 백작과 결혼시켰어. 원래 마틸다는 신성로마 제국 황제 하인리히 5세의 아내였단다. 하인리히 5세가 죽자 독일에서 프랑스로 시댁을 갈아탄 거야. 왕족과 왕족끼리의 이런 정략결혼은 당시에는 흔했어.

노르만 왕조의 고향이 어디였지? 노르망디 공국이었지? 헨리 1세가 딸을 앙주 가문에 시집보낸 건 바로 이 노르망디 공국을 지키기 위해서였단다. 앙주 가문의 본거지가 노르망디 공국 근처였거든. 앙주 가문의 힘을 빌리면 노르망디 공국을 안전하게 지킬 수 있을 거라 믿은 거지. 헨리 1세의 의도는 적중해 과연 노르망디 공국은 안전했어. 그 대신 앙주 가문의 힘도 덩달아 커졌지.

이런 상황에서 헨리 1세가 후계자 없이 세상을 떠났어. 헨리 1세의 조카인 스티븐이 얼른 왕에 올랐어. 누가 반발했겠니? 바로 앙주 가문에 시집간 마틸다야. 그녀는 왕이 되고 싶었어. 그러나 스티븐이 왕의 자리를 내놓을 리가 없지. 이렇게 되면 싸울 수밖에 없어. 마틸다는 군대를 이끌고 영국으로 건너갔어. 마틸다는 전투 끝에 스티븐을 포로로 잡았어.

하지만 마틸다는 안타깝게도 왕이 되지 못했어. 만일 그랬다면 영국 역사상 첫 여왕이 됐을 테지. 그렇지만 영국 국민들이 그녀를 반기지 않았어. 생각해봐. 아무리 왕의 딸이라고는 하지만 일찌감치 프랑스 앙주 가문에 시집간 인물이잖아? 결국 타협점이 나왔어. 마틸다는 영국과의 인연을 끊고 노르망디로 돌아갔고, 스티븐이 죽자 마틸다가 프랑스 앙주 백작과의 사이에 낳은 아들을 왕위에 올린 거야. 이 인물이 바로 헨리 2세야.

헨리 2세는 엄밀하게 말하면 프랑스인이야. 외가는 노르만 왕조였지만, 본가는 프랑스 앙주 가문이잖아? 그 때문에 이때부터의 영국 왕조를 앙주 왕조^{1154년~1399}년 또는 플랜태저넷 왕조라고 불러. 헨리 2세의 아버지인 앙주 백작이 투구에 금잔화 가지를 꽂고 다니는 버릇이 있었는데, 이 금잔화 가지를 플랜태저넷이라고 불렀거든.

헨리 2세의 본가는 프랑스 가문이었지? 그의 부인 또한 프랑스 가문이었어. 그의 부인 이야기를 해볼까?

1137년 무렵이었어. 프랑스의 서남부에 있는 아키텐 공국의 공작이 세상을 떠났어. 이때 공작에게는 엘레오노르라는 부인이 있었어. 남편이 죽었으니 막대한 영토는 모두 그녀에게 상속됐지. 그녀는 남편이 세상을 떠난 바로 그해, 프랑스 왕 루이 7세와 재혼했어. 정략결혼이라고는 하지만 남편이 죽은 지 1년 만에 새로운 남편을 맞은 건 좀 염치없어 보이지? 그런데 엘레오노르는 이 결혼 생활이 원만하지 못했어. 아들을 낳지 못했기 때문이야. 결국 루이 7세는 그녀와 이혼했어. 그녀는 또다시 새로운 남편을 찾았지. 그 남편이 바로 헨리 2세란다.

헨리 2세와 엘레오노르 왕비는 여러 아들을 낳았어. 이 가운데 셋째인 리처드와 막내인 존만 살펴볼게. 리처드는 어렸을 때 어머니의 영토인 아키텐에서 키워졌어. 나중에 프랑스 왕이 되는 필립 2세와는 사촌지간이었지. 둘은 나중에 철천지원수가 된단다.

리처드는 아버지 헨리 2세와 친하지 않았어. 헨리 2세는 막내인 존만 유독 예뻐했기 때문에 나머지

헨리 2세 프랑스 앙주 백작과 헨리 1세의 딸 마틸다 사이에서 태어나 플랜태저넷 왕조를 열었다.

형제들은 불만이 많았대. 한때 장남이 헨리 2세에 대항해 반란을 일으키기도 했단다. 부자의 사이가 이렇게 나빴던 것은 사실 프랑스 왕 루이 7세가 이간질을 했기 때문이란다. 어쨌든 장남은 반란에 성공하지 못한 채 세상을 떠났고, 남은 반란군은 리처드가 진압했어. 리처드는 왕위 후계자 1순위에 올랐어.

헨리 2세도 리처드에게 왕위를 물려주기로 했어. 단 리처드가 어머니로부터 물려받은 영토인 아키텐을 존에게 넘겨준다는 조건이 붙었지. 리처드는 자신의 본거지인 아키텐을 넘겨줄 수 없었어. 부자의 갈등이 심해졌고, 결국 리처드가 반기를 들었어. 이 무렵 헨리 2세는 프랑스의 왕 필립 2세와 전쟁을 벌이고 있었는데, 리처드는 아버지가 아닌 사촌 필립 2세의 편을 든 거야. 믿었던 아들들이 배신하자 헨리 2세는 점점 약해졌고, 결국 세상을 떠나고 말았어. 1189년 리처드는 영국 왕에 올랐고, 리처드 1세라고 불리게 됐어.

사자왕 리처드 1세

리처드 1세는 왕이 되자마자 제3차 십자군 원정에 참전했어. 프랑스의 필립 2세, 신성로마 제국의 프리드리히 1세와 함께했다는 건 기억하고 있지? 이때부터 리처드 1세의 흥미진진한 인생 역정이 펼쳐져.

영국과 프랑스는 내내 사이가 좋지 않았단다. 이 무렵에는 유럽의 여러 귀족과 왕실들이 서로 혼인을 통해 친척관계를 맺었다고 했지? 한 다리 건너면 모든 왕실들이 가족이나 다름없던 거야. 그러나 엄연하게 서열이 존재했어. 영국은 프랑스 왕의 봉건 제후국이었기 때문에 당연히 서열이 낮았지. 영국 왕은 이게 맘에 들지 않았어. 영국 왕이 프랑스에도 넓은 땅을 가지고 있는 데다 군사력에서도 뒤지지 않기 때문에 대등하다고 생각한 거야. 신성로마 제국은 두 나라와 봉건 제후국으로 얽힌 관계가 아니기 때문에 이런 갈등이 없었어.

영국 왕 헨리 2세는 프랑스의 왕 루이 7세와, 그 뒤를 이은 필립 2세를 이기지 못했어. 헨리 2세는 죽기 전 필립 2세에게 "영국 왕은 프랑스의 봉건 제후다"라며 충성 맹세를 하기도 했단다. 그러나 리처드 1세는 달랐어. 그가 워낙 용맹했기 때문에 필립 2세도 함부로 대할 수 없었지. 필립 2세는 계략을 짰어. 결과만 본다면, 리처드 1세는 그 계략에 넘어갔다고 볼 수 있지.

필립 2세는 제3차 십자군 전쟁 도중에 몸이 아프다며 본국으로 돌아가버렸어. 기억하지? 정말로 몸이 아파서 그랬던 게 아냐. 영국 왕 리처드 1세가 비어 있는 틈을 타서 프랑스 안의 영국 영토를 빼앗으려고 했던 거지. 프랑스로 돌아온 필립 2세는 리처드 1세의 동생 존에게 "리처드 1세가 없는 틈을 타서 왕이 되는 거야!" 라고 부추겼어. 존은 정말 필립 2세의 말대로 했어. 반란을 일으켜 영국 왕 존 1세에 오른 거야.

본국에서 반란이 일어났다는 소식을 듣고 리처드 1세는 마음이 급해졌겠지? 이슬람 지휘관 살라딘과 평화협상을 맺고 전쟁을 끝냈어. 그러나 본국으로 돌아가는 과정이 순탄하지 못했지.

가장 먼저 리처드 1세를 막은 인물은 오스트리아 공 레오폴트 5세였어. 레오폴트 5세는 리처드 1세와 함께 제3차 십자군 전쟁에 참여했지만, 그로부터 심한 모욕을 받고 필립 2세와 함께 본국으로 돌아가버린 인물이야. 당연히 레오폴트 5세는 리처드 1세를 증오했어. 그것도 모르고 리처드 1세는 오스트리아 영토를 통해 본국으로 가려고 했다가 덜컥 붙잡히고 만 거야.

오스트리아는 신성로마 제국의 영방 국가야. 이 때문에 레오폴트 5세는 리처드 1세를 처분해달라며 신성로마 제국 황제 하인리히 6세에게 보냈어. 하인리히 6세는 필립 2세의 부탁을 받고, 리처드 1세를 감옥에 가둬버렸지. 리처드 1세는 1년이 넘도록 감옥에 갇혀 있었고, 막대한 돈을 지불하고 나서야 겨우 풀려날 수 있었어.

본국으로 돌아간 리처드 1세는 존 1세를 끌어내리고 다시 왕에 올랐어. 리처드 1세는 이 모든 계략을 꾸민 필립 2세를 증오했어. 즉각 필립 2세를 공격하기 위해 군대를 이끌고 프랑스로 떠났어. 그러나 이 원정은 성공하지 못했어. 리처드 1세는 적이 쏜 화살에 맞은 상처가 덧나 결국 세상을 떠나고 말았지.

리처드 1세 매우 용맹하여 '사자왕'이라고 불렸다.

오늘날 리처드 1세는 '사자왕'이라고 불린단다. 용맹하기로는 그를 따라갈 왕이 중세에 많지 않았던 거야. 그러나 정치를 잘한 왕은 아니었어. 아버지 헨리 2세와 늘 대립했고, 동생 존 1세와도 왕위를 뺏고 빼앗는 사이였지. 십자군 전쟁을 포함해 여러 전쟁에 몰두하느라 정작 영국에 머문 시간은 10년 정도밖에 되지 않았단다.

존 왕과 대헌장

1199년 존 1세가 리처드 1세의 뒤를 이어 다시 영국의 왕에 올랐어. 존 1세는 형과 같은 전사가 아니었어. 그래도 프랑스의 왕 필립 2세와의 전쟁을 피할 수는 없었어. 그 결과 존 1세는 많은 영토를 빼앗겼고, 땅을 많이 잃었다는 뜻의 '실지왕'이란 별명을 얻게 되지.

처음에는 존 1세도 나름대로 계략을 썼어. 앙주 지방의 땅을 차지하기 위해 그 땅을 상속받은 이사벨과 결혼한 거야. 그래서 앙주 땅이 존 1세에게 돌아갔느냐고? 아니야. 이 결혼 때문에 영국과 프랑스는 전쟁을 치러야 했단다. 결혼이 문제된 이유는, 이사벨이 이미 프랑스 뤼지냥 가문의 귀족과 약혼한 사이였기 때문이야. 이 귀족은 억울하다며 필립 2세에게 복수를 해달라고 청했어.

옳거니! 프랑스 안에 있는 영국 왕실의 땅을 노리던 필립 2세는 이처럼 트집 잡기 좋은 기회가 없을 거라고 판단했어. 그는 잘못을 저지른 동생을 혼내는 큰형처럼 존 1세의 부당한 결혼을 꾸짖었고, 이어 "프랑스로 건너와 봉건 제후의 예를 갖춰라" 하고 명령했어. 서열만 따지고 보면 부당한 명령은 아니야. 그러나 존 1세는 이 명령을 따르지 않았어. 바보가 아닌 이상, 적진에 맨몸으로 들어갈 사람은 없잖아? 필립 2세는 즉각 보복 조치를 내렸어. 앙주 땅을 몰수해버린 거야.

존 1세도 더 이상 물러서지 않았어. 그는 조카인 신성로마 제국의 황제 오토 4세를 같은 편으로 끌어들였어. 이어 영국, 신성로마 제국, 플랑드르 공국의 연합군대를 만들어 프랑스를 공격했어. 그러나 프랑스의 전력은 강했어. 결국 영국은 전투에 패했고, 그 결과 앙주에 이어 노르망디 공국까지 프랑스에 빼앗겼단다. 그 넓던 영국 왕실

존 1세 프랑스와의 전쟁에서 많은 영토를 잃어 '실지왕'이라고 불린다.

과 귀족의 프랑스 땅은 이제 아키텐 하나밖에 남지 않았어. 이제 왜 존 1세를 실지 왕이라고 부르는지 알겠지?

존 1세는 종교적으로도 실패한 왕이었어. 영국 내 캔터베리 대주교 임명을 둘러싸고 로마 교황과 갈등을 벌인 거야. 존 1세는 교황을 무시하고 자신의 뜻대로 대주교를 임명했어. 이 무렵 제4차 십자군 전쟁이 진행되고 있었어. 아직까지는 교황의 권력이 꽤 강할 때였지. 교황은 즉각 존 1세를 파문했고, 영국 귀족들은 교황의 뜻에 따라 존 1세로부터 왕의 자격을 박탈해버렸단다.

존 1세의 체면은 말이 아니게 됐어. 그가 할 수 있는 방법은 용서해달라며 무조건 비는 것밖에 없었지. 존 1세는 교황에게 영국 땅을 바치는 의식을 치렀어. 교황은 이 의식에 따라 영국을 교황의 봉건 제후국으로 받아들이고, 존 1세에게 봉토를 내주는 형식으로 다시 영국 땅을 돌려줬어. 영국은 프랑스뿐만 아니라 로마 교회에도 신하 나라가 된 셈이지.

이제 존 1세는 왕이라고 할 수 없을 정도로 누더기가 되고 말았어. 그런데도 그는 여전히 자신이 강한 왕이라고 생각했나봐. 어쩌면 자존심을 회복하기 위해서였을지도 몰라. 존 1세는 다시 군대를 일으켜 프랑스와 싸우려고 했어. 그러려면 돈이 필요해. 결국 귀족들에게 세금을 더 내라고 했지. 그러자 귀족들은 이제 참지 않기로 했어. 쓸모도 없는 왕을 더 이상 받들지 않기로 한 거야.

1214년 귀족들은 군대를 앞세우고 런던으로 쳐들어갔어. 존 1세는 프랑스 왕, 로마 교황에 이어 영국 귀족들에게도 무릎을 꿇었어. 귀족들은 존 1세에게 대헌장 마그나카르타을 내밀었어. 이 대헌장은 왕의 권리를 처음으로 제한한 문서였단다. 모두 60여 개의 항목으로 구성돼 있는데, 국민의 대표들만이 세금을 부과할 수 있다는 내용이 특히 중요해. 아직 평민의회는 발달하지 않았기 때문에 이때의 대표는 엄밀하게 말하면 귀족회의를 가리키지만, 이 대헌장에 따라 영국에서는 왕도 함부로 세금을 부과할 수 없게 됐어.

국민의 대표만이 세금을 부과할 수 있다는 이 선언은 영국에서 의회민주주의가 발달하는 계기를 만든 첫 사건으로 기록돼 있어. 그 후 귀족들은 더욱 왕을 압박했고, 1295년에는 마침내 귀족과 평민이 모두 참석하는, 본격적인 의회가 출범한단다.

존엄왕 필립 2세

이번에는 프랑스의 역사를 살펴볼까? 영국과 프랑스의 역사가 얼키설키 엮여 있기 때문에 앞에 나왔던 인물들이 다시 등장할 거야. 많은 사람이 등장한다고 헷갈리지 마.

이미 여러 차례 말한 대로 프랑스 카페 왕조의 왕들은 권력이 강하지 않았어. 갖고 있는 영토도 작았을 뿐만 아니라 공작이나 백작과 같은 봉건 제후국의 권력이 너무 강했기 때문이야. 왕보다 더 넓은 영토와 권력을 가진 귀족들도 많았어. 영국 왕이 대표적인 경우지. 이런 상황을 감안하면, 어쩌면 카페 왕조 초기의 프랑스 왕은 허수아비였을지도 몰라.

12세기 초반 왕이 된 루이 6세 때부터 이런 분위기가 바뀌기 시작했어. 루이 6세는 프랑스를 왕이 강한 나라로 만들기로 결심했어. 그러기 위해서는 프랑스 내에서 권력이 강한 공국들을 제압해야 했지. 대표적인 공국들이 아키텐과 플랑드르였어. 루이 6세는 아키텐 공작과 플랑드르 백작을 차례대로 격파해 저항하지 못하도록 만들었어. 그러고는 당당하게 자신의 아들 루이 7세를 왕에 앉혔지.

루이 7세와 그의 아들 필립 2세는 각각 아버지와 할아버지를 이어 강력한 프랑스를 건설한 왕으로 평가받고 있어. 특히 필립 2세는 '존엄왕'이라고 불릴 정도로 오늘날까지 프랑스인의 추앙을 받고 있단다. 프랑스와 영국의 묘한 갈등도 루이 7세 때부터 본격적으로 나타나지. 이미 살펴봤지만 프랑스의 시각으로 한 번 더 볼까?

루이 7세의 부인 엘레오노르는 아들을 낳지 못했어. 부부의 금슬도 좋지 않았지. 결국 루이 7세는 엘레오노르와 이혼했어. 루이 7세는 뒤늦게 아차 싶었어. 엘레오노르가 누구와 재혼했지? 그래, 영국 왕 헨리 2세야. 헨리 2세와 엘레오노르는 금슬이 좋았어. 루이 7세는 약이 올랐겠지. 그러나 더 약이 오른 부분은 따로 있어. 그녀는 아키텐 영토의 상속자였는데, 헨리 2세와 결혼함으로써 아키텐이 영국으로 넘어가고 말았지.

그래도 루이 7세는 세 번째 결혼에는 성공했어. 상파뉴 등 여러 공국들을 자기 편으로 끌어들일 수 있었거든. 결과적으로는 프랑스 왕의 권력이 전보다는 강해졌다고 할 수 있어.

1179년 루이 7세의 아들 필립 2세가 프랑스의 공동 왕에 올랐어. 필립 2세는 이듬해 아버지가 세상을 떠나자 카페 왕조의 일곱 번째 단독 왕이 됐지. 그는 아버지와 할아버지가 그랬던 것처럼 프랑스 안에 있는 영국 왕실 영토를 빼앗기 위해 별의별 방법을 다 썼어. 대표적인 전략이 바로 이간질이었단다. 헨리 2세가 영국 왕일 때는 아들 리처드 1세와의 사이를 이간질했고, 십자군 원정 때는 리처드 1세와 동생 존 1세를 이간질했어. 그 결과 허약한 존 1세가 영국 왕에 올랐으니 어느 정도 목적은 이룬 셈이야.

필립 2세의 활약은 그걸로 끝난 게 아니었어. 이미 살펴봤지만, 영국 왕 존 1세와의 전쟁에서 크게 승리해 아키텐을 제외한 영국 왕실의 영토를 모두 몰수해버

필립 2세 프랑스 영내에 있는 영국 영토를 차례로 흡수함으로써 프랑스를 강력한 왕국으로 만들었다.

렸지. 이 땅은 고스란히 프랑스 왕, 즉 필립 2세에게로 넘어갔어. 이제 프랑스의 왕은 다른 어떤 공국보다 넓은 영토를 확보하게 됐고, 그 결과 강력한 권력이 따라왔어.

이제 프랑스를 상대할 나라는 당분간 유럽에 존재하지 않아. 신성로마 제국 황제도 프랑스 왕을 함부로 대할 수는 없었지. 이런 업적 때문에 프랑스인들은 필립 2세에게 '존엄왕'이란 별칭을 붙여준 거야. 반면 이때 땅을 다 잃어버린 존 왕에게 영국인들은 '실지왕'이라는 별명을 붙여줬어. 너무 대조적이지?

프리드리히 1세와 2세

이제 3대 메이저 가운데 마지막으로 신성로마 제국의 역사를 살펴볼게.

1122년 신성로마 제국 잘리어 왕조의 마지막 왕인 하인리히 5세는 교황과 보름스 협약을 체결했어. 카노사 굴욕을 전후로 해서 최고조에 달했던 황제와 교황의 갈등은 이 협약으로 어느 정도 마무리된 것처럼 보였어.

그러나 신성로마 영방 국가들은 황제가 맘에 들지 않았나봐. 그들은 하인리히 5

세가 죽자 잘리어 왕조가 아닌, 새로운 왕조에서 황제를 선출했단다. 하인리히 5
세의 부인은 영국 왕 헨리 1세의 딸 마틸다였지? 마틸다는 하인리히 5세가 죽자
앙주 가문 귀족과 재혼을 했어. 만약 하인리히 5세가 살아 있었다면 이래저래 씁
쓸했을 거야.

잘리어 왕조에 이어 신성로마 제국의 황제 자리는 호엔슈타우펜 왕조^{1138년~1208}
^{년, 1215년~1254년}가 차지했단다. 이 왕조는 슈바벤^{오늘날의 스위스} 공국에 본거지를 뒀기
때문에 슈바벤 왕조라고도 불러.

슈바벤 왕조를 연 왕은 프리드리히야. 두 번째 왕인 프리드리히 1세는 제2차 십
자군 전쟁이 끝나고 얼마 지나지 않은 1152년 왕에 올랐어. 이 무렵 영국은 헨리
2세, 프랑스는 루이 7세가 통치하고 있었어. 강력한 군주를 꿈꾸는 왕들이었지?
독일 황제 프리드리히 1세도 마찬가지였어. 그는 "강한 자와는 타협하고, 약한 자
는 굴복시킨다!"라는 전략을 폈어.

이 전략에 따라 프리드리히 1세는 가장 강한 가문인 벨펜 가문에게 바이에른 공
국을 넘겼어. 그 덕분에 벨펜 가문은 프리드리히 1세를 괴롭히지 않았지. 프리드
리히 1세는 이어 작은 공국들을 하나씩 집어삼켰어. 덴마크, 폴란드, 헝가리, 부르
고뉴의 왕들이 모두 무릎을 꿇었지.

프리드리히 1세의 정복 전쟁은 여기에서 끝나지 않았어. 그는 이어 이탈리아로
향했어. 목표는 롬바르디아! 그가 이 지역을 노린 이유는 뭘까? 바로 교황령이 롬
바르디아와 붙어 있기 때문이야. 프리드리히 1세는 아직 카노사 굴욕의 치욕을 잊
지 않고 있었어. 교황을 제압해야만 진정한 신성로마 제국의 황제가 될 수 있을 거
라고 생각한 거지. 로마 교황 알렉산데르 3세는 롬바르디아와 동맹을 맺고 프리드
리히 1세의 군대에 맞섰어.

로마 교황은 카노사의 굴욕 사건을 떠올렸어. 이번에도 황제를 파문하면 승리할 것이라고 믿었어. 알렉산데르 3세는 1160년 프리드리히 1세를 파문했어. 그러나 프리드리히 1세는 교황에게 굴복한 하인리히 4세와 달랐어. 눈도 깜짝하지 않는 거야. 오히려 프리드리히 1세는 알렉산데르 3세에 대항해 빅토르 4세를 교황으로 임명하기까지 했어. 이때부터 이탈리아 중부와 북부에는 전통적인 로마 교황을 옹호하는 파벌과 황제의 지원을 받는 교황을 옹호하는 파벌이 대립하게 됐지.

다행히 황제와 로마는 곧 화해했어. 필립 2세가 프랑스 왕에 오르기 2년 전, 황제와 로마는 평화협정을 체결했지. 프리드리히 1세는 알렉산데르 3세를 비로소 교황으로 인정했고, 알렉산데르 3세는 신성로마 제국 교회를 프리드리히 1세가 지휘하는 데 동의한 거야.

프리드리히 1세 영토를 확장하여 신성로마 제국의 전성기를 열었지만 십자군 원정 도중 사망했다.

종교 문제도 어느 정도 해결됐겠다, 프리드리히 1세는 다시 영토를 넓히기 시작했어. 우선 시칠리아를 정복했고, 그다음에는 벨펜 가문으로부터 바이에른을 되찾아오기도 했어. 이 많은 업적을 남겼지만 1190년 제3차 십자군 원정 도중에 숨지고 말았어.

이 사실은 이미 알고 있는 대로야. 아 참, 프리드리히라는 이름은 앞으로 도 여러 차례 등장해. 헷갈리지 마.

프리드리히 1세의 아들 하인리히 6세가 다음 황제가 됐어. 그러나 그는 곧 세상을 떠났고, 잠시 벨펜 가문의 오토 4세가 신성로마 제국 황제에 올랐지. 이 때문에 호엔슈타우펜 왕조는 한 번 맥이 끊겼다가 이어진단다. 오토 4세는 영국 왕 존 1세의 조카였어. 둘이 힘을 합쳐 프랑스 왕 필립 2세를 공격했다가 실패한 사실은 기억하고 있지?

프리드리히 2세 교황과의 투쟁에서 승리하여 황제의 권력을 강화했다.

영국에서 존 1세가 대헌장에 서명한 바로 다음 해였어. 오토 4세의 뒤를 이어 하인리히 6세의 아들 프리드리히 2세가 황제가 됐어. 프리드리히 2세 또한 할아버지가 그랬던 것처럼 로마 교황과 사이가 좋지 않았어. 1227년 로마 교황 그레고리우스 9세는 제6차 십자군 전쟁을 프리드리히 2세가 맘대로 끝냈다며 파문해버렸어. 할아버지였던 프리드리히 1세도 파문된 적이 있지? 프리드리히 1세는 이에 저항해, 다른 교황을 임명했지? 프리드리히 2세는 할아버지보다 더 성미가 불같았나봐. 그는 군대를 이끌고 이탈리아로 진격해 중부 지역을 정복해버렸어. 프리드리히 2세는 내친 김에 남부 시칠리아와 이 지역을 합쳐 하나의 나라로 만들어버렸단다.

프리드리히 2세는 귀족들도 철저히 눌렀어. 독일은 그 어느 때보다 황제의 권력이 강한 나라가 됐지. 그러나 1254년 그의 뒤를 이어 황제가 된 콘라트 4세가 사망하고 호엔슈타우펜 왕조의 대가 끊기자 언제 그랬냐는 듯 황제의 권력은 뚝 떨어져버렸어. 심지어 황제가 아예 선출되지도 못했어! 이 시기를 대공위 시대 ^{1254년}라고 한단다.

^{~1273년}

정리해볼까? 원래 신성로마 제국 황제는 누가 뽑았지? 7대 선제후야. 그런데 프리드리히 1세와 2세가 워낙 강력했기 때문에 호엔슈타우펜 왕조 때에는 선제후가 맥을 못 췄어. 선제후들은 강한 황제가 부담됐어. 그렇다면 차라리 황제가 없는 것은 어떨까? 독일은 공국들의 자치권이 프랑스보다 훨씬 강했어. 각자 군대가 있었고, 세금을 매겼으며 별도의 독립국이나 다름없었지. 이 때문에 결론은 쉬웠어. "황제를 선출하지 말자!"

🔍 통박사의 역사 읽기

✚ 영방이 뭐예요?

신성로마 제국은 거대한 하나의 국가가 아니야. 여러 국가들로 구성된 제국이지. 그렇다면 연방 제국이냐고? 그것도 아니야. 신성로마 제국을 구성하는 여러 나라들은 각각 독립국이었어. 그렇지만 신성로마 제국의 황제를 선출하거나 제국의 공동 관심사를 논의할 때는 한자리에 모였어. 또 외국의 침략이 있으면 함께 싸웠어. 굳이 황제와 봉건관계를 맺은 것은 아니지만 비슷한 측면이 있지? 사실 합스부르크 왕조가 들어섰을 때까지만 해도 슈바벤과 바이에른 일대만 황제의 영토였단다. 나머지는 모두 이런 영방 국가들이었어.

합스부르크 왕조의 탄생

대공위 시대의 신성로마 제국은 제국이란 이름이 어울리지 않을 만큼 그야말로 있으나 마나 한 제국이었어. 프리드리히 1세와 프리드리히 2세가 만든 강한 군대도 무력할 뿐이었지.

그러나 신성로마 제국이 약해지면서 이득을 본 사람도 있었어. 바로 교황이었지. 프리드리히 2세가 이탈리아 중부와 시칠리아를 합쳐 한 나라로 만들었지? 교황은 신성로마 제국의 혼란을 이용해 명예를 되찾기로 작정했어. 교황은 프랑스의 샤를 왕자에게 꼴도 보기 싫은 신성로마 제국 사람들을 몰아내주면 시칠리아를 내주겠다고 했어.

샤를 왕자가 군대를 출동시켰어. 제8차 십자군 전쟁이 일어나기 4년 전이었지. 프랑스와 신성로마 제국 군대가 한판 붙었고, 결국 샤를 왕자가 승리했어. 샤를은 교황과 약속했던 대로 나폴리와 시칠리아를 점령하고 왕에 올랐지. 그를 카를로 1세라고 불러. 이때부터 이 땅은 훗날 이탈리아가 통일국가가 될 때까지 프랑스의 영토로 남게 된단다.

신성로마 제국은 여러 영방이 모여 황제를 선출하는 이상한 구조였지? 신성로마 제국 자체도 국경이 모호하다고 했지? 이런 특수한 상황 때문에 영방 귀족들은 황제가 굳이 필요 없을 거라고 판단했던 거야. 그러나 제국 군대가 프랑스 군대와의 싸움에서도 패하고, 교황이 다시 신성로마 제국에 감 내라 배 내라 하는 걸 보니 영방 귀족들도 맘이 상했나봐. 아무래도 황제가 다시 있어야 신성로마 제국의 위엄도 되찾을 수 있을 것 같았어. 1273년 신성로마 제국의 7선제후가 다시 모여 황제를 선출하기로 했어. 이때 선출된 황제가 합스부르크 가문의 루돌프 백작이었지.

합스부르크 가문은 슈바벤 출신이었어. 그곳에 세워진 합스부르크 가문의 성을 '매의 성'이라고 불렀지. 이 매를 하비히츠부르크라고 불렀는데, 여기에서 합스부르크라는 말이 나왔대. 합스부르크 가문을 상징하는 문양도 매란다. 슈바벤은 독일 남부에 있는 공국이었어. 합스부르크 가문은 이곳을 거점으로 세력을 키웠고, 결국 황제를 배출하는 가문이 된 거야.

합스부르크 왕조1273년~1918년는 독일, 오스트리아, 에스파냐, 네덜란드, 헝가리 등 유럽의 광대한 영토를 거느리는 대 제국을 건설하게 돼. 물론 한 황제가 이 영토를 모두 다스린 것은 아니야. 합스부르크 가문은 혼인을 통해 여러 나라의 왕들과 친척관계를 맺었어. 이 친척관계에 단 한 번이라도 속하지 않았던 나라는 아마 거의 없을 거야. 이 때문에 합스부르크 왕조는 역사상 유럽 최대의 왕조로 여겨지고 있지.

루돌프 1세는 신성로마 제국 황제가 된 이듬해, 오스트리아를 황제 자신의 영지로 삼았어. 오스트리아는 합스부르크 왕령이 된 셈이지. 루돌프 1세는 곧 오스트리아를 공국으로 승진시켰어. 자신의 거처를 오스트리아에 뒀고, 이

합스부르크 성 슈바벤에 있었던 이 성은 합스부르크 왕조의 근거지였다.

어 자신의 아들 알브레히트 1세를 초대 오스트리아 공에 임명했지.

그 후로도 합스부르크 가문은 주로 오스트리아에 머물렀어. 이 때문에 합스부르크 왕조의 역사는 오늘날 오스트리아의 역사로 여겨지고 있지. 루돌프 1세 이후에도 합스부르크 왕조가 신성로마 제국 황제를 독점한 것은 아니야. 중간중간 다른 왕조에서 황제가 배출되기도 했지. 그러나 15세기 중반부터는 합스부르크 가문에서 신성로마 제국 황제를 독점했단다.

모범의회와 삼부회

자, 다시 영국과 프랑스로 돌아왔어. 영국 왕 존 1세와 프랑스 왕 필립 2세의 다음 왕 이야기를 마저 하기 위해서야.

영국 왕 존 1세의 뒤를 이은 인물은 그의 아들 헨리 3세야. 헨리 3세도 아버지만큼이나 무능했는지, 귀족에게 질질 끌려 다녔어. 존 1세가 대헌장에 서명하고 43년이 지난 1258년, 헨리 3세도 귀족들에게 무릎을 꿇어야 했어. 왕 대신 귀족들로 구성된 15인 위원회가 중요한 의사결정을 하도록 한 '옥스퍼드 조항'에 서명한 거야.

이때 헨리 3세를 몰아붙인 귀족의 지도자는 시몽 몽포르야. 옥스퍼드 조항에 서명을 받아냄으로써 모든 권력은 시몽 몽포르가 움켜쥤지. 이제 그가 왕이 되는 것일까? 아니야. 헨리 3세에게는 뛰어난 장수이기도 한 아들 에드워드 1세가 있었거든. 에드워드 1세는 시몽 몽포르와 한판 대결을 벌였고, 승리했어. 다시 안정을 찾은 헨리 3세는 그제야 맘을 놓을 수 있었어. 그는 제8차 십자군 전쟁에 참전했다가 세상을 떠나고 말았단다.

루돌프 1세가 신성로마 제국 황제에 오르고 1년이 지난 후, 에드워드 1세는 영

국의 왕에 올랐어. 에드워드 1세는 곧바로 개혁에 착수했어. 더 이상 왕이 모든 통치를 하는 과거의 방식으로는 나라가 제대로 돌아가지 못한다는 사실을 그도 느꼈던 거야.

에드워드 1세는 우선 오늘날 의회의 모델을 만들었어. 앞에서 언급한 적이 있는데, 1295년에 시작한 본격적인 의회가 바로 그

에드워드 1세 모범의회를 만들어 시민이 귀족을 견제하게 했으며, 각종 개혁을 통해 왕권을 강화했다.

거야. 이 의회에는 귀족과 성직자 외에 시민과 기사들도 포함시켰어. 의회는 귀족과 시민의 두 파벌로 자연스럽게 나눠졌어. 귀족 집단은 오늘날 상원, 시민 집단은 하원의 기원이 됐단다. 이 의회가 오늘날 의회의 모델이 된다는 뜻에서 모범의회라고 부르는 거야. 시민이 정치에 참여하는 풍토는 대륙의 강대국들보다 섬나라 영국에서 먼저 시작된 거지. 근대 세계를 탄생시킨 사람들이 바로 이 시민이거든. 결국 존 1세의 대헌장 서명Magna Carta과 에드워드 1세의 모범의회 설립은 영국이 중세에서 근대로 넘어가고 있다는 증거로 볼 수 있어.

에드워드 1세의 두 번째 개혁은 왕실 재판소를 만든 거야. 이게 무슨 뜻인지 아니? 그전까지는 귀족들이 맘대로 재판을 했었어. 그러나 이제는 오로지 왕실에서만 재판을 할 수 있다는 뜻이야. 당연히 왕의 권력이 강해지겠지? 적극적으로 이

의미를 해석한다면, 훗날 절대왕정 시대로 가는 첫 단추가 만들어진 계기라고 할 수도 있겠지.

이제 프랑스를 살펴볼까? 사사건건 영국을 물고 늘어진 필립 2세의 뒤를 이어 아들 루이 8세가 왕이 됐어. 이 왕은 인상적인 업적을 남긴 게 없어. 신성로마 황제 프리드리히 2세가 로마 교황과 충돌하기 몇 년 전이었지. 루이 8세의 뒤를 이어 루이 9세가 프랑스의 왕에 올랐어.

루이 9세는 독실한 기독교 신자였어. 앞에서 잠깐 다뤘었는데 기억하니? 그래, 7차와 8차 십자군 전쟁을 지휘했던 바로 그 인물이야. 7차에서는 이슬람 군대에 패한 것도 모자라 포로로 잡혔고, 8차에서는 목숨을 잃었지? 이것만 보면 루이 9세는 정말 무능한 왕처럼 보여. 그러나 프랑스 내부적으로만 따진다면 루이 9세는 업적을 많이 남긴 왕이란다.

영국에서 왕립 재판소가 만들어질 무렵, 루이 9세는 더 발전된 형태의 법원을 파리에 만들었어. 영국에서 귀족의 재판권을 왕이 가져갔다면, 프랑스는 재판권을 아예 독립시켰단다. 루이 9세는 또 이 무렵 여러 나라의 분쟁을 평화적으로 해결하는 역할을 했어. 1259년에는 영국의 왕 헨리 3세와 만나 영국이 프랑스에 봉건 제후로서의 충성을 맹세하는 대신, 프랑스는 영국에 아키텐 땅 일부를 내주는 파리 조약에 사인했어. 이로써 영국과의 갈등은 어느 정도 해결이 됐단다.

루이 9세는 영토를 넓히기도 했어. 프랑스 남부의 프로방스 지역을 프랑스 영토에 편입시킨 거야. 그는 이처럼 많은 업적을 남기고 아들에게 왕위를 넘겨줬어. 프랑스인들은 그의 업적을 기려, 성인처럼 추앙하고 있지. 그래서 루이 9세의 별명도 '성왕'이란다. 신성한 왕이란 뜻이야.

루이 9세에 이어 필립 3세와 필립 4세가 차례대로 프랑스 왕이 됐어. 이 가운데 필립 4세에 대해서는 앞에서 얘기했어. 그래, 아비뇽 유수 사건을 일으킨 바로 그 왕이란다. 필립 4세 때 만들어진 의회가 생각나니? 영국 왕 에드워드 1세가 모범 의회를 세운 게 1295년이었지? 그로부터 7년이 흘러 만들어진 게 바로 프랑스 의회인 삼부회였어. 삼부회는 모범의회와 크게 다르지 않아. 성직자를 제1신분, 귀족을 제2신분, 평민을 제3신분으로 나눠 모두가 참여하게 했지.

다만 삼부회는 필립 4세가 아비뇽 유수의 명분 때문에 급조해 만든 것이니만큼 영국 모범의회처럼 잘 굴러가지는 않았어. 이 삼부회가 프랑스 역사를 바꿔놓는 것은 18세기 후반에 터진 프랑스 혁명 때란다.

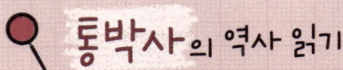

통박사의 역사 읽기

+ 교수를 고용하다?

12세기 후반 세워진 이탈리아의 볼로냐 대학이 최초의 대학으로 여겨지고 있어. 국가가 세웠냐고? 아니야. 학생들의 조합, 즉 학생 길드 형태로 대학이 시작했단다. 영주나 교수, 상인들에게 학생은 좋은 돈벌이 상대였어. 멀리 시골에서 온 학생들이 쓰는 돈이 꽤 됐나봐. 학생들은 뭉치지 않으면 여기서 뜯기고 저기서 뜯긴다는 걸 깨닫고 길드를 조직한 거야. 교수 채용, 수업 휴강 등 모든 학사 일정은 길드가 동의해야 진행이 됐단다. 교수가 무단으로 강의에 빠지면 벌금을 내기도 했어. 학생 길드의 힘이 정말 대단했지?

영·프, 백년 전쟁 터지다

백년 전쟁은 유럽인들에게 국가의 개념을 심어준 전쟁이야. 이미 여러 차례 살펴봤지만, 백년 전쟁이 터지기 전에는 영국과 프랑스의 국가 구분이 모호했어. 두 나라만 그런 게 아니야. 대부분의 나라들이 독립국이라기보다는 공국의 개념이었지. 국경을 넘어 왕족 간 결혼도 흔했어.

그러나 백 년이나 전쟁을 치르면서 물에 술 탄 듯, 술에 물 탄 듯 모호했던 국가의 개념이 서서히 자리 잡히기 시작했어. 특히 잔 다르크가 등장한 후 온 국민이 똘똘 뭉쳐 영국과 싸워 전쟁에서 승리한 프랑스가 더욱 그랬지. 이때부터 프랑스인들은 "우리의 조국은 프랑스다!"라고 생각하기 시작한 거야.

이제 유럽인들은 내 나라가 중요하다는 것을 깨닫게 됐어. 이에 따라 내 나라의 최고 지도자, 즉 왕의 권력도 강해졌어. 생각해봐. 국가가 강해지려면 제 잇속만 챙기려는 귀족이 아니라 왕의 권력이 강해져야 하지 않겠어? 슬슬 절대왕정 체제가 보이기 시작하지?

백년 전쟁과 흑사병

아비뇽 유수 시절인 1328년, 프랑스 카페 왕조의 왕 샤를 4세가 후계자를 남기지 않고 세상을 떠났어. 카페 왕조의 맥이 끊겨버렸지. 그렇다면 누가 왕이 됐을까? 프랑스 귀족들은 왕족과 가장 가까운 혈통을 수소문했어. 이때 눈에 띈 인물이 샤를 4세의 사촌 형인 필립 6세였어. 그는 발루아 가문 출신이었지. 그래서 필립 6세의 왕조를 발루아 왕조^{1328년~1589년}라고 한다. 그런데 문제가 생겼어.

샤를 4세의 아버지인 필립 4세에게는 딸 이사벨이 있었어. 이사벨은 영국 왕 에드워드 2세와 결혼해 아들 에드워드 3세를 낳았단다. 촌수를 따져볼까? 이사벨은 필립 4세의 딸이면서 샤를 4세와 친남매였어. 그렇다면 에드워드 3세는 샤를 4세와 3촌이 되지. 엄밀하게 말하면, 샤를 4세와 4촌인 필립 6세보다 왕위 후계자 순위가 앞선 거야. 이때 이미 영국 왕에 올라 있던 에드워드 3세는 자신이 프랑스 왕

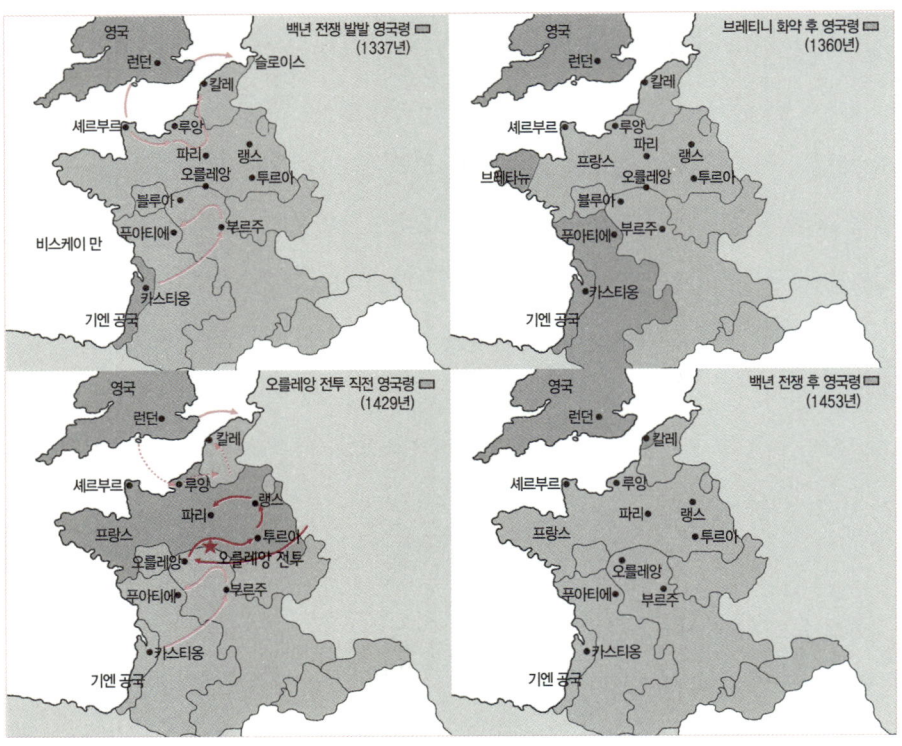

백년 전쟁 때의 영국과 프랑스 영국은 백년 전쟁이 터지고 난 후에도 프랑스의 땅을 계속 정복했다. 그러나 잔 다르크가 등장한 오를레앙 전투를 분기점으로 프랑스가 세력을 회복하기 시작했다.

이 돼야 한다고 주장했어.

주장만 놓고 보면 틀린 얘기는 아니야. 그러나 영국은 프랑스의 봉건 제후국이었어. 프랑스 귀족들은 이 국가 서열 때문에 영국 왕을 자신들의 왕으로 받아들일 수 없었어. 자존심이 상하는 거지. 필립 6세는 그대로 왕의 자리를 고수했어. 나아가 에드워드 3세에게 봉건 제후로서 중앙정부의 왕인 자신에게 충성 맹세를 하라고 했어. 에드워드 3세는 참을 수밖에 없었어. 아직은 반란을 일으킬 명분이 없었기 때문이야.

언제 충돌할지 모르는 긴장감이 흘렀어. 그러다가 마침내 플랑드르에서 사고가 터졌어. 그전부터 에드워드 3세는 스코틀랜드 정복 전쟁을 벌였는데, 필립 6세가 그때마다 교묘하게 스코틀랜드를 지원하며 방해했었지.

화가 난 에드워드 3세는 "프랑스 안의 플랑드르에 양모 공급을 중단하겠다!"라고 선언했어. 이게 무슨 소리냐고? 오늘날의 네덜란드와 벨기에에 해당하는 플랑드르 지역은 이 무렵 모직물을 생산

샤를 4세　후계자를 남기지 않은 그의 죽음은 백년 전쟁의 단초가 되었다.

하는 유럽 최대의 공업 지대로 성장해 있었어. 모직물을 만들려면 원료인 양털, 즉 양모가 있어야 해. 이 양모는 주로 영국에서 공급됐어. 따라서 플랑드르가 프랑스에 속해 있기는 했지만 경제만 따지고 본다면 영국의 영향력이 아주 컸지. 에드워드 3세는 이 점을 교묘히 활용한 거야. 플랑드르 사람들은 난처해졌어. 고민 끝에 그들은 프랑스가 아닌 영국을 지지했어.

그러자 프랑스도 가만히 있지 않았어. 필립 6세는 프랑스 안에 남아 있는 영국 왕실의 유일한 영토인 아키텐 공국의 기엔 오늘날의 가스코뉴 지방을 몰수해버렸어. 이 기엔 지역 또한 중요한 경제 중심지였지. 유럽 최대의 포도주 생산지였거든. 프랑스는 그동안 이 땅을 빼앗으려고 별의별 노력을 다했는데, 이때가 기회라며 덥석 집어삼킨 거야.

영국 왕실의 땅을 무력으로 빼앗은 프랑스 왕을 공격할 명분은 이제 충분해졌어. 결국 에드워드 3세는 프랑스에 선전포고를 했어. 백년 전쟁 1337년~1453년이 터진 거야.

1340년 6월 본격적인 첫 전투가 플랑드르 주변에서 터졌지만, 규모가 크지는 않았어. 영국 함대가 프랑스를 전면 공격한 것은 다음 해부터였어. 이 전투를 시작으로 한동안 영국군이 연전연승했어. 에드워드 3세의 장남이자 타고난 명장인 '흑태자' 에드워드가 있었기 때문이야. 영국군은 1345년 노르망디 해안에 상륙한 데 이어 크레시 전투와 칼레 전투에서 잇달아 승리하며 프랑스 땅을 정복해나갔어.

전쟁이 잠시 중단된 적도 있단다. 유럽을 휩쓸고 있는 흑사병 페스트 때문이었어. 흑사병 파장에 대해 잠시 살펴보고 넘어갈까?

흑사병은 어쩌면 인류 역사상 기록에 남아 있는 최초의 유행병이라고 할 수 있을 거야. 유럽에서는 고대 그리스 시절부터 흑사병이 주기적으로 나타나 많은 사람들이 집단 감염돼 사망했어. 물론 또 다른 치명적인 전염병이 있을 수도 있겠지. 다만 기록이 남지 않아 정확한 것을 알 수 없을 뿐이야.

흑사병이 발생한 이유를 알려면, 먼저 14세기 초반의 유럽 상황부터 알아야 해. 이때 유럽은 중세 시대의 끝자락에 있었어. 이탈리아 북부에는 이른바 자치도시들이 생겨나고 있었어. 영주의 억압을 피해 많은 농민이 장원을 탈출해 도시로 몰려들었어. 도시 인구는 순식간에 불어났지. 그러나 아직 근대 의학이 발전하지도 않았고, 위생 관념도 없었어. 도시는 너무 불결했고, 쥐들이 병을 옮기고 있었어.

1347년 원인을 알 수 없는 괴질이 이탈리아 북부 도시에서 가장 먼저 발생했어. 병에 걸리면 검은 반점이 나타났다 목숨을 잃기 때문에 흑사병이라는 이름이 붙었지. 이 병이 페스트라는 사실은 역사가 한참 흐른 뒤에야 과학자들에 의해 밝혀졌지.

흑사병이 이탈리아 북부 도시에서 시작한 것은 꼭 불결한 환경 때문만은 아냐. 십자군 전쟁을 치르면서 동서양을 오가는 무역선이 이 도시 주변 항구에 정박했어. 흑사병은 들쥐가 옮기는 병이야. 어디선가 페스트균을 몸에 담고 온 쥐들이 이 배를 타고 이탈리아로 들어온 거지.

흑사병은 이탈리아를 초토화시킨 뒤 프랑스로 퍼졌어. 바로 이 시기가 백년 전쟁이 한창일 때였던 거야. 흑사병은 나중에 러시아와 아프리카로도 퍼졌어. 흑사병1347년~1350년으로 유럽 인구의 약 30%가 사망했다는구나. 어쩌면 전쟁보다 전염병이 더 무서운 것 같아.

✚ 플랜더스의 개와 플랑드르

1872년 발표된 영국의 문학 작품 《플랜더스의 개》는 플랑드르 지방의 작은 마을에 사는 소년 네로와 늙은 개 파트라슈의 이야기를 담고 있어. 이 작품의 결말은 다소 슬퍼. 교회당의 루벤스 그림 아래서 네로가 파트라슈를 껴안고 얼어 죽지. 플랑드르가 생소하다면 제목의 플랜더스를 떠올리면 돼. 플랜더스는 플랑드르를 영어식으로 발음한 거란다. 플랑드르는 오늘날 네덜란드와 벨기에, 프랑스의 일부에 걸쳐 있는 독립된 나라였단다. 물론 왕국까지는 아니었고 공국이었지.

헨리 6세 VS 샤를 7세

흑사병으로 인한 휴전은 그리 오래가지 않았어. 전투는 10여 년 후 다시 시작됐지. 이번에도 '흑태자' 에드워드의 활약이 눈부셨어. 에드워드는 1356년 필립 6세의 아들이자 프랑스 왕인 장 2세를 푸아티에 전투에서 사로잡기까지 했어. 프랑스는 왕을 되찾기 위해 4년 후 브레티니 화약이란 평화협상을 맺고 막대한 보상금과 영토를 영국에 내줘야 했단다. 이 무렵 영국은 노르망디에서 아키텐에 이르는 옛 영토를 모두 되찾았어.

그다음 지루한 소모전이 이어졌어. 그러는 와중에 백년 전쟁의 원인이 됐던 필립 6세와 그의 첫째 아들 장 2세가 세상을 떠났어. 1364년 샤를 5세가 왕이 됐고, 그는 아키텐의 귀족들을 선동해 영국에게 저항하도록 했어. 그 결과 다시 전쟁이 터졌고, 이번에는 프랑스가 모처럼만에 승리했지. 샤를 5세는 15년 후 세상을 떠났고, 아들인 샤를 6세가 왕에 올랐어. 그러나 이 샤를 6세는 곧 정신이상 증세를 보였단다.

영국을 볼까? 영국에서도 백년 전쟁의 원인이었던 에드워드 3세가 세상을 떠났어. 그의 뒤를 이어 리처드 2세가 왕이 됐지만, 그 역시 헨리 4세에 의해 쫓겨났어. 헨리 4세가 왕이 되면서 영국에서 플랜태저넷 왕조의 맥이 끊기고 랭커스터 왕조 1399년~1461년가 시작됐단다.

어느 덧 백년 전쟁도 후반전으로 접어들고 있었어. 두 나라는 14세기 초반 전쟁을 시작하고 나서 엎치락뒤치락, 일전일패를 반복하며 15세기로 들어섰어. 15세기 초반에는 전반적으로 영국이 우세한 상황이었지. 프랑스의 전력이 다시 약해진 것은 귀족들 때문이야. 프랑스의 왕 샤를 6세가 정신이상 증상을 보이자 그를 믿지 못하겠다고 생각한 거지. 왕의 권력이 약해지니까 프랑스 귀족들은 또다시 권력을 차지하려고 다투기 시작했어.

이 다툼은 단지 갈등 수준에서 끝나지 않았어. 프랑스 귀족들은 부르고뉴파와 아르마냐크파로 전쟁을 시작했단다.

프랑스의 내분은 영국으로서는 큰 기회가 되지. 1413년 왕에 오른 헨리 5세는 부르고뉴파 귀족들을 매수했어. 어차피 귀족들은 영국이든 프랑스든 자신의 이익이 되는 쪽을 지원했어. 부르고뉴파와 영국의 비밀협상은 성공적이었나봐. 영국군은 부르고뉴파의 도움을 받아 다시 프랑스 노르망디에 상륙했어.

영국 군대는 치열한 아쟁쿠르 전투에서 큰 승리를 거뒀어. 그 후 영국군은 프랑스 북부 지방 도시들을 잇달아 정복했어. 오늘날의 기준으로 결과만 놓고 보면, 이때의 부르고뉴파는 분명 매국노야. 매국노가 판치는 나라가 제대로 돌아갈 리 없지. 그야말로 프랑스로서는 절체절명의 위기를 맞은 셈이지.

힘이 없으니 서러웠어. 1420년 5월 프랑스는 영국에게 왕의 자리를 넘겨주겠다는 트루아 조약에 서명하고 말았단다. 이 조약에 따라 샤를 6세가 왕의 자리에서 물러나면, 그 뒤를 이어 영국 왕 헨리 5세가 프랑스의 왕이 되기로 했어. 헨리 5세는 이 결정을 확실하게 하려고 샤를 6세의 딸과 결혼했어. 이제 프랑스의 왕족이 됐으니까 왕위를 넘겨받을 명분이 생긴 거지.

그러나 헨리 5세는 프랑스 왕이 되지 못했고, 샤를 6세는 그 치욕을 보지 않아도 됐어. 둘 다 비슷한 시기에 세상을 떠나고 만 거야. 그래도 트루아 조약은 여전히 유효했어. 헨리 5세의 아들 헨리 6세가 그 덕을 봤지. 1422년 생후 9개월의 헨리 6세가 왕에 올랐어. 그는 트루아 조약에 따라 영국과 프랑스를 모두 다스리는 왕이 됐단다.

헨리 6세 백년 전쟁에서 프랑스에 패했고, 장미 전쟁 와중에 세상을 떠났다.

샤를 6세의 아들인 샤를 7세는 이 사실을 받아들일 수 없었어. 샤를 7세도 동시에 "내가 프랑스의 왕이다!"라고 선언했지. 아르마냐크파가 그를 지지했어. 그러나 샤를 7세와 아르마냐크파의 힘은 약했단다. 프랑스 왕이라고 선언은 했지만, 영국군이 프랑스 땅에 남아 있는 한 왕이 될 수는 없었어. 샤를 7세는 아르마냐크파를 이끌고 프랑스 중남부 지역에서 저항을 계속했어.

영국 군대는 너무 강했어. 몇 년 뒤 영국군은 샤를 7세 진영의 마지막 요새인 오를레앙 성을 포위했어. 이 성마저 함락되면 나머지 지역은 금세 영국군에게 점령될 수밖에 없었어. 쉽게 말해 프랑스가 사라지는 거야! 바람 앞의 촛불…. 프랑스의 신세가 그랬어. 만약 구세주가 등장하지 않았다면, 프랑스는 정말로 영국에게 정복됐을 거야. 그래, 잔 다르크가 이때 샤를 7세 앞에 나타났단다.

통박사의 역사 읽기

✚ 기사도 때문에 죽은 왕

백년 전쟁이 시작되고 20여 년이 흐른 1356년, 프랑스 왕 장 2세는 전투 도중 영국군에 사로잡혔어. 영국은 몸값을 받기로 약속받고 장 2세를 일단 풀어줬어. 몸값이 올 때까지는 장 2세의 아들을 인질로 잡기로 했지. 그런데 인질로 잡힌 그 아들이 도망치고 말았어. 장 2세는 기사도 정신에 입각해 스스로 영국군을 찾아가 포로가 됐어. 기사의 시대는 13세기에 이미 끝났는데, 장 2세는 아직 그걸 깨닫지 못했나봐. 결국 장 2세는 프랑스로 돌아가지 못하고 런던에서 죽음을 맞았단다.

성녀 잔 다르크와 프랑스의 승리

잔 다르크에 대해서는 이야기가 참 많아. 그녀는 프랑스의 한 시골 농부 집안에서 태어났어. 영국군이 오를레앙 성을 포위한 이듬해, 그녀는 신의 계시를 들었대. 신이 어느 날 그녀 앞에 나타나서는 "가서 위기에 빠진 프랑스를 구하라!"라고 말했다는구나. 잔 다르크는 곧장 샤를 7세에게 갔어. 그러나 샤를 7세와 귀족들은 그녀를 믿을 수 없었어. 아직 성인도 되지 않은 어린 여자 아이가 프랑스를 구하겠다니 누가 믿겠어?

샤를 7세는 정말로 그녀가 신의 계시를 받았는지 시험을 해봤어. 다른 사람을 내보내 샤를 7세라고 한 거야. 그러자 잔 다르크는 가짜 샤를 7세는 거들떠보지도 않고, 구석에 있는 샤를 7세를 바로 찾아냈대. 사람들은 술렁였어. 샤를 7세는 잔 다르크가 정말로 신의 계시를 받았을지도 모른다고 생각했는지 군대를 내줬어.

잔 다르크는 군대를 이끌고 즉각 오를레앙 성으로 향했어. 이번에는 오를레앙을 지키고 있는 프랑스의 장교들이 잔 다르크를 무시했어. 오랫동안 전쟁터를 누비던 자신들도 영국군을 물리치지 못하고 있는데 새빨간 핏덩이 같은 어린애가 뭘 하겠느냐는 거지. 그러나 잔 다르크는 개의치 않고 영국군과 전투를 시작했어. 이럴 수가! 정말로 그녀의 군대가 영국 군대를 격파해버렸어.

잔 다르크의 명성은 금세 퍼져나갔어. 흰 갑옷에 흰옷을 입고 말을 탄 채로 전투 깃발을 휘날리는 그녀만 나타나면 프랑스군은 사기가 올랐고, 영국군은 도망가기에 바빴지. 잔 다

잔 다르크 프랑스를 절체절명의 위기에서 구했으나, 영국 군에 잡혀 화형당했다.

르크는 정말로 신이 자신을 보호한다고 믿었는지 겁을 전혀 내지 않고 적군으로 달려들었단다. 어쩌면 이런 도발적인 행동들이 영국군을 더욱 겁먹게 했는지도 몰라.

이제 샤를 7세 진영에 여유가 생겼어. 잔 다르크는 샤를 7세에게 빨리 대관식을 치르라고 했어. 그때까지 영국 왕 헨리 6세는 대관식을 치르지 않은 상태였어. 먼저 대관식을 치르는 왕이 정당성을 인정받는다고 잔 다르크는 생각한 거야. 그녀의 말대로 샤를 7세는 대관식을 치르고 프랑스의 왕이라는 사실을 선포했어.

오늘날 성녀^{聖女}로 추앙받는 잔 다르크의 최후는 행복하지 않았어. 잔 다르크는 영국군뿐만 아니라 부르고뉴파와도 전투를 벌였는데, 그만 부르고뉴파에 붙잡혀버린 거야. 부르고뉴파는 잔 다르크를 영국군에게 넘겨버렸어. 그녀에 대한 재판이 시작됐어.

잔 다르크는 머리를 남자처럼 짧게 했고, 늘 남자 복장을 하고 다녔어. 잔 다르크가 재판에 오른 것은 바로 이 때문이야. 당시 가톨릭 전통에 따르면 여자가 남자 복장을 하는 것은 금지돼 있었거든. 영국은 잔 다르크를 그냥 죽이지 않고, 머리며 옷차림을 문제 삼아 잔 다르크가 마녀라고 밀어붙였어. 종교적으로 정당성을 얻어 프랑스의 사기를 꺾으려는 속셈이었지. 결국 잔 다르크에 대한 재판은 군사재판이 아니라 종교재판이 돼버렸어. 그러나 잔 다르크는 목숨을 구걸하지 않았고, 자신의 정당성을 끝까지 주장했어.

샤를 7세는 비겁했어. 풍전등화의 위기에 빠진 프랑스와 자신을 위해 목숨까지 바친 잔 다르크를 구하기 위해 아무 조치도 취하지 않은 거야. 사실 샤를 7세는 잔 다르크가 국민의 영웅이 되자 경계심을 느꼈단다. 그 때문에 그녀가 죽든 말든 상관하지 않은 거야. 결국 프랑스가 잔 다르크를 배신한 셈이지. 1431년 잔 다르크

는 마녀로 몰려 화형에 처해졌어. 이 소식이 전해지자 프랑스 국민들은 분노했어. 프랑스 국민들은 영국과 싸우기 위해 똘똘 뭉치기 시작했어. 국민의 정서를 알아차렸는지 부르고뉴파와 아르마냐크파도 화해를 했단다.

1450년 프랑스는 총력전을 펼쳐 노르망디에 주둔해 있는 영국 군대를 몰아내는 데 성공했어. 3년

샤를 7세 영국의 공격으로 위기에 처한 그를 잔 다르크가 구원했지만, 그는 결국 잔 다르크를 버렸다.

후에는 영국군의 최후 거점인 보르도까지 함락했지. 이제 영국군은 칼레만 빼면 프랑스 안의 모든 영토를 잃었단다. 이 보르도 전쟁이 마지막이었어. 영국은 프랑스에게 항복했고, 프랑스 안에 있는 영국 영토를 모두 내주기로 했어. 백년 전쟁이 끝난 거야.

앞에서도 얘기했지만 백년 전쟁 후반부 프랑스 국민의 태도를 주목해야 돼. 그들은 자발적으로 나라를 위해 싸웠어. 그전까지는 없던 일이었지. 영주에 속해 있는 농민들은 자신의 주인인 영주^{봉건귀족}에게 충성을 했었어. 그러나 이때 프랑스인들은 어느 귀족에 속해 있건 프랑스라는 국가의 국민으로서 싸웠단다. 그래, 바로 국가의 개념이 생겨난 거야. 영국은 의회민주주의가 발달하면서 근대로 접어들었

지? 프랑스는 국가의 개념이 발달하면서 근대로 접어들었단다.

장미 전쟁

백년 전쟁은 줄곧 프랑스 땅에서 벌어졌어. 그렇기 때문에 전쟁의 피해가 컸던 나라는 영국이 아니라 프랑스였어. 프랑스 국민은 전쟁에 이겼다고 해서 축제를 치를 겨를도 없었지. 온 국민이 힘을 합쳐 나라를 복구하는 데 총력을 기울여야 했단다.

그렇다면 영국은 어땠을까? 영국 땅에서 전쟁을 치르지 않았기 때문에 그로 인한 피해는 거의 없었어. 프랑스보다 평온한 것 아니냐고? 전혀 안 그랬단다. 오히려 백년 전쟁이 끝난 후 더 혼란스러웠던 나라는 영국이었어. 귀족들이 전쟁 패배의 책임을 다른 가문에 떠넘기느라 정신이 없었고, 이 때문에 전쟁이 터졌거든.

백년 전쟁이 한창이던 1399년 영국 상황을 떠올려봐. 그해, 헨리 4세가 왕이 되면서 랭커스터 왕조를 열었지? 그 후 랭커스터 왕조는 헨리 5세, 헨리 6세의 왕을 배출했어. 백년 전쟁은 헨리 6세 때 끝났어. 따지고 보면 백년 전쟁의 후반부는 랭커스터 왕조가 지휘한 셈이 되지. 바로 이 점 때문에 귀족들은 랭커스터 왕조에게 전쟁 패배의 책임을 물으려고 했어. 왕위를 내놓고 물러나라는 거야.

이런 불만을 품은 귀족 가문 가운데 대표적인 가문이 요크 가문이었어. 사실 랭커스터 가문이나 요크 가문은 모두 플랜태저넷 가문에서 갈라져 나왔기 때문에 친척이었지. 그러나 언제 귀족 가문이 친척이라고 해서 봐준 적 있니? 당장 눈앞에 있는 랭커스터 가문을 몰아내면 요크 가문이 왕조가 될 수 있는데?

요크 가문은 랭커스터 가문을 몰아내기 위한 구실을 찾기 시작했어. 그리고 찾아낸 구실이 바로 1399년 왕이 된 헨리 4세의 정당성에 문제가 있다는 거였어. 50

흰 장미는 요크, 붉은 장미는 랭커스터 가문을 상징했다.

년도 더 된 옛날 사건을 들춰내면 소득이 없는 것 아니냐고? 아니야. 어쩌면 충분한 구실이 될 수도 있었어. 헨리 4세는 리처드 2세를 몰아내고 왕이 됐는데, 그 결과 플랜태저넷 왕조가 무너졌잖아? 만약 헨리 4세의 행동이 부당한 쿠데타라면 랭커스터 가문을 쫓아낼 명분이 생겨. 요크 가문은 당연히 랭커스터 왕조가 지금이라도 물러나야 한다고 주장했어. 랭커스터 왕조는 말도 안 되는 소리 하지 말라며 맞섰지.

백년 전쟁이 끝나고 고작 2년밖에 흐르지 않았어. 두 가문은 전쟁에 돌입했단다. 이 전쟁이 장미 전쟁 1455년~1485년 이야. 요크 군인들은 요크 가문의 상징인 흰 장미를, 랭커스터 군인들은 랭커스터 가문의 상징인 붉은 장미를 몸에 붙이고 싸웠기 때문에 장미 전쟁이라고 부르는 거야.

5년이 지났어. 헨리 6세를 상대로 전쟁을 일으켰던 요크 공 리처드가 전쟁 도중 사망했어.(플랜태저넷 왕조의 마지막 왕과 이름이 같지?) 바통은 리처드의 아들 에드워드 4세가 넘겨받아 왕 헨리 6세와 싸웠지. 다음 해인 1461년, 마침내 에드워드 4세는 헨리 6세를 내쫓고 왕에 올랐어. 헨리 6세는 감옥에 갇혔어. 이제 요크 왕조가 시작되는 것일까?

아직 속단하기는 일러. 이번에는 에드워드 4세의 진영에서 또다시 내분이 일어났단다. 정말 복잡하지? 에드워드 4세는 영국 왕위를 채 10년도 지키지 못하고 해외로 추방되고 말았어. 감옥에 갇혔던 헨리 6세가 왕의 자리를 되찾았어. 물러난 왕이 돌아오니, 에드워드 4세도 가만히 있지 않았겠지? 에드워드 4세는 다시 반란을 일으켜 왕의 자리를 되찾았단다. 헨리 6세는 재기하지 못하도록 아예 죽여버렸어. 이로써 랭커스터 왕조의 맥이 끊겨버렸지.

그러나 요크 왕조의 수명도 길지 않았어. 에드워드 4세가 죽고, 장남인 에드워드 5세가 왕이 됐을 때였어. 왕의 삼촌인 리처드 3세가 에드워드 5세를 감옥에 가둬버리고 자신이 왕에 올랐지. 리처드 3세는 그것도 모자라 에드워드 5세를 죽여버렸단다.

헨리 7세 장미 전쟁을 끝내고 튜더 왕조를 열었다.

이때 랭커스터 혈통의 사람들은 요크 왕조를 피해 유럽 대륙으로 달아나 있었어. 1485년 랭커스터 가문에서 떨어져 나온 튜더 가문의 헨리 7세가 군대를 이끌고 영국으로 진군했어. 헨리 7세는 리처드 3세를 몰아내고 왕에 올랐어. 결국 장미 전쟁의 최종 승자는 요크도, 랭커스터 가문도 아니야. 바로 튜더 가문이었지. 이로써 영국에는 튜더 왕조1485년~1603년가 세워졌어. 헨리 7세가 요크 가문의 여성과 결혼함으로써 모든 가문이 화해하게 됐단다.

대항해 시대를 열다

15세기로 접어들면 유럽뿐만 아니라 세계 전체가 새로운 운명을 맞는 사건이 시작돼. 포르투갈을 시작으로 에스파냐, 영국, 네덜란드 등 유럽 국가들이 전 세계로 뻗어나간 거야. 먼 대륙, 먼 세계가 점점 가까워졌어.

15세기부터 시작해 17세기 초반까지 유럽 국가들이 전 세계 대륙으로 뻗어나간 이 사건을 '대항해'라고 부른단다. 유럽 국가들이 대항해 시대를 주도하면서 세계의 주도권도 아시아에서 유럽으로 넘어가게 됐어. 유럽은 고여 있는 중세에서 역동적인 근대로 발전하지.

대항해 시대를 연 나라는 포르투갈과 에스파냐야. 지금까지의 역사에서 별로 주목을 받지 못했던 나라들이지. 대항해 시대를 엶으로써 유럽이 세계를 지배할 수 있게 해줬기 때문에 두 나라의 역사를 메이저 유럽의 역사로 봐야 할 거야.

항해왕 엔히크

대항해 시대의 선구자는 포르투갈의 왕자 엔히크^{엔리케}야. 그는 모험심이 아주 강했을 뿐만 아니라 신앙심도 깊었어. 게다가 후추가 막대한 돈벌이가 될 거란 사실을 알고 있었어. 모험심, 기독교, 후추…. 바로 이 세 가지 요소가 엔히크를 바다로 나가게 했어.

15세기 초반이었어. 13세기 때부터 유럽 사람들 사이에 돌아다니던 이상한 소문이 이 무렵 다시 떠돌기 시작했어. 동방의 어딘가에 프레스터 존이란 인물이 천상의 기독교 왕국을 건설했다는 소문이었지. 적지 않은 사람들이 이 소문을 믿고 동방으로 갔었단다. 물론 아무도 이 왕국을 찾지 못했지. 그건 전설에 불과했으니까.

엔히크 왕자도 이 소문을 믿었나봐. 다만 프레스터 존의 왕국이 동방이 아닌 아프리카 어딘가에 있을 거라고 믿었어. 1415년 엔히크는 아프리카 어딘가에 있는 프레스터 존의 왕국을 찾고 기독교를 전파하기 위해 만든 그리스도 기사단의 단장을 맡았어. 3년 후부터 이 기사단의 탐험대가 아프리카 서해안을 탐사하기 시작했어.

탐험대는 아프리카 서해안을 따라 내려가면서 곳곳에 식민지를 건설하기도 했어. 그러나 그곳의 원주민들을 심하게 약탈하지는 않았어. 이때까지만 해도 탐험대의 목적은 기독교를 전파하는 것이었거든.

엔히크가 탐험대를 지원한 또 하나의 이유가 있었어. 후추 같은 인도의 향신료를 사기 위해 인도로 직접 가는 항로를 발견하려는 것이었지. 이 무렵 유럽에는 후추가 부족해지는 바람에 값이 천정부지로 치솟고 있었단다. 원래 후추는 인도와 동남아시아에서 유럽으로 건너간 대표적인 향신료야. 유럽 사람들은 고기를 주로 먹었는데, 후추가

엔히크 포르투갈의 왕자로 신항로 개척에 많은 지원을 했다.

고기의 부패를 막고 오래 보관하는 데 큰 도움이 됐어. 어느덧 후추는 유럽 사람들에게 없어서는 안 될 향신료가 된 거지.

그런데 이런 후추가 왜 갑자기 부족해진 것일까? 이유를 알려면 그전에 어떻게 후추가 유통됐는지부터 이해해야 돼. 유럽에서 팔리는 후추는 베네치아를 포함한 지중해의 상인들로부터 산 거야. 지중해 상인들은 동양과 서양의 중간 지대에 있는 이슬람 상인에게 후추를 샀지. 이슬람 상인들은 후추를 만든 사람에게 직접 샀을까? 아니야. 이슬람 상인들은 베네치아 상인에게 팔 후추를 인도 상인에게 샀어. 최소한 세 번 이상의 유통 단계를 거치고 나서야 유럽에 도착한 셈이지. 이렇게 유통 과정이 복잡해지면서 제품 값은 점점 올라갔어. 후추는 인도에서 살 때의 다섯 배가 넘는 가격에 유럽에서 거래됐단다.

그래도 어떡하겠어? 없으면 안 되니 비싸더라도 사야지. 그러나 오스만 제국이 동로마 제국을 정복하려고 집중 공격을 퍼붓고 있던 15세기 초반부터 지중해 일대의 후추 무역이 잘 돌아가지 못했단다. 오스만 제국이 무역을 방해했기 때문이야. 오스만 제국은 1453년 동로마 제국을 정복한 뒤에는 아예 무역을 금지해버렸어. 유럽 상인들이 지중해 무역을 통해 후추를 얻기는 이제 불가능해진 셈이지. 목마른 사람이 우물을 팔 수밖에 없어. 멀리 빙 돌아가는 한이 있더라도 인도에 도착할 수 있는 길이 필요했어. 이런 이유로 엔히크는 아프리카를 돌아 인도로 가는 뱃길, 즉 인도양 항로를 개척하기로 했던 거란다.

그러나 이런 탐험은 돈도 많이 들고, 적극적인 의지가 없으면 안 돼. 적극 탐험을 추진하려는 인물이 없었다면 아예 시도할 엄두도 나지 않지. 탐험대를 물질적으로, 정신적으로 지원한 엔히크를 '항해왕'이라 부르면서 추앙하는 것도 이 때문이야. 엔히크는 바다로 직접 배를 몰고 나선 적은 없단다.

🔍 통박사의 역사 읽기

✦ 프레스터 존의 전설

12세기 중반, 독일 남부의 주교 오토가 쓴 《연대기》에 "동방의 기독교 성자가 예루살렘을 되찾기 위해 서쪽으로 왔다가 뜻을 이루지 못하고 돌아갔다"라는 내용이 있는데, 바로 이게 이 전설의 시작이야. 아시아나 아프리카 어딘가에 프레스터 존이라는 성자가 건설한 천상의 기독교 왕국이 있다는 거지. 아시아의 경우 몽골 제국을 가리키는 거였는데, 실제로 아주 적은 수이기는 하지만 기독교 신도가 있기는 있었나봐. 대항해 시대 때는 프레스터 존의 왕국이 에티오피아에 있다고 믿었어. 그 때문이었을까? 에티오피아는 아프리카에서는 드물게 기독교를 믿고 있으며, 유럽인들은 오늘날까지도 에티오피아를 '프레스터 존의 나라'라고 부른단다.

바르톨로뮤 디아스와 바스코 다가마

엔히크의 적극적인 지원을 받아 포르투갈의 탐험대는 아프리카의 남쪽으로 항해할 수 있었어. 오늘날이야 대수롭지 않은 일이지만, 당시 이 항해는 엄청난 모험이었단다.

고대 그리스의 프톨레마이오스라는 천문학자는 바다를 따라 항해하면 절벽이 나오고, 그곳을 지나면 지구의 끝으로 떨어진다고 했지. 유럽 사람들은 15세기 초반까지만 해도 이 말을 그대로 믿었어. 그러나 이 속설이 틀렸다는 것을 포르투갈의 함대가 증명했어. 1422년 엔히크는 탐험대에게 아프리카 남단을 향해 항해하도록 명령했어. 에아네스라는 인물이 이끈 이 함대는 12년 후, 마침내 '마의 북회귀선[23도 27분]'인 보자데 곶을 돌파했단다. 천 길 낭떠러지는 없었어!

이 무렵 영국과 프랑스는 백년 전쟁을 벌이고 있었어. 잔 다르크가 마녀로 몰려 화형을 당하고 3년 정도가 지났을 때 포르투갈은 세계로 뻗어나갈 첫 기지를 마련한 셈이야. 포르투갈은 그 후로도 계속 남쪽으로 항해했어. 이 과정에서 포르투갈은 돈이 될 만한 또 하나의 사업을 발견했어. 아프리카에서 흑인을 붙잡아 노예로 파는 거였지. 인간을 사고파는 노예무역은 이렇게 시작됐단다.

아프리카 서쪽 해안은 오롯이 포르투갈 탐험대의 독무대가 됐어. 에스파냐가 대서양을 건너 아메리카 대륙으로 향한 것도 포르투갈이 이미 아프리카 해안을 다 차지해버렸기 때문이야. 꿩이 아니면 닭이라도 차지해보자는 심산이었던 거지. 엔히크 왕자가 세상을 떠난 뒤에도 포르투갈은 인도양 항로를 개척하는 데 모든 노력을 기울였어.

1487년 8월, 포르투갈 왕의 명령을 받은 바르톨로뮤 디아스가 항해를 시작했어. 항해는 순탄하지 않았어. 폭풍이 그를 가로막았지. 함선은 표류하기 시작했어.

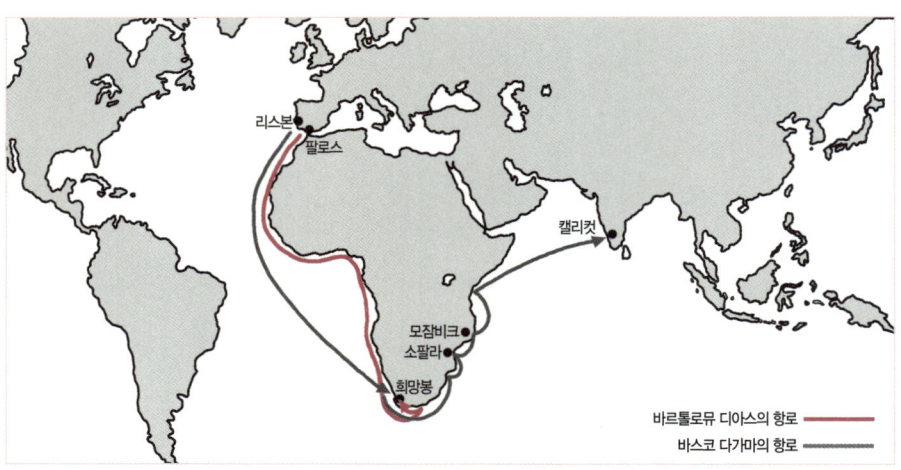

인도양 항로의 개척 포르투갈의 바르톨로뮤 디아스는 희망봉까지밖에 항해하지 못했다. 그의 뒤를 이어 바스코 다가마가 마침내 인도 캘리컷에 도착함으로써 인도양 항로가 개척됐다.

얼마나 표류했을까? 그의 함선은 오늘날 남아프리카공화국의 포트엘리자베스 부근에 도착했어. 다시 용기를 얻은 바르톨로뮤 디아스는 인도를 향해 항해할 것을 명령했어. 그러나 거친 바다에 질린 선원들이 포르투갈로 돌아가자며 저항하기 시작했어.

바르톨로뮤 디아스는 진심으로 항해를 계속하고 싶었을 거야. 그러나 대부분의 선원들이 반대하는 항해를 강행하는 것은 목숨을 거는 모험이야. 자칫하면 망망대해에서 암살당할 수도 있지. 바르톨로뮤 디아스는 어쩔 수 없이 꿈을 접고, 배를 돌려야 했어. 그사이 한 해가 더 흘렀어. 바르톨로뮤 디아스는 본국으로 돌아가는 길에 아프리카 남쪽 끝 지역을 보면서 '폭풍의 곶Cape of Storms'이라는 이름을 지어줬어. 포르투갈 왕은 이 이름이 공포심을 줄 수 있다며 정반대의 이름을 지었지. 그 이름이 바로 '희망봉Cape of Good Hope'이란다.

바르톨로뮤 디아스가 절반의 성공을 거뒀다면 나머지 절반의 성공은 그의 후배인 바스코 다가마가 이뤄냈어.

바르톨로뮤 디아스가 희망봉을 발견한 지 9년이 흘렀어. 바스코 다가마가 포르투갈의 리스본을 출발했지. 이 항해에는 바르톨로뮤 디아스도 동행했어. 그래, 이번 항해의 목적도 10년 전과 같은 것이었단다. 인도에 도착하는 것! 바로 그거였지.

바르톨로뮤 디아스는 희망봉까지 바스코 다가마를 안내했어. 이제 바르톨로뮤 디아스의 임무는 끝났어. 우연의 일치일까? 바르톨로뮤 디아스는 자신이 할 일을 다했다는 듯 돌아오는 길에 희망봉 앞바다에 빠져 목숨을 잃었단다. 뱃사람다운 장렬한 최후지?

바스코 다가마는 희망봉을 지난 후 아프리카 동해안을 따라 북쪽으로 항해했어. 그의 항해도 쉽지 않았어. 이때 아프리카 동해안의 나라들 가운데 상당수가 이슬

바스코 다가마 희망봉을 돌아 인도로 가는 새로운 항로를 개척했다.

람교를 믿고 있었거든. 십자군 전쟁을 기억하지? 이슬람교와 기독교 사이가 좋을 수 없겠지? 물론 모든 이슬람 국가가 바스코 다가마를 미워했던 것은 아니야. 중국과도 교류하는 등 비교적 평화적이었던 국가 말린디의 왕은 바스코 다가마를 적극 도와줬단다.

1498년 5월, 바스코 다가마는 마침내 인도의 캘리컷에 도착했어. 먼 바닷길을 돌아가야 하는 불편이 있기는 하지만, 어쨌든 포르투갈은 인도와 직접 교류할 수 있는 무역 항로를 개척한 셈이야. 그 결과는 충분히 예측할 수 있지? 포르투갈은 인도의 후추를 독점해 유럽 국가들에게 판매했어. 엄청난 부자가 됐겠지?

이사벨 여왕과 에스파냐 탄생

지금까지 15세기 포르투갈의 활약에 대해 살펴봤어. 그렇다면 바로 나란히 붙어 있는, 이베리아 반도의 강국 에스파냐는 이때 뭘 하고 있었을까?

원래 이베리아 반도에는 여러 나라들이 있었고, 이 가운데 포르투갈, 카스티야, 아라곤 이 세 나라가 가장 컸어. 이베리아 반도 남쪽에는 그라나다가 있었지만 이슬람인들의 작은 나라였고, 그마저도 나중에는 쫓겨나고 말았단다.

포르투갈, 카스티야, 아라곤 세 나라 가운데 가장 약했던 나라가 포르투갈이었어. 오히려 카스티야와 아라곤이 더 오랜 전통을 가진 가톨릭 국가였단다. 이상하지 않니? 그래, 에스파냐란 나라가 보이지 않지? 사실이야. 15세기 후반에 가서야 에스파냐란 나라가 탄생하기 때문이야.

에스파냐는 1469년 세기의 결혼식이 치러지면서 탄생했단다. 카스티야의 이사벨 공주와 아라곤의 페르디난트 왕자가 결혼하면서 두 나라가 에스파냐라는 한 나라로 합쳐진 거지. 다만 두 사람이 아직 왕과 여왕이 아니었던 탓에 영토를 합치지는 못했어. 이사벨 공주가 먼저 카스티야의 여왕에 올라 이사벨 1세가 됐고, 1479년에는 페르디난트가 아라곤 왕에 올라 페르디난트 2세가 됐지. 두 사람은

에스파냐의 탄생 1469년 카스티야의 이사벨 공주와 아라곤의 페르디난트 왕자가 결혼하면서 에스파냐가 탄생했다. 두 나라를 한 명의 왕이 통치한 것은 16세기부터다.

페르디난트 2세 카스티야의 이사벨과 결혼해 에스파냐 제국을 탄생시켰다.

주저하지 않고, 바로 나라를 합쳤어. 이 나라가 바로 에스파냐 제국이란다.

그러나 이때에도 두 나라가 완전히 한 나라가 된 것은 아니야. 왕과 여왕은 공동 통치를 했어. 자기 나라의 통치는 자기가 하는 식이었지. 하긴, 두 나라를 하나로 완전히 합치는 게 쉽지는 않았을 거야. 진정한 의미에서 두 나라를 한 명의 왕이 지배한 것은 16세기에 가서야 이뤄졌어. 그때 신성로마 제국의 황제 카를 5세이기도 한, 왕 카를로스 1세가 통치하기 시작했단다. 그래도 두 나라를 하나로 합쳤다는 점에서 1479년을 에스파냐의 출발점으로 보는 학자들도 많아.

이사벨 1세는 콜럼버스를 등용해 오늘날 아메리카 대륙을 '발견'한 여왕이야. 이사벨 1세 덕분에 에스파냐는 막대한 식민지를 거느린 대제국으로 성장할 수 있었지. 콜럼버스 이야기는 조금만 기다려. 그전에 이슬람인을 완전히 이베리아 반도에서 몰아낸 전쟁부터 간단히 살펴볼게.

이사벨 1세나 페르디난트 2세는 모두 독실한 가톨릭 신도였어. 그렇다면 에스파냐 제국의 첫 정복 목표는 이미 정해진 거나 다름없지. 에스파냐 남부에 있는 그라나다, 바로 눈엣가시 같은 이슬람 왕국이었어. 콜럼버스가 에스파냐를 떠나 서인도 제도에 도착한 1492년 이사벨 1세는 군대를 이끌고 그라나다로 진격했어. 이 무렵 이베리아 반도의 이슬람 군대는 무기력했어. 이사벨 1세의 군대는 쉽게 그라나다를 정복했고, 이슬람인들은 모두 유럽 밖으로 쫓겨났지. 이로써 700년 넘게 계속됐던 기독교의 영토회복 전쟁 레콩키스타은 완결됐단다.

그라나다 정복 에스파냐의 이사벨 1세 여왕이 이슬람 정복지에 들어서고 있다.

1504년 이사벨 1세가 세상을 떠났어. 이 무렵 에스파냐는 유럽 최고의 해상 강국으로 성장해 있었단다. 에스파냐는 중남미의 많은 지역을 정복했고, 정복지에서 막대한 양의 금과 은을 빼앗았어. 에스파냐는 부자가 됐지. 그 대신 중남미 원주민들은 말로 표현할 수 없는 착취에 시달렸어.

에스파냐가 이렇게 성장할 수 있었던 것은 모두 이사벨 1세의 공이었어. 그녀가 콜럼버스를 지원해 서인도 제도를 발견했기 때문이야. 그런데 이사벨 1세는 중남미 원주민들이 인간 이하의 삶을 살고 있다는 얘기를 듣고 무척 마음 아파했다는구나. 사실일까? 이제 본격적으로 에스파냐의 대항해 시대를 살펴보도록 할게.

콜럼버스의 아메리카 항로 개척

이사벨 1세가 대서양 항해를 위해 발탁한 인물이 바로 크리스토퍼 콜럼버스였어. 사실, 이사벨 1세는(물론 남편인 페르디난트 2세도 마찬가지겠지만) 포르투갈이 아프리카 서해안을 항해하면서 돈을 벌고, 새로운 식민지를 개척하는 게 배가 아팠어. 이베리아 반도에서 포르투갈은 가장 약한 나라였지. 그런 나라가 에스파냐를 제치고 선두로 질주하는 게 당연히 싫었겠지. 그대로 두면 해상 무역을 포르투갈이 모두 장악할지도 모른다고 걱정했을 거야.

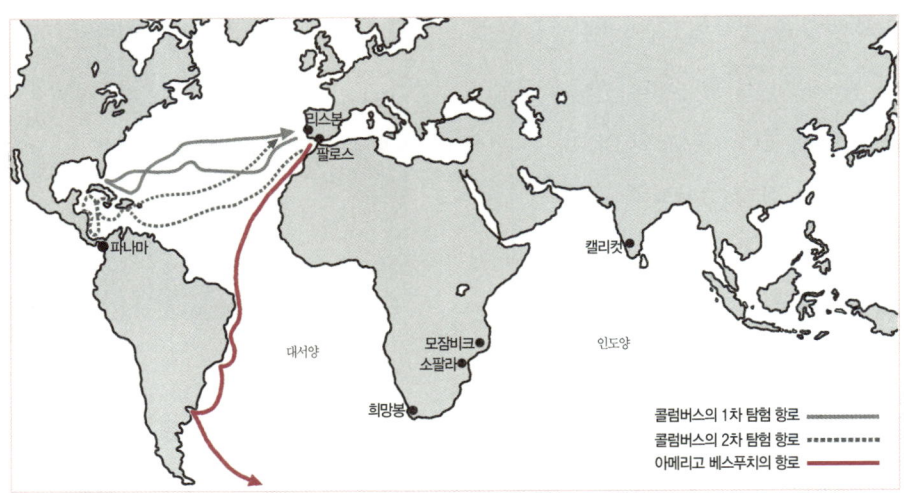

콜럼버스와 베스푸치의 탐험 콜럼버스는 총 4회에 걸쳐 아메리카 대륙을 탐험했다. 그러나 자신이 개척한 땅이 '신대륙'이란 사실은 알지 못했다. 아메리고 베스푸치가 그 사실을 밝혀내고 자신의 이름을 따 '아메리카'라고 불렀다.

이런 상황에서 1486년 콜럼버스가 대서양 항해 계획서를 들고 이사벨 1세를 찾아왔어. 콜럼버스는 "대서양을 가로질러 항해하면 아프리카 해안을 따라 돌아가지 않아도 인도에 도착할 수 있다"라고 주장했어. 이미 세계 지형을 알고 있는 현대인들은 이 주장이 말도 안 된다는 사실을 알고 있어. 그러나 당시에는 아무도 이런 사실을 몰랐지.

콜럼버스는 지구가 둥글기 때문에 서쪽으로 항해하면 인도에 더 빨리 도착한다고 생각했어. 지구가 둥글다는 사실을 간파한 것은 좋았지만, 그 사이에 또 하나의 대륙이 있을 거라고는 꿈에도 생각하지 못한 거지.

콜럼버스가 믿음직해 보이는 사람이 아니었던 것일까? 이사벨 1세는 콜럼버스의 제안을 거절했어. 사실 콜럼버스가 처음부터 에스파냐를 찾았던 건 아니야. 맨 먼저 찾은 나라는 포르투갈이었어. 그러나 포르투갈 왕은 단번에 콜럼버스의 제안을 거절했어. 생각해봐. 이 무렵 포르투갈은 아프리카를 돌아 인도로 가는 항로를 개척하고 있는 상황이었어. 굳이 막대한 돈을 새로 투자해 모험할 필요가 있었을까? 콜럼버스는 그 후 이 나라 저 나라를 떠돌며 지원을 요청했어. 심지어 영국과 프랑스에도 갔었어. 그 모든 나라에서 지원을 거부했던 거야.

결국에는 에스파냐의 이사벨 1세가 콜럼버스를 지원하게 돼. 이사벨 1세는 포르투갈 함대가 희망봉을 발견했다는 사실이 맘에 걸렸어. 이대로 있다가는 정말로 포르투갈에게 바다의 모든 주도권을 빼앗길 것 같았지. 성공 가능성이 낮더라도 새로운 도전을 해야 할 상황이 온 거야. 마침내 이사벨 1세는 콜럼버스의 제안을 받아들였어. 콜럼버스를 새로 발견하게 될 영토의 부왕으로 임명하고, 그곳에서 벌어들이는 수입의 10%는 콜럼버스 가문에서 대대손손 가져간다는 제안 산타페 협약이었지. 모든 정리가 끝났어.

1492년 8월, 콜럼버스는 에스파냐를 떠나 항해를 시작했어. 2개월간의 항해 끝에 그의 함대는 아메리카에 도착했어. 서인도 제도라고도 불리는 오늘날의 바하마 제도였지. 콜럼버스는 이어 쿠바와 히스파니올라 오늘날의 아이티까지 '발견'했어. 콜럼버스는 자기가 도착한

콜럼버스 그의 함대가 서인도 제도에 도착함으로써 아메리카로 가는 새로운 항로가 개척되었다.

땅이 인도라고 믿었어. 물론 인도가 아니었다는 걸 우리는 잘 알고 있지.

콜럼버스는 이듬해 에스파냐로 금의환향했어. 주렁주렁 금과 은을 가지고 말이야. 이사벨 1세 부부는 약속대로 콜럼버스를 아메리카의 부왕으로 임명했어. 그후 콜럼버스는 아메리카 대륙으로 세 번 더 탐험을 갔어. 그러나 아무리 봐도 후추는 없었어. 그제야 콜럼버스와 이사벨 1세 부부는 그곳이 인도가 아니라는 사실을 알 수 있었지. 결국 콜럼버스는 사기꾼 취급을 받으며 역사 속으로 조용히 사라졌단다.

이 항해를 통해 후추보다 더 큰 것을 얻었다는 사실을 에스파냐 왕실은 나중에서야 깨달았어. 무엇을 얻었느냐고? 중남미 대륙 전체를 얻었잖아! 그곳에서 막대한 금과 은이 나왔어. 감자, 옥수수 같은 농작물은 덤이었지. 이 농작물들은 이때 처음으로 유럽에 전파돼 전역으로 확산됐어. 오늘날 감자파이나 감자칩은 유럽인들에겐 없어서는 안 될 음식이 됐지?

이 협정에 영국이 자극을 받았어. 바스코 다가마가 캘리컷에 도착하기 한 해 전인 1497년 영국의 존 카보트란 인물이 영국을

산타마리아 호 콜럼버스의 제1차 항해 때 함께했던 기함이다.

출발해 북아메리카의 래브라도 반도에 도착했단다. 이 바닷길을 북방 항로라 불러. 그러나 이 항로는 당장 무역에 큰 도움이 되지 않았어. 영국의 실망이 컸겠지?

아참, 콜럼버스가 도착했던 그 땅에 아메리카라는 이름이 붙은 것은 1507년이야. 콜럼버스가 1506년에 죽었으니까, 그는 아메리카라는 이름을 듣지 못한 셈이지. 이때 포르투갈 출신의 아메리고 베스푸치란 인물이 콜럼버스가 도착했던 땅은 인도가 아니라 '신대륙'이었다는 사실을 밝혀냈어. 아메리카란 이름도 그의 이름에서 딴 거란다.

통박사의 역사 읽기

+ 콜럼버스의 달걀

신대륙을 '발견'한 콜럼버스가 유명 인사가 되자 그를 고깝게 보는 사람들도 생겨났어. 어느 파티에서 한 사람이 빈정대며 이렇게 말했지. "서쪽으로 항해하다 보니 대륙이 나타난 걸 가지고 대단한 발견이라고 할 수 있을까요?" 콜럼버스는 속이 상했어. 그러나 화를 내는 대신 조용히 달걀을 집어 들고 이렇게 말했지. "이 달걀을 탁자 위에 세우는 사람에게는 큰돈을 드리겠습니다." 그게 가능할까? 한번 달걀을 들고 시도해 봐. 불가능해. 당연히 모두 실패했지. 콜럼버스는 뾰족한 부분을 톡 깨고 탁자 위에 세웠어. 사람들은 "그렇게 하면 누구나 할 수 있잖소!"라고 항의했어. 그러자 콜럼버스는 "다른 사람이 하고 난 뒤에는 누구나 쉽죠. 항해도 마찬가지입니다"라며 웃었어. 사람들은 그제야 입을 다물었지. 이 '콜럼버스의 달걀'은 새로운 발상을 시도할 때 쓰는 표현이 됐단다.

마젤란의 세계 일주

16세기로 들어선 후에도 대항해 시대는 계속됐어. 1500년대 초, 에스파냐 탐험가 바스코 발보아가 아메리카로 향했어. 그는 이어 아메리카 대륙 곳곳을 탐험했지. 약 10년 후 그는 콜롬비아 주변에 유럽 사람들의 마을을 건설했어. 이 마을이 최초의 유럽인 정착촌이란다.

바스코 발보아는 잉카 제국에 많은 금이 묻혀 있다는 소문을 들었어. 당연히 그곳을 정복해야 한다는 생각을 했겠지? 안데스 산맥을 넘었어. 그리고 바다로 배를 띄웠어. 이때가 1513년이야. 그는 넓고 평화로운 바다를 만났어. 그래, 바로 이 바다가 '태평양'이야. 그가 목격한 바다는 우리나라와는 멀리 떨어진 남태평양이었단다.

발보아 아메리카 곳곳을 탐험하던 도중 처음으로 남태평양을 발견한 인물이다.

몇 년 후 바스코 발보아보다 몇 배의 업적을 달성한 인물이 등장해. 포르투갈에서 태어났지만 에스파냐에서 활동한 항해가 페르디난트 마젤란이야. 그는 처음으로 지구를 일주하는 데 성공했단다.

원래 마젤란은 포르투갈의 하급 귀족이었어. 포르투갈의 인도 총독 밑에서 일을 했지. 그런데 일을 처리하는 과정에서 왕의 의심을 받게 되는 사건이 생겼어. 의심을 하는 사람 밑에서 충성할 수 없다고 생

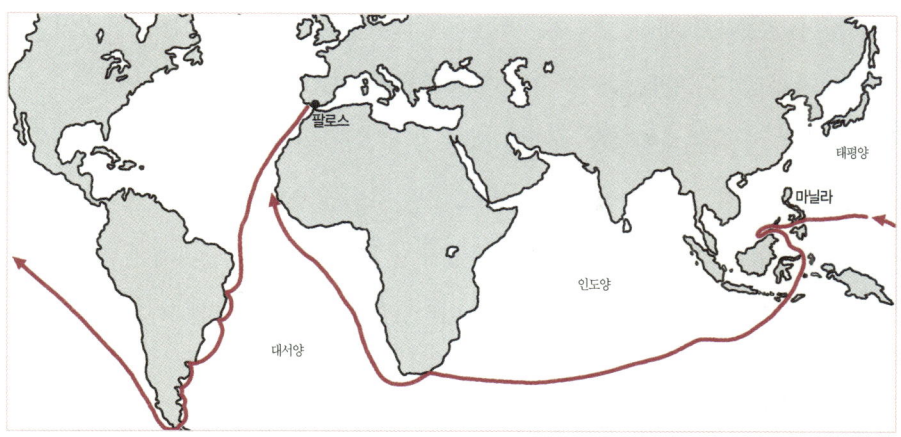

마젤란의 세계일주 마젤란은 대서양 → 태평양 → 인도양을 거쳐 에스파냐에 도착해 세계가 둥글다는 사실을 입증했다. 그러나 그 자신은 필리핀 원주민과의 전투 도중 목숨을 잃었다.

각했던 것일까? 마젤란은 과감하게 포르투갈을 버리고 에스파냐로 향했지. 에스파냐에서 콜럼버스가 이사벨 1세로부터 지원을 받은 것처럼 마젤란도 에스파냐왕 카를로스 1세의 지원을 받게 됐어. 마젤란이 내놓은 계획은 "에스파냐에서 출발해, 아메리카를 거쳐, 동남아시아로 항해하겠다!"였어. 이 계획대로 실현된다면 지구를 한 바퀴 도는 셈이지.

대항해와 함께 중세를 끝장낸 사건으로 기록돼 있는 종교개혁은 1517년 마르틴 루터에 의해 시작됐어. 그로부터 2년 후 마젤란은 다섯 척의 선박에 270명의 선원을 태우고 에스파냐를 떠났어. 배는 대서양을 지나 남미로 향했어. 브라질 근처에 이르렀을 때 갑자기 물살이 빨라졌어. 해협을 만난 거야. 이 해협은 그 후 '마젤란 해협'으로 불리게 됐지. 마젤란 해협을 뚫는 것은 쉽지 않았어. 다섯 척 중 세 척의 배만 겨우 통과할 수 있었지. 어렵사리 마젤란 해협을 뚫으니 넓고 잔잔해 평화롭기 그지없는 대양大洋을 만났어. 그래, 바로 태평양太平洋이지. 발루아가 남태평양을 발견했다고 했지? 그러나 발루아는 태평양의 아주 작은 일부만 봤어. 이 때문에 진짜로 태평양을 발견한 인물은 마젤란이라고 하는 학자들도 많아.

마젤란은 처음에 태평양을 만만히 봤어. 아무리 길어봐야 한 달이면 섬이 나올 거라고 예상했지. 그러나 시간이 흘러도 섬은 보이지 않았어. 선원들은 불안해하기 시작했어. 그러나 배를 돌릴 수도 없었지. 3개월을 넘게 망망대해에 떠돌아 다녔지. 그리고 마침내 1521년 3월, 섬이 나타났어. 그 섬은 오늘날의 괌이란다. 마젤란은 그곳을 거쳐 필리핀에 도착했어.

처음에 마젤란은 필리핀 원주민과 싸우지 않았어. 오히려 세부 섬의 부족장은 마젤란을 아주 우호적으로 대했다는구나. 마젤란은 세부 부족에게 가톨릭을 전파했고, 그들은 기꺼이 가톨릭을 받아들였어. 원주민들은 나아가 에스파냐 왕에게 충성하겠다고 맹세하기도 했단다. 그러나 모든 원주민이 가톨릭을 받아들이지는 않았어. 가톨릭 신앙이 누구보다 강한 마젤란은 그런 원주민을 용납할 수 없었어. 결국은 전투가 벌어졌지. 이 전투에서 마젤란은 그만 부하들과 전사하고 말았어.

마젤란 처음으로 대서양과 태평양을 횡단한 항해가다.

살아남은 선원들은 허겁지겁 세 척의 배 중 한 척을 불태우고 남은 빅토리아 호와 트리니다드 호에 올라탔어. 더 이상 머물 수 없으면 바로 에스파냐로 돌아가야겠지? 그러나 두 척의 배가 모두 에스파냐 항구에 도착하지는 못했어. 트리니다드 호가 중간에 포르투갈 배에게 붙잡혔거든.

1522년 빅토리아 호만 에스파냐에 도착했어. 햇수로 3년에 걸친 항해였지. 270명이 떠났지만 돌아온 사람은 고작 열여덟 명에 불과했어. 생존자는 얼마 되지 않았지만 이 항해는 혁명과도 같았어. 지구가 둥글다는 사실이 처음으로 입증됐기 때문이야.

아프리카와 아메리카를 파괴하다

대항해 시대를 연 포르투갈은 인도에 도착한 후 어떻게 달라졌을까? 아프리카 해안을 돌아 인도에 이르는 여정은 아주 길었어. 중간에 식량이나 선박 연료를 공급받지 않으면 안 됐을 거야. 포르투갈은 이런 역할을 해줄 해양기지를 아프리카 곳곳에 만들었어. 이 해양기지를 포르투갈은 다른 목적으로도 활용했어. 아프리카인들을 잡아 파는 노예무역의 기지로 활용한 거지.

포르투갈 무역상들은 아프리카에서 흑인을 강제로 납치하거나 부족장을 구슬려 부족민을 헐값에 샀어. 어떤 몰상식한 부족장들은 유럽의 최신 무기를 보고 반해, 무기와 부족민을 바꾸기도 했단다. 포르투갈은 이렇게 모은 노예들을 아메리카에 내다 팔았어. 노예를 팔아 번 돈으로는 아메리카 농장에서 재배한 설탕과 담배를 샀어. 상인들은 설탕과 담배를 사고 유럽으로 넘어갔어. 유럽에서 그 물건들은 아주 비싸게 팔렸지. 그전에도 유럽 담배가 있기는 했지만, 품질면에서 남미의 담배를 따라갈 수 없었대.

아프리카-아메리카-유럽을 연결하면 삼각형이 돼. 그래서 이 무역을 삼각무역이라고 부른단다. 이 삼각무역은 꽤나 짭짤한 돈을 벌게 해줬어. 많은 포르투갈 무역상이 부자가 됐지. 그러자 에스파냐, 영국, 네덜란드도 삼각무역에 뛰어들었어.

삼각무역의 기본이 뭐지? 노예야. 이때부터 많은 유럽 국가들이 아프리카를 휘젓기 시작했어. 유럽인들은 평화롭게 살고 있는 아프리카 원주민을 붙잡아 노예로 팔았고, 때로는 부족 전체를 완전히 말살시켜버리기도 했어. 아프리카가 파괴되기 시작한 거야!

아메리카로 팔려간 노예들의 삶은 어땠을까? 노예들은 인간의 대우를 받지 못했어. 병이 들어도 약을 얻지 못했고, 하루 종일 광산이나 농장에서 죽어라 일만 해야 했지. 유럽 사람들에게 노예는 돈을 벌어주는 도구에 불과했어. 노예들은 유럽 사람들이 집에서 기르는 애완동물보다 못한 대우를 받다가 고향을 그리워하며 죽어갔단다.

유럽 사람들은 중남미 원주민도 짓밟았어. 남미는 포르투갈이 차지한 브라질을 빼면 거의 대부분을 에스파냐가 차지했어. 북아메리카는 에스파냐가 먼저 찜했지만, 프랑스와 영국이 곧 뛰어들어 삼파전 양상을 띠었어. 중앙아메리카 지역에는 에스파냐와 영국, 네덜란드, 프랑스가 한꺼번에 달려들었지.

에스파냐 개척자들은 아메리카 문명을 통째로 없애버리기도 했어. 이런 잔인한 사람들을 개척자라고 부를 수는 없겠지?

마젤란이 필리핀에서 부족과 전투를 벌이고 있을 무렵인 1521년이었어. 에스파냐의 코르테스 장군은 멕시코의 아스텍 제국을 파괴했어. 아스텍족은 처음에 갑옷을 입고 흰 말을 탄 코르테스의 모습을 보고 하늘에서 내려온 신인 줄 알았대. 원주민들은 극진으로 코르테스 일행을 맞았지.

그런데 코르테스는 아스텍 제국의 문명을 아주 야만적으로 보고 없애버려야 한다고 생각했어. 당시 아스텍족은 살아 있는 포로를 신에게 제물로 바쳤어. 제사가 끝나면 시체를 나눠 먹었지. 요즘의 시각에서 보면 정말 잔인한 풍습이야. 그러나

272

아스텍 문명은 금속, 보석 세공, 직물 등 여러 분야에서 아주 뛰어난 편이었어. 오늘날까지도 남아 있는 유물을 보면 그 사실을 알 수 있지.

어쨌든 코르테스는 야만적인 아스텍 제국을 완전히 파괴해버렸어. 12년이 지난 후에는 에스파냐의 피사로 장군이 안데스 고원의 잉카 제국을 똑같은 방식으로 파괴해버렸지. 코르테스와 피사로는 각각 아스텍족과 잉카족을 모두 노예로 삼았어. 원주민들은 탄광과 농장에서 죽을 때까지 일만 해야 했지.

유럽인들은 멀리 동아시아에도 진출했어. 잉카 제국이 멸망하고 10여 년이 지난 1543년, 포르투갈 상선이 일본에 도착한 거야. 이때 가톨릭도 함께 전파됐어. 1549년 예수회가 일본 가고시마에 최초의 가톨릭 교회를 세웠단다.

통박사의 역사 읽기

✛ 남아메리카 나눠 먹기

콜럼버스의 제안을 거절한 포르투갈은 땅을 치고 후회했어. 아메리카가 그토록 자원이 많은 땅이라고는 생각하지 못한 거지. 포르투갈과 에스파냐는 바닷길이 말 그대로 '바다 금광'이란 사실을 알게 됐어. 포르투갈은 더 늦기 전에 아메리카로 진출해야겠다고 생각했어. 당연히 아메리카를 찜해놓은 에스파냐가 반발하겠지? 곧 무력 충돌이 터질 것 같았어. 다행히 교황이 나서서 말렸어. 두 나라는 1494년 서로 전쟁을 벌이지 않기로 하고, 각자 개발할 구역을 나눠 가졌단다. 베르데 군도 서쪽 1,800킬로미터 지점을 기준으로 서쪽은 에스파냐, 동쪽은 포르투갈이 갖기로 한 거야. 1494년 체결된 이 토르데시야스 조약에 따라 남미에서는 유일하게 브라질이 포르투갈의 식민지가 된 거란다.

르네상스 시대를 맞다

중서부에서는 백년 전쟁과 장미 전쟁이 터졌어. 영국과 프랑스가 전쟁의 소용돌이에 휩싸여 있을 때 에스파냐가 탄생했고, 포르투갈은 아프리카 해안을 탐사하고 있었지. 대항해 시대가 열린 거야. 이때 지중해를 끼고 있는 유럽 남부 지역에도 큰 변화가 있었어. 바로 르네상스가 시작됐다는 거지.

르네상스는 이탈리아 반도에서 시작해 북부 유럽으로 확산됐어. 중세 장원의 경제로부터 벗어난, 이른바 자치도시가 르네상스의 중심지였어. 그래, 이 르네상스도 중세를 무너뜨리고 근대로 이어지는 관문 중 하나였단다.

르네상스는 동로마 제국 역사와 무관하지 않아. 동로마 제국이 멸망하면서 많은 라틴 학자들이 이탈리아로 넘어왔기 때문이지. 르네상스를 알아보기 전에 먼저 르네상스의 발원지인 이탈리아와 플랑드르, 독일 북부 지역의 한자Hansa동맹 등 자치도시부터 살펴볼게.

자치도시의 발달과 동로마 제국의 멸망

이 무렵 상업이 가장 발달한 지역은 피렌체를 중심으로 한 지중해 일대와 북해 및 발트 해에 접해 있는 유럽 북부의 도시들이었단다. 피렌체에는 십자군 전쟁을 치르는 동안 무역을 독점해 돈을 번 상인들이 많았어. 북유럽 도시들도 영국, 프랑스, 독일 일대의 무역을 중계하며 번영했지. 심지어 여러 도시들이 동맹을 맺어 다른 상인들을 배척하면서, 하나의 국가처럼 움직이기도 했어.

이런 도시들을 자치도시라 불러. 중세 도시와 다른 점이 뭐냐고? 우선 구조를 볼까? 중세 도시는 장원의 구조였어. 영주의 성, 성직자의 수도원, 농민 거주지가 모두 그 안에 있었어. 농지, 대장간, 방앗간도 모두 그 안에 있었지. 경찰서? 영주가 경찰이었으니 경찰서는 따로 필요 없지. 한마디로 모든 걸 영주가 결정하는 구조였어.

그러나 자치도시는 달라. 우선 영주의 성이 없어. 대신 상인과 수공업자의 작업실과 거주지가 있었지. 농지도 없어. 그 대신 물건을 사고파는 시장이 쭉 늘어서 있었지. 경찰? 자치도시에는 있었어. 상인 조합 같은 것이 경찰의 역할을 했단다. 한마디로 정리하자면, 자치도시는 봉건 영주의 힘이 미치지 않는 도시야. 그 때문에 장원에 있던 많은 농민들이 자치도시로 도피해 정착하기도 했어. 자치도시가 생겼다는 사실 자체가 봉건 제도가 끝나고 있다는 뜻이 돼.

14세기 무렵, 오늘날 플랑드르 지방은 상업과 무역이 꽤 발달한 자치도시였어. 플랑드르의 가장 큰 경쟁자는 인접한 독일의 도시들이었지. 이런 상황에서 플랑드르가 한 독일 도시를 압박하는 사건이 생겼어. 이 도시는 다른 독일 도시들에 지원을 요청했어. 독일 도시들은 즉각 연대해 플랑드르에 맞섰어. 1358년 라인 강에서 시작해 북해와 발트 해에 이르는 이 독일 도시들이 독일 한자동맹을 맺었단다. 브레멘, 함부르크, 쾰른, 뤼베크 등 네 도시가 큰형님 역할을 했어.

이 한자동맹은 따로 군대도 만들었어. 외부에서 대항하면 즉각 군대를 보내 격퇴하기도 했지. 한자동맹이 맺어진 것은 14세기 중반이지만, 실제로 여러 도시들이 긴밀하게 협력한 것은 13세기부터야. 13세기 후반 노르웨이의 무역이 활발해지자 한자동맹의 도시들이 스칸디나비아 반도 노르웨이의 무역을 봉쇄해버린 적

브레겐의 요즘 모습 노르웨이의 베르겐. 한자동맹 시대 상인들이 거주하면서 무역 활동을 하던 곳으로 당시 도시의 번성과 생활상을 엿볼 수 있다.

도 있어. 그때 노르웨이는 어쩔 수 없이 한자동맹에 무릎을 꿇었고, 독립적인 무역을 하지 못하는 대신 무역의 중간기지 역할에 만족해야 했어. 덴마크도 같은 시도를 했다가 좌절하고 말았단다. 노르웨이와 덴마크의 사례만 봐도 한자동맹이 얼마나 강했는지 짐작할 수 있을 거야.

한자동맹은 외부 도시들에 대해 아주 배타적이었어. 한자동맹은 근대 국가가 탄생하면서 국가가 주도하는 중상주의에 밀려 점점 세력을 잃었어. 한자동맹이 아무리 세다 한들 국가를 이길 수 있겠니? 한자동맹은 1669년 마지막 동맹회의를 가진 뒤 문을 내렸단다.

자, 이제 르네상스가 가장 먼저 발생한 이탈리아의 도시들에 대해 살펴볼 차례야. 왜 이곳에서 르네상스가 가장 먼저 시작됐을까? 자유로운 문화가 강한 자치도시였기 때문만은 아니야. 직접적인 원인은 십자군 전쟁과 동로마 제국의 멸망이라고 볼 수 있지.

전쟁은 많은 것을 파괴하지만 이득을 보는 사람도 있어. 무기를 파는 상인이 대표적이지. 십자군 전쟁이 한창일 때 이탈리아의 피렌체와 베네치아, 시칠리아 상인들도 동서 무역을 중개하며 막대한 돈을 벌었단다.

무역을 하는 과정에서 우수한 동양의 문화와 과학기술도 수입됐어. 돈도 많고, 우수한 과학기술을 접할 수 있으니 지적 호기심이 풍부한 지식인들이 몰려들지 않겠어? 중세에 얽매이지 않고 자유로운 정신을 가진 그들이 훗날 시민계급으로 성장해 근대사회를 만들었단다.

이런 상황에서 1453년 동로마 제국이 멸망했어. 자치도시는 이미 르네상스의 '기지'가 될 준비를 마쳤지? 이번에는 르네상스가 활짝 필 수 있는 '영양분'이 공급됐어! 그 영양분은 오스만 제국이 만들었다고 해도 과언이 아니야. 오스만 제국에는 예전부터 순수한 학문적 호기심으로 그리스 로마 학문을 공부하는 학자들이 많았어. 게다가 오스만 제국이 동로마 제국을 정복하자 콘스탄티노플에 있던 그리스 로마 정통 학자들이 이슬람 세력을 피해 이탈리아로 도망쳐왔어. 이들이 바로 르네상스가 태동할 수 있는 영양분이었단다.

또 하나의 영양분이 있었어. 유럽 북부의 도시가 아니라 이탈리아 북부 도시들에서 르네상스가 시작된 이유이기도 하지. 이 지역은 그리스 로마의 고대 문화유산이 가장 많이 남아 있었어. 아직까지 그리스 로마의 혼이 남아 있었던 거야.

✦ 자치도시는 특허받은 도시?

장원의 경제 속에서 자치도시가 되려면 필요한 게 있었어. 자치도시에 인접해 있는 대영지의 영주들로부터 특허장이란 것을 받아야 했지. 이 특허장에 따르면, 아무나 자치도시민이 될 수 없었어. 도시를 건설한 시민과 그 도시에서 1년 이상 산 사람만 계속 머물 수 있도록 정해놓았단다. 그러니까 장원에 있던 농민이 자치도시의 자유민이 되는 게 쉽지는 않았을 거야. 특허장은 또 자치도시 자유민이 가지고 있는 재산을 법적으로 보장해줬어. 이 특허장에 따라 자치도시의 시장은 왕이나 영주처럼 재판하고 처벌할 권리가 생겼단다. 이쯤 되면 자치도시를 특허받은 도시라고 할 수 있겠지?

구텐베르크와 대량 인쇄기술의 발명

오스만 제국이 파죽지세로 발칸 반도와 동로마 제국을 공략할 즈음인 1447년 무렵, 독일에서 요하네스 구텐베르크라는 인물이 세계를 뒤흔들 발명품을 만들어 냈어. 그 발명품은 한 번에 여러 장을 동시에 인쇄할 수 있는 대량 활판인쇄기야. 구텐베르크는 합금으로 활자를 만들고 나서 유성 잉크로 인쇄하는 방식을 썼어. 물론 그전에도 활자 인쇄를 했어. 그러나 그때는 한 장씩 인쇄를 해야 했기 때문에 책 한 권을 인쇄하려면 아주 오랜 시간이 걸렸단다. 그런데 이 대량 활판인쇄기는 2~3분 내에 종이 한 장 분량의 인쇄를 마쳤어.

빨리 인쇄를 끝낼 수 있다면 책을 만드는 시간도 크게 절약되겠지? 더 많은 책을 빨리 만들면 일반 대중에게도 싼값으로 공급이 가능해. 그전까지는 부자나 귀족, 성직자들만 책을 소유할 수 있었지만 이 인쇄기의 발명으로 이제는 누구나 책을 소유할 수 있게 됐어.

구텐베르크 금속활자를 통한 인쇄술을 발명하여 르네상스와 종교개혁의 밑거름이 되었다.

사실 세계를 뒤흔들 발명품이었지만 당장 큰돈이 되지는 못했단다. 구텐베르크는 원래 금 세공업자였어. 이런저런 발명을 하다가 대량 활판인쇄기술을 발명했지. 그는 큰돈이 될 거라고 생각했지만 아직 인쇄 시장은 크지 않았지. 결국 그는 파산하고 말았어. 다행히 10여 년 후에 부자의 지원을 받아 대량 인쇄를 시작할 수 있었단다.

구텐베르크는 가장 먼저 독일어로 된 성서를 대량 인쇄했어. 이 성서를 《구텐베르크 성서》라고 불러. 평민들은 처음으로 성서를 읽게 됐어. 그전까지는 성직자들만이 성서를 읽었고, 평민들은 성직자의 설교를 들을 수 있었을 뿐이야. 직접 성서를 읽은 평민들은 성직자들이 성서의 가르침에 어긋나는 행동을 많이 한다는 것을 알았어. 당연히 분노했겠지? 이런 반발심은 머잖아 종교개혁이 일어나는 원동력이 된단다.

이때 성서만 인쇄된 건 아니야. 구텐베르크가 대량 생산한 작품 가운데 그리스와 로마의 고전 작품이 꽤 많았어. 많은 사람들이 처음으로 그리스 로마 작품을 접하게 됐지. 구텐베르크의 인쇄술은 독일 마인츠에서 탄생했어. 그 후 독일 남부로 퍼졌다가 곧 유럽 전역으로 확산됐지. 그리스 로마 작품도 더불어 널리 퍼졌단다. 결국 활판인쇄기의 발명은 르네상스와 종교개혁을 지피는 또 하나의 자양분인 셈이지.

자, 이제 르네상스에 대해 본격적으로 정의해볼까? 이 무렵 대서양 연안의 국가들은 바닷길을 통해 세계로 뻗어나가고 있었어. 그러나 신성로마 제국, 이탈리아 등 내륙 국가들은 고여 썩은 물과 같았어. 발전은 멈췄고, 교회는 타락했지. 이런 상황에서 예술가와 학자들이 개혁을 외치기 시작한 운동이 바로 르네상스야. 르네상스는 부활, 또는 재생이란 뜻을 가지고 있어. 그리스 로마의 고전 문화가 부활했다는 점에서 이렇게 부르는 거지.

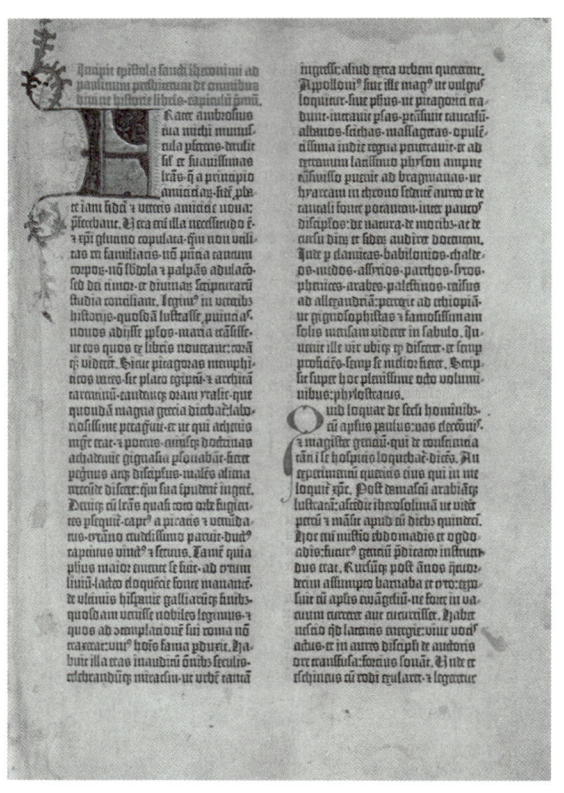

구텐베르크 성서 인쇄술의 발전은 일반 대중도 성서를 접할 수 있는 기회를 제공했다.

중세 유럽에서 모든 문화를 틀어쥔 것은 기독교, 즉 로마 가톨릭이었어. 로마 가톨릭에서 가장 중요한 요소는 무엇일까? 바로 예수 그리스도, 즉 신神이야. 인간은 신을 숭배해야 할 의무밖에 없었어. 모든 문화에서 인간은 철저히 소외됐지. 그러나 15세기 후반부터는 달랐어. "그리스와 로마로 돌아가자!"라는 구호가 터져 나오기 시작했지. 중세 문화에 대한 비판도 쏟아졌어. 유럽은 서서히 중세의 늪에서 빠져나와 근대로 향하고 있었던 거야.

르네상스는 이탈리아에서 시작해 플랑드르를 포함한 북부 유럽으로 확산됐어. 그러나 유럽의 모든 나라에서 르네상스 열풍이 분 것은 아니야. 동유럽은 예외였지. 발칸 반도의 나라들 가운데 상당수는 오스만 제국의 영향권에 있었기 때문에 일단 르네상스와 무관했어.

레오나르도 다빈치와 르네상스의 완성

이탈리아 르네상스에서 가장 두드러진 것은 미술 분야였어. 레오나르도 다빈치, 미켈란젤로, 라파엘로 등 세 명은 15~16세기에 활동한 인물로, 이탈리아 르네상스의 3대 거장으로 불리고 있단다. 특히 레오나르도 다빈치는 이탈리아 르네상스를 완성시킨 인물로 평가받고 있어.

레오나르도 다빈치는 토스카나의 시골 마을에서 사생아로 태어났어. 그의 아버지는 부자였지만, 어머니는 가난한 농부의 딸이었지. 레오나

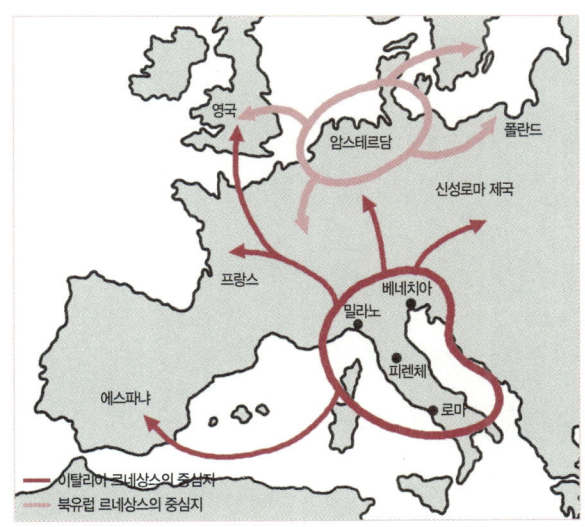

르네상스의 확산 르네상스는 이탈리아 북부의 자치도시에서 시작됐다. 주로 예술 분야에서 두드러졌는데, 북유럽으로 이동한 후에는 중세를 신랄하게 비판하는 인문주의 운동이 활발해졌다.

르도 다빈치는 어렸을 때부터 천재 기질을 보였대. 그에게 미술을 가르치던 스승은 일찌감치 제자가 아니라 동료 화가로 대우했다는구나. 이 무렵 이탈리아에서는 귀족이나 부자 가문이 화가를 초빙해 자신의 집에 머물면서 작품 활동을 하도록 하는 게 일반적이었어. 레오나르도 다빈치도 마찬가지였지.

오늘날까지 남아 있는 그의 작품 가운데 대표작으로는 〈최후의 만찬〉 〈모나리자〉 〈동굴의 성모〉를 꼽을 수 있어. 그러나 그가 그림만 그린 것은 아니야. 그는 건축학, 해부학, 조각 등 다양한 방면에서 활동했어. 특히 15세기에 이미 인체 해부도를 그렸다는 것은 놀라운 일이야. 그의 작품이 놀랄 만큼 사실적인 것도, 그가 인체에 대해 너무 잘 알고 있었기에 가능했던 거지. 오늘날까지도 레오나르도 다빈치는 천재 화가요, 천재 과학자라는 평가를 받고 있단다.

미켈란젤로는 주로 그림과 조각 분야에서 활동했어. 그는 이탈리아 피렌체에서

❶ 레오나르도 다빈치 ❷ 〈최후의 만찬〉 1495년에서 1497년 사이에 제작됐으며, 밀라노의 산타마리아 델레 그라치에 성당에 소장돼 있다.

❶ 미켈란젤로 ❷ 〈최후의 심판〉 1534년에서 1541년에 제작됐으며, 시스티나 성당의 제단 위 벽면에 그려져 있다.

가장 부자였던 메디치 가문이나 로마 교황에 소속돼 작품 활동을 했지. 대표적인 작품으로, 그림에는 시스티나 대성당의 천장에 그려진 〈천지창조〉와, 같은 성당의 벽에 그려진 〈최후의 심판〉이 있고, 조각품으로는 바티칸의 성 베드로 대성전^{산 피}

에트로 대성당에 소장된 〈피에타〉와 〈다비드 상〉이 있어.

이 가운데 〈최후의 심판〉은 상당히 논란거리가 되기도 했어. 1541년 작품이 완성되고 일반에 공개됐어. 사람들은 경악했어. 작품 가운데 있는 예수가 그전까지와 다른 모습이었던 거야. 보통 그전까지 예수는 항상 수염을 달고 있었어. 그러나 이 작품 속의 예수는 수염이 없었고, 게다가 나체였어! 다른 등장인물들도 나체였지. 종교회의에서는 사람들의 중요부위를 모두 가리도록 명령했단다. 물론 후세에다 복원이 됐지만 말이야.

라파엘로의 대표적인 작품은 〈성모상〉과 〈아테네의 학당〉을 들 수 있어. 라파엘로는 레오나르도 다빈치보다 약간 후세 사람이었어. 미술가들은 라파엘로가 레오나르도 다빈치의 영향을 많이 받았다고 보고 있어. 라파엘로는 서른일곱의 젊은

❶ 라파엘로 ❷ 〈아테네의 학당〉 프레스코 벽화로 1509년에서 1510년에 제작됐으며, 54명의 철학자와 천문학자들이 표현돼 있다.

나이에 생을 마친, 불운한 천재로 평가받고 있단다.

이 무렵의 이탈리아 미술에서 두드러진 변화를 볼 수 있어. 그림에 원근법을 적용했다는 거야. 멀리 있는 사물은 작게, 가까이 있는 사물은 크게 그리는 방법이지. 오늘날에는 너무나 당연한 이 기법이 중세에는 금지됐었어. 중세에는 미술 작품의 소재가 가톨릭적인 내용이 대부분이었어. 예수 그리스도와 같은 성인들만 부각시켰지. 원근법은 철저히 무시됐었어. 물론 르네상스 시절에도 종교적인 내용의 작품이 많았어. 그러나 이때부터는 고대 그리스 로마 미술이 그랬던 것처럼 원근법을 철저히 살린 작품이 나왔어. 미술도 그리스 로마 시절로 돌아간 셈이야.

미술 분야에서만 르네상스가 활발하게 일어난 건 아니야. 인문학과 문학 분야에서도 눈에 띄는 작품이 많이 등장했지. 보카치오의 《데카메론》은 근대 소설의 효시란 평가를 듣고 있어. 단테의 《신곡》은 르네상스의 선구자라고 불리지. 마키아벨리는 《군주론》을 썼어. 이 책에서 마키아벨리는 로마 가톨릭과 정치를 분리해야 하며 왕은 강력한 통치를 해야 한다고 주장했지.

르네상스는 16세기로 접어들면서 유럽 북부로 확산됐어. 플랑드르 지방이 대표적이야. 북유럽의 르네상스는 이탈리아 르네상스와 약간 차이가 있었어. 예술보다는 사회를 비판하는 인문학 분야에서 특히 강세를 띠었단다. 사회를 비판한다면 비판 대상이 누구였겠니? 바로 '어리석은 중세'를 구성하고 있는 로마 가톨릭이나 귀족들이었겠지. 예를 들면, 에라스무스는 《우신예찬》에서 로마 가톨릭이 타락했다고 꼬집었어. 영국의 대법관인 토머스 모어는 《유토피아》에서 인클로저 운동을 비판했지. 세르반테스는 《돈키호테》라는 소설에서 중세의 어리석은 기사들을 풍자했어. 이런 작품을 접하는 민중은 하나씩 깨어나기 시작했어. 이제 근대로 접어든 거야.

통박사의 역사 읽기

✚ 알몸이 최고의 예술

르네상스는 인간성을 회복시킨 큰 사건이야. 이미 알고 있는 대로 인간을 종교에서 독립시켰지. 그 때문이었을까? 유독 이 무렵부터 인간의 알몸을 소재로 한 예술 작품이 많았단다. 사실 그전까지만 해도 인간의 알몸을 그리는 것은 죄악으로 여겨졌어. 기독교는 사람의 몸에 죄가 깃들어 있다고 봤단다. 이를 원죄설이라고 부르는데, 이 때문에 알몸을 그리는 것은 아주 불경한 일이었지. 르네상스 정신은 바로 이 기독교의 인간관까지 바꾼 거야. 비로소 예술가들은 사람의 알몸을 예술의 경지로 승화시켰어. 과학자들도 인간의 몸을 체계적으로 연구하기 시작했지. 예술가이자 과학자인 레오나르도 다빈치가 대표적이야. 이때 그는 시신을 직접 해부하고, 인간의 골격과 근육을 세밀하게 그림으로 남겼단다.

종교개혁과 절대왕정

16세기로 접어들 무렵, 로마 가톨릭의 타락은 극에 달했어. 로마 교황청은 면죄부^{면벌부} 판매로 엄청난 부자가 됐지. 농민들은 헐벗고 굶주리고 있는데, 교회는 전혀 신경을 쓰지 않았어.

대서양에 인접해 있는 국가들이 세계로 뻗어나가고 있었고, 이탈리아와 북유럽에서 르네상스의 열풍이 불고 있을 때쯤, 신성로마 제국의 영토에서 또 다른 개혁운동이 시작됐어. 그게 바로 종교개혁이야. 중세의 상징인 로마 가톨릭에 대한 저항의 횃불이 타오르면서 중세는 마지막 고비를 맞게 돼.

종교개혁 결과, 로마 교황은 더 이상 힘을 발휘할 수 없게 됐어. 중세의 상징인 교황에게 힘이 없다면 누가 힘을 얻었을까? 바로 왕과 황제야. 왕과 황제의 권력은 그 어느 때보다 막강해지기 시작했어. 봉건제하에서는 왕의 권력이 절대적이 될 수 없지? 따라서 절대왕정 체제가 시작됐다는 것은 비로소 중세 유럽이 확실하게 끝났다는 이야기가 되는 거야. 여기서는 종교개혁운동의 역사를 살펴보면서 동시에 진행된 절대왕정의 역사를 함께 살펴볼게.

마르틴 루터 VS 토마스 뮌처

로마 교황청은 15세기 이전부터 기독교 신도들에게 면죄부를 팔았어. 면죄부는 말 그대로 죄^罰를 면해주는 장부를 말하는데, 교황청과 결탁한 독일의 푸거 가문 귀족들이 판매를 대행했어. 면죄부 판매 수익금의 30%는 교황청이 가져갔지. 오늘날 이 면죄부를 다시 판다면 어떨까? 신앙이 아주 깊다면 몰라도 비싼 돈을 주고 사는 사람은 그리 많지 않을 거야. 그러나 당시에는 많은 민중들이 면죄부의 효과를 믿었어. 면죄부 장사는 대박이 터졌지.

15세기 초반, 보헤미아의 신학자인 얀 후스가 교황의 면죄부 판매를 비판했어. 그는 "신도들을 속여 면죄부를 파는 것은 죄악이다!"라고 주장했지만 안타깝게도 종교회의에서 이단으로 낙인찍혀 화형에 처해졌단다. 더 거슬러 올라가서 14세기 후반, 영국에서도 존 위클리프가 교회가 타락했다고 신랄하게 비판하기도 했지. 이처럼 몇백 년 동안 로마 교황청에 대한 비판이 나왔지만 교황은 꿈쩍도 하지 않았어.

마르틴 루터 독일의 신학자로 교황청의 면죄부 판매를 비판한 '95개조의 반박문'은 종교개혁의 신호탄이 되었다.

독일 아우구스티누스 수도회에 소속돼 있던 마르틴 루터도 로마 교황청을 비판하던 신학자 중 하나였어. 그는 원래 법률을 공부하던 학자였어. 여행을 하다 친구가 벼락에 맞아 죽는 것을 목격하고 나서 신앙의 길을 걷기로 결심했지. 그는 아우구스티누스 수도회에 들어가 성서를 공부했어. 독실한 신앙인이 된 마르틴 루터는 로마 교황청이 성서의 가르침을 왜곡하고 있다고 판단했어. 면죄부 판매를 중단할 것을 요구했지. 그러나 로마 교황청은 애송이 신학자의 말에 귀를 기울이지 않았어.

1517년 루터는 독일 비텐베르크 교회 정문에 면죄부 판매를 비판하는 95개조의 반박문을 붙였어. 이 반박문은 순식간에 독일 전역으로 알려지기 시작했어. 이때 큰 공헌을 한 게 바로 대량 활판인쇄기야. 이 기기가 없었다면 루터의 지지자들이 일일이 95개조의 반박문을 글로 적어 옮겨야 했겠지? 그랬다면 95개 조항이 널리 알려지기 전에 고위 성직자들이 미리 손을 썼을 거야. 이런 의미에서 종교개혁은 르네상스 발명품의 덕을 톡톡히 봤다고 할 수 있어.

루터는 로마 교황청이 너무 타락했기 때문에 신성로마 제국 황제가 나서야 한다고 주장했어. 이 무렵 독일 안에도 여러 교회가 있었는데, 모두 로마 교황청 소속이었지. 루터는 바로 그 교회들의 모든 토지와 재산을 몰수해야 한다고 주장한 거야. 그렇게 해야 독일 교회가 로마 교황청으로부터 벗어나 성서의 가르침을 따르는 깨끗한 교회가 될 수 있다는 거지.

당연히 교황은 발끈했어. 1520년 교황은 마르틴 루터를 파문하겠다는 문서를 그에게 보냈어. 루터도 굴하지 않았어. 그는 모든 사람들이 지켜보는 자리에서 그 문서를 불태워버렸어. 원래 루터는 로마 교황의 열렬한 지지자였단다. 그랬던 사람이 이제는 교황과 철천지원수가 돼버린 거야.

1521년 로마 교황청은 결국 루터를 파문했고, 신성로마 제국 의회는 그를 소환했어. 그곳에서도 루터는 자신의 주장을 철회하지 않았어. 이번에는 신성로마 제국이 그를 추방해버렸어. 마르틴 루터는 로마 교황에 이어 신성로마 제국 황제에게도 버림받은 거야.

다행히 작센 영방의 선제후가 그를 받아들였어. 루터는 작센의 성에서 다시 신학 공부에 몰두했지. 1년 후 루터는 성서를 모두 독일어로 옮기는 작업을 끝냈어.

그전까지 성서는 모두 라틴어로 씌어 있었지. 당연히 성직자와 귀족들만 내용을 알 수 있었어. 이제는 일반 민중이 쓰는 언어로 된 성서가 나왔으니 성직자들도 더 이상 속일 수 없겠지?

루터를 지지하는 사람들이 점점 불어났어. 신성로마 제국의 영방 국가들도 두 패로 나뉘었어. 한패는 교황을, 또 다른 한패는 마르틴 루터를 지지한 거야. 마르틴 루터의 지지자들은 기존의 로마 가톨릭에 저항했어. 이 때문에 루터의 기독교를 '저항'이란 의미에서 프로테스탄트^{개신교}라고 불렀단다. 마르틴 루터를 지지한 사람들은 독일 중북부 지방에서 루터파 교회를 만들었어.

루터에게 종교개혁의 최종 목적은 무엇이었을까? 바로 부패한 교회를 '성서의 가르침'에 맞게 개혁하는 거였어. 당시 농민들이 착취에 시달리고 있었지만 사실 루터는 민중의 삶에는 관심이 없었단다. 그러나 그가 시작한 종교개혁은 그의 의도와 상관없이 민중의 저항의지에도 불을 지폈어.

1523년 독일 전국에서 농민들의 반란이 시작됐어. 농민들은 오랜 시절 교회로부터 착취를 당한 설움을 폭력으로 해결하려고 했지. 그들은 수도원과 영주의 집을 불사르고 재산을 약탈했어. 이 농민 봉기를 주도한 인물은 토마스 뮌처였어. 이 사람 또한 마르틴 루터처럼 신학자였지. 루터는 이 반란을 신성로마 제국의 군대가 진압해야 한다고 주장했어. 농민 반란군을 불손한 세력으로

토마스 뮌처 종교개혁 당시 농민의 봉기를 이끈 인물. 농민 봉기는 모두 실패했다.

본 거야. 같은 신학자였지만 토마스 뮌처와 마르틴 루터는 너무 다른 생각을 가지고 있었던 셈이지. 결국 혁명을 꿈꾼 농민 반란은 모두 무자비하게 진압됐어. 독일의 종교개혁은 더 이상 진행되지 않았어.

통박사의 역사 읽기

✚ 교황이 예수 그리스도의 적?

마르틴 루터에 대한 평가는 관점에 따라 크게 달라. 어쩌면 루터는 운이 좋은 사람이야. 르네상스와 대량 활판인쇄기의 발명 덕분에 그의 주장이 주목을 받았잖아? 사실 그 이전의 종교개혁가인 존 위클리프와 얀 후스는 훨씬 급진적이었단다. 존 위클리프는 심지어 교회 자체를 부정했어. 왜? 교황이 타락했다고 생각한 거야. 존 위클리프가 인기를 얻자 교황은 당황해 그를 파문하려고 했어. 그러자 존 위클리프가 선수를 쳤어. "교황이 오히려 그리스도의 적이다!" 그리스도의 제1사도인 교황을 그리스도의 적이라니, 교황은 뒤통수를 맞은 기분이겠지? 교황으로서는 다행스럽게도 존 위클리프는 섬나라 영국인이었어. 대륙에 사는 보헤미아인 얀 후스처럼 독일 등 유럽 중앙부에 큰 영향을 끼치지는 못했지.

장 칼뱅과 자본주의 정신

마르틴 루터가 종교개혁의 불씨를 퍼뜨렸지만, 이미 살펴본 대로 그는 교회의 개혁에만 초점을 맞췄어. 반면 토마스 뮌처는 민중의 삶까지 개혁하기 위해 혁명을 일으켰지. 이 둘을 온건파와 급진파로 본다면, 그 중간쯤에 서 있는 개혁파도 있었어. 칼뱅주의가 바로 그것이야.

장 칼뱅은 신학과 법학을 두루 공부한 인문주의자였어. 그는 프랑스에서 태어나 그곳에서 자랐어. 마르틴 루터의 종교개혁을 먼발치에서 지켜보면서 장 칼뱅도 그와 같은 생각을 했어. 교회가 타락했다는 거지. 그러나 결론은 루터와 달랐어. 칼뱅은 교회가 기독교 초기 시절의 순수함을 되찾아야 개혁이 성공할 수 있다고 본 거야.

1535년 프랑스 왕 프랑수아 1세는 개신교를 이단으로 규정하고 박해하기 시작했어. 장 칼뱅은 더 이상 프랑스에 머물 수 없었지. 그는 곧장 스위스의 바젤로 넘어갔어. 1년 후 그는 그곳에서 오늘날까지도 개신교 철학의 고전으로 평가받고 있는 《그리스도의 강요綱要》라는 책을 출간했어. 이 책의 내용을 요약해볼까?

가장 대표적인 게 '성서지상주의'야. 부패한 교회가 설교하는 교리를 거부하고 오로지 성서에 나와 있는 교리만 따라야 한다는 뜻이지. 다시 말해, 기독교 신앙이 옳은가 틀린가의 기준은 로마 교황청이 제시할 수 없고, 성서만 그 역할을 할 수 있다는 거야. 이 책에 수록된 또 하나의 철학은 '구원예정설'이야. 이 말은 아무나 신의 구원을 얻을 수 없으며, 오로지 신의 선택을 받은 사람만 구원받기로 예정돼 있다는 뜻이지. 쉽게 말해, 구원을 받을 사람은 이미 신에 의해 결정돼 있다는 거야.

성서지상주의와 구원예정설은 로마 교황청의 존재를 부정하는 것이나 다름없어. 생각해봐. 성서 어디에도 면죄부를 교회가 팔 수 있다는 내용은 없어. 면죄부 수백 장을 사더라도 신이 선택하지 않으면 구원을 받을 수 없지. 칼뱅주의의 교리대로라면 면죄부를 판매하는 로마 교황청은 이단이 되는 셈이야.

장 칼뱅은 성서에 입각해 정직하고 충실하게 살라고 가르쳤어. 이 교리가 훗날 자본주의로 연결된다는 사실을 알고 있니? 자, 개신교 신도가 있어. 그는 칼뱅주

의에 따라 열심히 성서에 나온 대로 사는 사람이야. 다른 사람에게 해를 끼치지 않고, 묵묵히 성실하게 삶을 살았지. 어? 그러다 보니 예상하지 않았던 돈과 재물이 들어오네? 결국 윤리적으로 살았을 뿐인데, 부자가 되는 거지. 이 개신교 신도는 그렇게 말할 거야. "그냥 열심히 살았는데 부자가 됐어요." 훗날 막스 베버는 이 교리를 그대로 인용해 자본가들이 떳떳하며 정당하다고 주장했어. 그 책이 바로 《프로테스탄티즘의 윤리와 자본주의의 정신》이야.

장 칼뱅은 가톨릭의 예배 방법도 대폭 수정했어. 가톨릭에서는 주로 미사 형식으로 예배를 했어. 오늘날 천주교 성당을 가보면 미사를 관람할 수 있지. 칼뱅은 미사를 없애고 목사가 설교하는 방식으로 예배를 바꿨어. 오늘날 개신교 교회의 풍경과 같지?

마르틴 루터는 신성로마 제국이 나서서 교회를 지휘해줄 것을 요청했지? 장 칼뱅은 정반대였어. 그는 교회가 국가의 간섭을 받지 않아야 하며, 나아가 교회를 중심으로 사회를 다시 구성해야 한다고 주장했어. 교회가 정치와 종교 모든 것을 장악해야 한다는 얘기지. 이른바 신권정치가 장 칼뱅의 생각이었단다. 장 칼뱅은 자신의 구상을 현실로 옮기기도 했어. 스위스 제네바에 칼뱅 공동체를 만든 거야. 이 공동체 소속의 사람들은 누구나 엄격한 신앙생활을 해야 했어.

칼뱅주의는 그 후 유럽 전역으로 퍼져나갔어. 당연히 제네바가 종교개혁의 중심지가 됐지. 오늘날까지도 제네바는 유럽 종교개혁의 상징으로 여겨지고 있단다. 유럽으로 확산된 칼뱅주의는 프랑스에서 위그노, 잉글랜드의 청교도, 스코틀랜드의 장로교로 각각 정착했단다.

헨리 8세와 영국 국교회

유럽 대륙에서 마르틴 루터와 장 칼뱅이 개신교 신앙을 퍼뜨리고 있을 무렵, 영국에서도 종교개혁이 일어났어. 그런데 개혁이 아주 특이한 방식으로 진행됐단다. 국왕이 로마 가톨릭과의 인연을 끊어버리면서 개혁이 끝난 거야.

장미 전쟁을 끝내면서 튜더 왕조를 연 영국 왕 헨리 7세는 강한 영국을 만들기 위해서는 강력한 후원자가 필요하다고 생각했어. 이 무렵 마이너에서 메이저리그로 승격한 대표적인 나라가 어디였지? 떠오르는 강자 에스파냐였어. 헨리 7세는 바로 그 에스파냐와 결혼관계를 맺고 싶었단다.

마침내 헨리 7세는 노력의 결실을 봤어. 장남 아서를 에스파냐 이사벨 1세 여왕과 페르디난트 2세 왕의 막내딸인 캐서린과 결혼시키는 데 성공한 거지. 그런데 뜻밖의 일이 생겨버렸어. 아서가 병에 걸려 죽어버린 거야. 헨리 7세는 에스파냐와의 동맹을 강화하기 위해 부득이하게 둘째 아들인 헨리 8세를 설득했어. "얘야, 네가 다시 캐서린과 결혼하는 게 어떻겠니?" 곧 약혼식이 치러졌어. 헨리 8세는 형의 아내를 자신의 아내로 맞아들였단다.

헨리 7세가 세상을 떠나자 헨리 8세가 왕의 자리에 올랐어. 헨리 8세는 영국 역사상 최고의 바람둥이 왕으로 알려져 있지. 그는 왕비를 몇 번이나 갈아치웠어. 캐서린도 예외는 아니었어.

헨리 8세와 캐서린 사이에는 딸 메리가 있었지만 아들은 없었어. 헨리 8세는 캐서린이 아들 후계자를 낳지 못한다며 이혼하려고 했어. 그러나 그게 진정한 이유였는지는 확실치 않아. 이때 헨리 8세는 궁녀 앤 불린과 깊은 관계였단다. 어쩌면 앤 불린과 결혼하기 위해 캐서린과 이혼하려고 했을 가능성이 더 클 거야.

어쨌든 표면상의 이유는 캐서린이 아들을 낳지 못한다는 거였어. 그러나 핑계거리가 생겼다고 해서 바로 이혼할 수 있는 것은 아니었어. 로마 가톨릭 교리에서는 이혼이 금지돼 있었거든. 헨리 8세는 나름대로 이혼 사유를 댔어. 형의 아내와 결혼한 것은 성경에 위반된다는 거야.

헨리 8세 바람둥이 왕이었지만, 종교까지 장악하고 절대왕정을 이끈 강력한 왕이기도 했다.

헨리 8세는 이혼을 승인해달라고 정식으로 로마 교황청에 요청했어. 그러나 교황청은 헨리 8세의 이혼을 허락하지 않았단다. 왜 그런지 아니? 캐서린이 합스부르크 가문과 관계가 있었기 때문이야. 그녀의 조카는 신성로마 제국 황제 카를 5세였지. 카를 5세에 대해 곧 살펴보겠지만 그는 개신교를 탄압하고 가톨릭을 지원하는 최고의 후원자였어. 상황이 이러한데, 로마 교황이 어떻게 이혼을 허락할 수 있겠니? 그랬다가 카를 5세가 군대를 이끌고 교황청으로 쳐들어온다면? 절대로 로마 교황은 헨리 8세의 이혼을 허락할 수 없었던 거야.

1530년 헨리 8세는 영국 대법원에 이혼 재판을 신청했어. 로마 교황의 의견을 무시하고 이혼을 위한 소송을 강행한 거야. 캐서린은 무죄를 주장했어. 그러나 이미 법원은 헨리 8세의 눈치를 보고 있었어. 대법관 토머스 모어는 "형의 아내와 결혼한 것은 성경에 어긋나기 때문에 결혼 자체가 불법이라는 신학자들의 의견이 있다"라고 말했어. 물론 토머스 모어 자신은 그 이혼에 동의하지 않았지만 워낙 헨리 8세의 서슬이 퍼렜으니까….

1년 후 헨리 8세는 마침내 캐서린과 이혼했고, 바로 앤 불린과 재혼했어. 로마 교황청은 당연히 이래라 저래라 간섭했어. 헨리 8세는 점점 화가 났어. 그렇잖아도 그전부터 교회들이 너무 돈과 권력을 많이 갖고 있다고 생각하던 참이었어. 헨리 8세는 원래 로마 교황을 아주 존경했던 인물이야. 종교개혁이 한창일 때도 마르틴 루터를 비판하는 글을 써 로마 교황으로부터 '신앙의 옹호자'라는 칭호를 받을 정도였지. 그러나 이제는 로마 교황과는 같은 하늘에서 살 수 없는 지경이 되고 말았어.

칼뱅이 《그리스도의 강요》를 발표하기 2년 전인 1534년, 헨리 8세는 마침내 로마 교황청과의 인연을 아예 끊어버렸어. 헨리 8세는 영국 왕이 영국 교회의 최고

지도자라는 수장령首長令을 발표하고, 이 종교의 이름을 영국 국교회오늘날의 성공회라고 불렀어. 그는 이어 수도원을 해체하고 교회의 재산도 몰수했지.《유토피아》의 저자이며 독실한 가톨릭 신도였던 대법관 토머스 모어는 끝까지 헨리 8세의 이러한 조치를 반대했어. 왕에 저항하는 신하는 필요 없다! 토머스 모어는 이듬해 처형되고 말았단다.

영국의 종교개혁은 이로써 끝났어. 교리 논쟁 같은 것도 없었어. 이런 점 때문에 성공회는 로마 가톨릭에 가장 가까운 개신교가 됐단다.

🔍 통박사의 역사 읽기

✚ 헨리 8세의 부인은 몇 명일까요?

헨리 8세는 영국 역사에서 가장 흥미로운 왕이야. 그 때문에 그를 소재로 한 영화와 드라마도 만들어졌지. 〈천 일의 스캔들〉과 〈튜더스〉가 대표적이야. 헨리 8세는 무려 다섯 번이나 아내를 갈아치웠어. '피의 메리'라는 별명이 붙은 메리 여왕을 낳은 캐서린은 강제 이혼당했고, 엘리자베스 1세를 낳은 앤 불린은 교수형에 처해졌어. 셋째 부인은 아이를 낳다 죽었어. 넷째 부인은 독일 공국의 왕족이었는데, 둘째 부인과 이름이 같은 앤이었어. 궁합은 맞지 않았나봐. 둘은 곧 이혼했지. 다섯째 부인은 바로 이 앤의 시녀였어. 헨리 8세는 이 여자가 다른 남자를 사랑했었다는 사실을 핑계로 처형해버렸어. 여섯 번째 아내는 헨리 8세가 어느 정도 늙어버린 후에 맞이들었어. 이제 철이 든 것일까? 여섯 번째 아내와는 행복하게 살았단다.

구교 VS 신교, 종교 전쟁의 시작

개신교의 위세는 날이 갈수록 커졌어. 구교, 즉 가톨릭은 긴장할 수밖에 없었지. 다행히 타락하지 않은 구교도들도 있었어. 그들은 가톨릭이 깨끗해져야 떠나갔던 신도들이 다시 돌아올 것이라고 생각했어.

헨리 8세가 영국 국교회를 설립한 1534년, 바오로 3세가 로마 교황에 올랐어. 바오로 3세는 신교에 당당히 맞서기 위한 개혁에 착수했어. 교회개혁을 위한 추기경회의를 만들어 내부의 부패를 제거하기 시작한 거야. 개신교 세력들도 맞대응을 하기 시작했어. 신교와 구교의 갈등은 점점 커졌지. 그러다가 결국에는 두 교파 사이에 전쟁이 터졌어. 가장 먼저 충돌이 일어난 나라는 독일, 즉 신성로마 제국이었어.

개신교
개신교 가톨릭 혼합
가톨릭
이슬람 국가

노르웨이
스웨덴
아일랜드
덴마크
영국
폴란드
프랑스
신성로마 제국
포르투갈
에스파냐
오스만 제국
로마
지중해

종교개혁 시대 신교와 구교 분포 로마와 에스파냐는 가장 강력한 로마 가톨릭 국가였다. 프랑스는 대체로 가톨릭이 강했지만 신교의 저항도 컸다. 신성로마 제국은 영방국가에 따라 신교와 구교가 섞여 있었다. 이 때문에 프랑스와 신성로마 제국에서 종교의 갈등이 가장 컸다.

장 칼뱅이 《그리스도의 강요》를 발표하고 4년이 지난 1540년, 신성로마 제국 황제 카를 5세가 개신교 귀족들에 대해 전쟁을 선포했어. 카를 5세는 독실한 가톨릭 신도였다는 거 기억하지? 신성로마 영방들은 개신교와 가톨릭으로 나뉘어 치열한 전투를 벌였어.

종교인들은 이러다 기독교 전체가 몰락하는 게 아닌가 하는 걱정이 들었나봐. 1545년 이탈리아 트리엔트에서 신교와 구교가 한자리에 모여 화해하자는 취지의 종교회의가 열렸단다. 이 트리엔트 공의회는, 그러나 신교 측이 참석하지 않아 반쪽 행사가 되고 말았어. 으레 그렇듯 종교회의는 몇 년간 계속돼. 이 회의도 1563년까지 무려 18년간 지속됐단다. 종교회의에서는 엄격한 수도회를 지원하기로 했는데, 대표적인 게 바로 예수회였어. 예수회는 철저하게 교리를 지켰어. 험난한 지역도 마다하지 않고 달려가 복음을 전파했지. 이때 예수회의 포교 활동으로 아시아까지 가톨릭이 크게 유행하기도 했어. 이탈리아와 에스파냐에서도 가톨릭 신도가 다시 늘어났고, 독일 남부 지방도 가톨릭을 믿는 사람이 많아졌지.

종교회의가 진행되는 동안에도 신교와 구교 갈등은 점점 커졌어. 몇 년을 싸웠지만 쉽게 전쟁은 끝나지 않았지. 1555년 결국 카를 5세의 주도하에 아우크스부르크에서 제국의회가 열렸어. 이 아우크스부르크 국회에서 구교와 신교는 타협^{종교회의}하기로 했어. 신성로마 영방 국가들은 영방의 왕, 즉 봉건 제후가 구교와 신교 중 하나를 선택할 수 있게 됐어. 쉽게 말해 영방 국가의 왕이 구교를 믿으면 국민들도 구교를, 신교를 믿으면 국민들도 신교를 믿는 식이지. 아직 개인에게 종교의 자유가 허용된 것은 아니지만, 그래도 종교 갈등은 수그러드는 것 같지?

독일에서 종교 전쟁이 터지고 7년이 지난 후 프랑스에서도 종교 분쟁이 터졌어. 프랑스 왕 앙리 2세가 개신교를 박해하기 시작한 거야. 앙리 2세는 신성로마 제국 황제인 카를 5세와 자주 전쟁을 벌였어. 그럴 때는 카를 5세를 곤란하게 하려고 신성로마 제국의 개신교 영방 국가를 지원하기도 했어. 같은 가톨릭 국가인 에스파냐와도 전쟁을 벌였지. 그러나 프랑스 안에서는 개신교 세력을 박해했어. 앙리 2

세의 외가인 기즈 가문이 독실한 가톨릭이었거든.

1559년 앙리 2세가 사고로 세상을 떠났어. 이제 프랑수아 2세가 왕에 오르게 됐지. 그는 나이가 아주 어렸어. 개신교 귀족들은 프랑수아 2세를 잘만 구슬리면 개신교에 대한 박해가 사라질 거라고 믿었어. 그러나 기즈 가문의 움직임이 더 빨랐나봐. 기즈 가문이 프랑수아 2세를 자기편으로 끌고 가려는 움직임이 포착됐어. 부르봉 가문을 포함한 개신교 귀족들은 어린 프랑수아 2세를 빼돌리기로 했지. 그러나 이 음모는 곧 발각되고 말았어. 결국 두 세력은 전쟁을 벌이기 시작했단다.

1562년 시작된 두 가문의 전쟁은 1598년까지 무려 36년간이나 계속됐단다. 이 전쟁을 위그노 전쟁이라고 하는데, 아마 이 무렵 종교 갈등 중에 최악이었을 거야. 전쟁의 절정은 프랑수아 2세의 뒤를 이어 왕이 된 샤를 9세 때 발생했어. 성 바르톨로메오 기념일 축제가 한창일 때였지. 가톨릭 세력이 위그노파를 습격해 수천 명을 학살하는 참극이 발생했어. 파리는 순식간에 피바다가 되고 말았단다.

눈앞에서 수천 명의 목숨이 사라진 데 죄책감을 느낀 것일까? 샤를 9세는 그 후 평생을 우울하게 살았어. 1574년 샤를 9세는 죄 많은 인생을 마감했고, 이어 앙리 3세가 왕에 올랐어. 프랑수아 2세, 샤를 9세, 앙리 3세는 모두 한 형제란다. 내란이 계속되는 바람에 평화롭게 아들에게 왕위를 넘겨주기도 전에 왕들이 죽어버렸고, 세 형제가 나란히 왕이 되는 기록이 나온 거야.

종교 갈등이 계속되는 와중에 앙리 3세가 암살되고 말았어. 이로써 발루아 왕조의 맥이 끊겨버렸어. 새로 왕이 된 사람은 개신교 귀족인 앙리 4세였지. 이렇게 시작된 왕조가 부르봉 왕조1589년~1792년, 1814년~1830년야. 부르봉 왕조는 프랑스 대혁명 때 대가 끊겼다가 다시 이어진단다.

앙리 4세는 개신교도였지만 프랑스의 분열을 막기 위해 스스로 가톨릭으로 개종했어. 이어 1598년에는 "국교는 가톨릭으로 하되, 위그노파도 맘대로 개신교를 믿을 수 있도록 한다!"라고 선언했어. 이게 바로 낭트 칙령이야. 이 칙령으로 프랑스의 종교 전쟁은 막을 내렸어. 그래도 가톨릭 세력은 불만이 많았나 봐. 1610년 앙리 4세는 가톨릭 광신도의 기습 공격으로 칼에 찔려 죽고 말았단다.

성 바르톨로메오 축일의 대학살 가톨릭교도였던 카트린 왕후의 지시에 의해 수천 명의 개신교도들이 학살당했다.

마지막으로 영국을 살펴볼까? 영국은 종교 전쟁이 터지지는 않았어. 그러나 이 나라에서도 개신교도에 대한 혹독한 탄압은 있었단다.

헨리 8세와 캐서린 사이에 딸 메리가 있었지? 메리는 아버지와 달리 열렬한 가톨릭 신도였어. 1553년 메리 1세가 영국 최초의 여왕이 됐어. 메리 1세는 독실한 가톨릭 국가인 에스파냐의 펠리페 2세 왕과 결혼했지. 곧 살펴보겠지만, 펠리페 2세는 신성로마 제국 황제 카를 5세의 아들이란다. 당연히 펠리페 2세도 독실한 가톨릭 신자겠지?

메리 1세는 대대적으로 개신교 신도를 색출해 처형하기 시작했어. 이때 얻은 별명이 '피의 메리'란다. 다행히 메리 1세의 뒤를 이은 엘리자베스 1세 여왕은 개신교도였고, 종교 탄압을 하지 않았어. 종교 갈등도 상당히 줄어들었겠지?

카를 5세와 펠리페 2세

프랑스가 종교 분쟁 때 내부적으로는 개신교를 탄압했지만, 다른 나라에 대해서는 종교를 가리지 않고 전쟁을 벌였다는 사실을 기억하고 있지? 이처럼 16세기부터 유럽의 많은 나라들이 왕을 중심으로 똘똘 뭉쳐 다른 나라와 싸웠어. 왕의 권력은 아주 강해졌지.

중세 봉건 시대에 왕은 종이호랑이였어. 그러나 이 무렵부터 왕은 아무나 넘볼

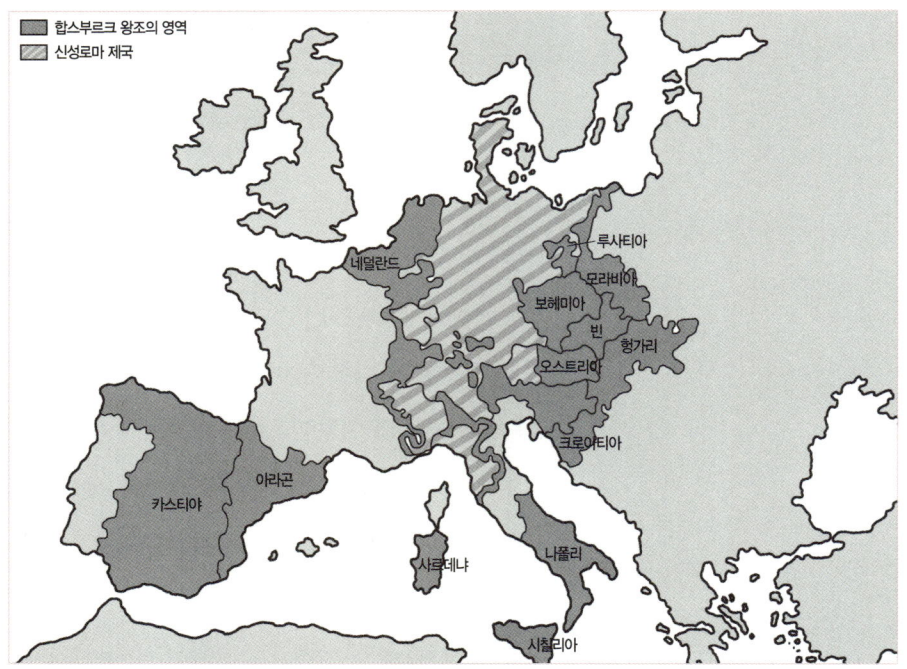

합스부르크 왕조의 영역 신성로마 제국 황제(카를 5세)이자 에스파냐의 왕 카를로스 1세가 지배한 영역이다. 카를 5세는 결혼 정책을 통해 유럽 땅의 절반을 차지한 황제로 기록돼 있다.

수 없는 최고 권력자가 됐어. 중국이나 한국과 같은 동아시아 나라들은 고대 때부터 중앙집권체제를 정착시켰기 때문에 일부 무능력한 왕을 빼면 '약한 왕'이란 존재하지 않아. 이런 정치 체제가 유럽에서는 16세기가 돼서야 시작된 거지.

절대왕정 체제의 조짐은 영국 튜더 왕조를 연 헨리 7세 때부터 보이기 시작됐어. 헨리 7세는 귀족들이 따로 신하를 거느리거나 죄인을 재판하지 못하도록 했어. 유능한 사람은 왕궁으로 불러들여 관료로 임명했지. 그러나 아직까지는 왕의 권력이 절대적이지는 못했어. 영국에서 절대왕정 체제를 구축한 왕은 헨리 7세의 뒤를 이은 헨리 8세야. 왕비와의 이혼을 허락하지 않는다고 가톨릭과 인연을 끊어 버리고 종교를 새로 만든 왕이니, 권력이 얼마나 강했는지 알 수 있겠지?

영국 다음으로 절대왕정 체제를 구축한 나라는 에스파냐야. 헨리 8세와 비슷한 시기에 에스파냐의 왕에 오른 카를로스 1세와 그의 뒤를 이은 펠리페 2세 때에 에스파냐는 최고의 절정기를 맞았단다.

카를로스 1세는 신성로마 제국 황제인 막시밀리안 1세의 손자야. 또한 에스파냐 이사벨 1세와 페르디난트 2세의 외손자이기도 하지. 카를로스 1세는 마르틴 루터의 종교개혁이 시작되기 1년 전인 1516년 에스파냐의 왕에 올랐어. 그로부터 3년 후에는 막시밀리안 1세의 뒤를 이어 신성로마 제국 황제가 됐지. 신성로마 제국 황제로서의 그의 이름은 카를 5세야. 맞아. 개신교를 탄압했다가 나중에는 아우크스부르크 제국 회의에서 독일 종교 분쟁을 끝낸 바로 그 황제란다.

카를 5세 신성로마 제국 황제로 있을 때 유럽의 절반을 지배했다.

결국, 에스파냐의 왕 카를로스 1세와 신성로마 제국 황제 카를 5세는 같은 인물이야. 나라에 따라 이름만 다른 거지. 카를로스 1세가 에스파냐의 왕이 되기 전에는 아라곤 계통과 카스티야 혈통의 왕들이 공동으로 통치했어. 카를로스 1세는 단독으로 에스파냐를 통치한 첫 왕이란다.

합스부르크 가문 출신인 카를 5세는 본가로부터 신성로마 제국을, 외가로부터 에스파냐를 상속받았어. 이것만으로도 엄청나게 방대한 영토인데, 프랑스 왕실과 먼 친척이라는 인연으로 부르고뉴 공국도 물려받았어. 에스파냐를 상속받았다면 당연히 에스파냐의 식민지도 상속받았겠지? 그렇다면 네덜란드와 아메리카 대륙까지 카를 5세의 것이 됐어. 이 때문에 카를 5세, 즉 카를로스 1세가 통치할 때의 에스파냐를 '해가 지지 않는 제국'이라고 불렀단다. 그만큼 영토가 넓었다는 뜻이지.

카를 5세는 1556년 정계에서 은퇴했어. 그는 동생 페르디난트에게 오스트리아 영토와 신성로마 제국 황제 자리를 물려줬어. 페르디난트는 신성로마 제국의 황제 페르디난트 1세가 됐어. 카를 5세는 나머지 영토를 모두 아들 펠리페 2세에게 물려줬어. 바로 이 펠리페 2세가 에스파냐에서 강력한 절대왕정 체제를 구축한 인물이야.

펠리페 2세는 에스파냐 전역에 총독을 파견했어.

칼레 전투 에스파냐의 무적함대가 영국 함대에게 크게 패배했다.

중앙에서 보낸 관료가 지방을 장악한 거야. 봉건 제후들은 더 이상 힘을 쓸 수가 없었어. 펠리페 2세는 유럽을 대표해 이슬람 세계를 물리친 영웅이기도 해. 1571년 에스파냐의 함대가 레판토에서 오스만 제국의 함대를 격파했어. 이 레판토 해전에서 승리함으로써 에스파냐는 유럽 최고 해상강국으로 인정받았지. 이때부터 에스파냐의 함대는, 그 누구도 이길 수 없다는 뜻에서 무적함대라고 불리기 시작했단다.

펠리페 2세 절대군주로서 에스파냐를 유럽 최강국으로 만들었으나 무적함대가 영국에 패한 이후 에스파냐는 쇠퇴의 길로 접어들었다.

펠리페 2세는 1580년 포르투갈까지 차지했어. 당시 포르투갈은 펠리페 2세의 조카가 통치하고 있었는데, 그 조카가 후계자를 남기지 못하고 세상을 떠났거든. 비어 있는 왕의 자리를 펠리페 2세 포르투갈의 필리페 1세가 차지한 거지.

이처럼 막강했던 펠리페 2세도 네덜란드와의 전쟁에서는 승리하지 못했어. 네덜란드는 카를 5세가 영토를 쪼개는 바람에 졸지에 에스파냐의 지배를 받게 된 나라야. 네덜란드의 개신교 귀족들은 이를 받아들일 수 없었어. 에스파냐는 특히 가톨릭이 강한 나라잖아? 1568년 네덜란드 개신교 귀족들은 에스파냐로부터 독립하기 위한 투쟁을 시작했고, 머잖아 가톨릭 성향이 강한 남부 지역 오늘날의 벨기에을 제외한 북부의 7개 주가 독립을 선언했단다.

오랜 전쟁 끝에 펠리페 2세의 에스파냐가 밀리기 시작했어. 펠리페 2세는 할 수 없이 벨기에만 따로 관리하기 시작했지. 네덜란드 독립 전쟁1572년~1609년은 17세기 초반에 끝나. 그러나 1581년 7개 주가 네덜란드 연방공화국을 세움으로써 사실상 네덜란드의 승리로 끝났다고 할 수 있지. 이 공화국은 훗날 베스트팔렌 조약1648년 때 공식적으로 독립을 승인받았단다.

펠리페 2세는 '피의 메리'라 불리는 영국 여왕 메리 1세의 남편이었어. 두 사람 모두 독실한 가톨릭이었지. 네덜란드와 충돌했던 것도 종교 갈등 때문이었지? 펠리페 2세는 아무래도 네덜란드를 그대로 둘 수 없었나봐. 아니, 네덜란드보다 더 괘씸한 것은 영국이었어. 메리 1세의 뒤를 이어 엘리자베스 1세가 여왕에 올랐는데, 네덜란드의 개신교 세력을 지원했던 거야. 1588년 펠리페 2세는 유럽의 모든 나라가 벌벌 떠는 무적함대를 영국으로 보냈어. 두 나라의 군함들이 프랑스 칼레 앞바다에서 격돌했지. 결과는 뜻밖이었어. 이 칼레 전투에서 영국 해군이 승리하고 무적함대가 침몰해버린 거야!

이 전투를 기점으로 에스파냐는 휘청거리기 시작했어. 게다가 너무 많은 전쟁을 치르느라 국가 재정도 파산 상태였어. 실제 펠리페 2세는 1596년 에스파냐의 파산을 선언했단다. 펠리페 2세 때 절정에 달했던 에스파냐의 절대왕정 체제는 바로 그 펠리페 2세 때 몰락하고 만 거야.

통박사의 역사 읽기

✦ 오스트리아의 탄생

카를 5세는 결혼 정책으로 가장 득을 많이 본 황제야. 이 결혼 정책의 시작은 그의 증조부인 프리드리히 3세 때부터 시작됐단다. 1452년 신성로마 제국의 황제가 된 프리드리히 3세는 귀족 가문과 결혼하면서 영토를 넓혔어. 프리드리히 3세는 네덜란드, 에스파냐, 헝가리, 보헤미아의 상속권을 얻어내는 데 성공했어. 그의 노력 덕분에 증손자 카를 5세가 막강한 합스부르크 제국을 건설할 수 있었던 거지. 오늘날 합스부르크 왕조의 역사는 오스트리아의 역사로 본다고 했지? 프리드리히 3세가 오스트리아를 황제가 집무하는 수도로 정했기 때문이야. 그전에도 합스부르크 출신의 황제가 있었지만 이때부터는 모든 황제들이 합스부르크 왕조에서 나왔고, 이곳 오스트리아에서 정무를 봤어. 이게 바로 오스트리아의 시작이란다.

엘리자베스 1세와 영국의 급부상

에스파냐 무적함대를 꺾은 영국 여왕 엘리자베스 1세는 메리 1세의 동생이었어. 언니에 이어 여왕이 된 거지. 엘리자베스 1세는 아버지 헨리 8세가 다져놓은 절대 왕정 체제의 바탕 위에서 영국을 유럽의 강대국으로 만든 인물이야.

메리 1세는 아버지와 달리 영국을 가톨릭의 나라로 만들려고 했지만, 엘리자베스 1세는 아버지의 뜻을 따랐어. 수장령을 다시 강화했고, 그 결과 영국 국교회가 확실히 자리 잡게 됐지. 엘리자베스 1세는 해외 식민지도 늘려나갔어. 1600년경에 만든 동인도 회사가 대표적이야.

엘리자베스 1세는 국민의 영웅이었어. 왜 그런지는 이미 알고 있는 대로야. 에

스파냐의 무적함대를 격파했거든. 사실 펠리페 2세는 엘리자베스 1세에게는 형부가 돼. 그런데 이 형부란 사람이 처제에게 "영국 국교회를 폐지하고 가톨릭을 국교로 하라"며 강요했어. 펠리페 2세는 그것도 모자라 영국을 가톨릭 국가로 만들 욕심으로 엘리자베스 1세에게 결혼하자고 제안하기도 했단다.

엘리자베스 1세는 이 모든 제안을 거절했어. 펠리페 2세는 슬슬 화가 났어. 이런 상황에서 또 다른 문

엘리자베스 1세 그녀가 여왕으로 있을 때 영국은 최고 강대국으로 부상했다.

제가 생겼어. 영국의 해적들이 에스파냐 상선을 수시로 공격하고 약탈했던 거야. 이 무렵 에스파냐는 삼각무역을 통해 큰돈을 벌고 있었어. 그런데 영국 해적이 그걸 방해하니 당연히 펠리페 2세의 심기가 불편하겠지? 그는 엘리자베스 1세에게 해적들을 단속해달라고 항의했어. 엘리자베스 1세는 그러겠다고 대답했지만 실제로는 오히려 해적들이 에스파냐 상선을 공격하도록 부추겼단다. 에스파냐의 세력이 커지는 것을 막기 위해서였지.

네덜란드의 독립운동을 영국이 지원한 것도 펠리페 2세의 심기를 건드렸어. 결국 이런저런 갈등 때문에 두 나라는 충돌할 수밖에 없었어. 그 결과가 칼레 해전이지. 이 전쟁에서 승리한 영국은 강대국으로 급부상했어. 결과적으로 영국에서는 헨리 8세와 엘리자베스 1세 때 최고의 절대왕정 체제를 구축했다고 할 수 있지. 물론 엘리자베스 1세의 뒤를 이은 제임스 1세도 독재에 가까운 통치를 했지만 의회와는 사이가 좋지 않았어. 엘리자베스 1세가 여왕으로 있을 때 아무런 잡음이 생기지 않았던 것과는 너무 대조적이지.

프랑스의 절대왕정 체제는 낭트 칙령을 선포하며 종교 전쟁을 끝낸 앙리 4세 때부터 시작됐다고 할 수 있어. 그의 뒤를 이은 루이 13세가 절대왕정 체제를 더욱 발전시켰고, 1643년 왕에 오른 루이 14세 때 최고의 전성기를 맞이하지. 이 부분은 뒤에서 다시 다룰 거야.

마지막으로, 절대왕정 체제를 간단하게 정리해볼까? 절대왕정 체제는 왕의 권력이 매우 강한 정치 형태를 말해. 중세 유럽에서 근대 유럽으로 가는 과정이라고 할 수 있지. 그러나 민주주의와는 상당한 거리가 있지. 그래도 절대왕정이 있었기에 유럽은 근대로 발전할 수 있었어. 왜 그럴까?

왕의 권력이 강하면, 귀족들은 반대로 권력이 약해질 수밖에 없어. 한쪽이 내려가면 다른 한쪽은 올라가야 하는 저울추와 같은 이치지. 왕은 귀족을 견제하기 위해 새로운 사람들을 끌어들였어. 귀족이 아니지만 귀족과 대등한 수준의 시민들이 마침 있었단다. 혈통은 귀족이 아니지만 상공업 활동으로 돈을 많이 번 사람들이 그들이었어. 왕은 이런 사람들이 성장할 수 있도록 도왔어. 이들이 바로 훗날 자본주의를 발전시킨 자본가가 된단다. 어때? 절대왕정이 있었기에 근대가 성립할 수 있다는 이야기가 이해되지?

마이너 유럽, 러시아가 뜨다

13~16세기 유럽에서 메이저 리그는 아무래도 신성로마 제국, 프랑스, 영국, 에스파냐, 포르투갈일 거야. 동로마 제국은 변방의 작은 왕국에 불과했지. 서부 유럽 끝에 위치한 이베리아 반도는 14세기까지만 해도 변방의 땅이었지만 15세기 들어서는 유럽의 중심으로 급부상했어. 제6차 십자군 전쟁이 끝난 지 10여 년이 흐른 1238년, 에스파냐 일대의 기독교 국가들이 이슬람인들을 남쪽 그라나다로 몰아냈어. 유럽인들이 십자군 전쟁에서는 패했지만 이베리아 반도에서는 승전보를 거둔 셈이야. 반면 발칸 반도는 오스만 제국의 침략으로 누더기가 되고 있었지. 이 무렵 마이너 유럽을 살펴볼까?

러시아의 부활

제6차 십자군이 만들어지기 얼마 전인 1223년 키예프 왕국, 즉 러시아가 몽골 제국에게 정복당했어. 이때부터 러시아는 250여 년간 몽골족의 지배를 받게 된단다. 몽골족은 러시아를 직접 통치하지 않고, 앞잡이 왕을 내세워 통치하는 방식을 택했어. 각 공국들의 러시아인 왕은 공물과 세금을 몽골족에 바쳤어. 이때 몽골족에게 가장 호의적이었던 나라가 모스크바 공국이었어. 실제 모스크바 공국은 몽골군의 침입을 받을 때도 크게 저항하지 않았대. 이 때문에 몽골족은 모스크바 공국을 모든 공국의 큰형님, 즉 대공으로 격상시켜줬단다.

러시아뿐만이 아니야. 동유럽의 여러 나라들이 몽골 군대에게 호되게 당했어. 제6차 십자군 전쟁이 끝나고 얼마 지나지 않은 시점이었어. 칭기즈칸의 손자 바투가 이끄는 몽골군은 폴란드를 점령하고, 이어 신성로마 제국 남부의 슐레지엔 공국까지 진격했어. 슐레지엔의 왕 하인리히 2세도 이 전쟁에서 목숨을 잃었지. 다행히 바투가 몽골 본국의 내부 사정 때문에 철수했기 때문에 유럽 전체가 정복되는 사태는 피할 수 있었단다.

1347년 보헤미아의 왕 카를 4세가 신성로마 제국 황제로 선출됐어. 황제를 배출한 나라니까 당연히 보헤미아의 수도 프라하가 신성로마 제국의 수도가 됐지. 이 무렵이 보헤미아의 최고 전성기라고 볼 수 있어. 그러나 보헤미아는 그 후 합스부르크 왕조에 편입되면서 사실상 신성로마 제국의 영방 국가 수준에서 더 이상 발전하지 못했단다.

한때 몽골군에 점령됐던 폴란드는 유럽 국가, 특히 국경을 맞대고 있는 신성로마 제국 군대와 독일 기사단과도 여러 번 전투를 치렀어. 15세기 초반에는 타넨베르크 전투에서 독일 군대를 물리침으로써 북쪽 발트 해로 진출할 수 있는 길을 얻었지. 폴란드는 훗날 독일, 오스트리아, 러시아에 번갈아가면서 영토를 빼앗기는 약체 국가로 전락하

이반 3세 동로마 황제의 조카인 소피아와 결혼한 것을 계기로 모스크바 공국이 동로마 제국의 계승자임을 선언했다.

이반 4세 모스크바 공국을 명실상부한 러시아 제국으로 탈바꿈시켰다.

지만, 15세기 초반부터 중반 사이에는 사방으로 영토를 확장했어. 그 결과 북으로는 발트 해, 남으로는 흑해에 이르는 유럽 중부와 동부의 최대 왕국으로 성장했단다.

1480년 모스크바 공국의 왕 이반 3세는 몽골족으로부터 독립을 선언했어. 이윽고 1492년쯤에는 완전한 국가의 기틀을 다졌고, 러시아 전역을 지배했지. 종교면에서도 동로마 제국의 계승자가 될 것을 선언했어. 그 유명한 크렘린 궁전도 이때 다듬어져 오늘의 모습이 됐단다.

모스크바 공국이 명실상부한 러시아 제국으로 탈바꿈한 것은 이반 4세가 왕이 된 1533년 때부터였어.

이반 4세는 왕을 황제라는 뜻의 '차르'라고 불렀어. 그는 러시아 최초로 법전을 만들기도 했지. 그러나 이반 4세는 폭군이었어. 러시아의 정치는 혼란스러워졌지. 급기야 그가 사망하고 나서는 황제의 자리를 놓고 귀족들이 전쟁을 벌였고, 농민들마저 반란을 일으켰어.

발칸 수난 시대

14세기부터는 동유럽 남부와 발칸 국가들의 수난 시대야. 오스만 제국이 유럽을 본격적으로 공략했기 때문이지. 이 무렵 거의 모든 전쟁에서 유럽 국가들이 패하는 바람에 발칸 반도의 여러 나라들이 오스만 제국의 수중에 들어가게 됐어. 14세기 중반에는 마케도니아와 루마니아가, 후반에는 불가리아가 오스만 제국의 직접 또는 간접 지배를 받기 시작했지.

독일에서 구텐베르크가 활판인쇄기를 발명한 바로 다음 해, 제2차 코소보 전투가 벌어졌어. 신성로마 제국에 속해 있던 헝가리를 중심으로 유럽 연합군이 오스만 군대에 맞섰지만 역부족이었어. 오스만 제국은 헝가리를 정복하지는 못했지만, 그 대신 보스니아로부터 조공을 받기 시작했어. 동로마 제국은 오스만 제국에 완전히 포위되고 말았단다.

1453년이 왔어. 백년 전쟁이 끝난 바로 그해지. 오스만 제국은 작심하고 콘스탄티노플을 공략하기 시작했어. 동로마 군대는 필사적으로 막았지만 작심하고 달려든 오스만 군대를 물리칠 수는 없었지. 마침내 콘스탄티노플이 오스만 군대의 손에 넘어갔어. 동로마 제국의 숨통이 끊어진 거야! 동로마 제국의 천 년 역사는 이 순간 끝나고 말았어. 콘스탄티노플은 이스탄불이란 이름으로 바뀌었고, 오스만 제국의 수도가 됐지. 콘스탄티노플의 대표 성당인 성 소피아 성당도 이슬람 사원으

프레베자 해전 오스만 제국의 승리로 끝나 헝가리가 넘어갔다.

로 바뀌었어.

오스만 제국은 여기에서 멈추지 않고 1459년 세르비아를, 1463년 보스니아와 그리스를, 1479년 알바니아를 차례대로 정복했어. 그야말로 파죽지세破竹之勢였어. 15세기 후반에는 발칸 반도와 주변의 동유럽 영토가 모두 오스만 제국의 땅이 돼버렸단다.

에스파냐 군대에 의해 아스텍 제국이 산산조각 나고 있을 무렵, 헝가리 베오그라드가 오스만 제국에 점령됐어. 다행히 오스만 제국이 다른 사정이 생겨 더 이상 공격을 하지 않고 후퇴했지. 그러나 5년 후인 1526년, 오스만 제국은 다시 헝가리를 공격했어. 헝가리는 체코, 슬로바키아, 슬로베니아, 크로아티아 등 기독교 국가들과 연합해 오스만 제국과 싸웠어. 그러나 모하치 전투는 오스만 제국의 승리로 끝났고, 헝가리 동부의 트란실바니아는 오스만 제국에 넘어갔어.

영국 왕 헨리 8세가 국교회를 선포하고, 신성로마 제국 황제 카를 5세가 개신교에 대해 전쟁을 선포할 그 무렵이었어. 오스만 제국은 다시 유럽 중심부 공략에 나섰어. 이때는 카를 5세가 직접 오스만 군대에 맞섰어. 그러나 에스파냐, 베네치아, 로마 교황청 함대로 구성된 유럽 연합함대는 오스만 함대와의 전투에서 지고 말았어. 이 전투가 바로 프레베자 해전이란다. 이때의 패배로 헝가리가 1541년 오스만 제국으로 넘어갔어. 헝가리는 이때부터 1699년까지 오스만 제국의 지배를 받는단다.

북유럽의 칼마르 동맹

북유럽으로 가볼까? 큰 변화는 느껴지지 않아. 다만 12세기 중반에 핀란드의 땅 일부가 스웨덴으로 넘어간 적이 있었는데, 13세기 들어서는 스웨덴이 핀란드 전체를 정복해버렸다는 게 기억할 만해. 이때부터 핀란드는 나폴레옹 전쟁 이후 러시아에 넘겨질 때까지 스웨덴의 지배를 받았단다. 그러나 스웨덴은 잔혹한 통치를 하지는 않았어. 이 때문에 큰 민족 분쟁이 터지지는 않았지.

14세기 후반 북유럽에서는 덴마크, 노르웨이, 스웨덴이 한 왕국으로 합쳐지는 사건이 생겼어. 스웨덴이 이미 핀란드를 지배하고 있었으니까 사실상 스칸디나비아 반도 주변의 4개국이 한 나라가 된 셈이지.

이 무렵 덴마크 왕 발데마르 4세에게는 마르그레테라는 딸이 있었어. 마르그레테는 노르웨이 왕인 호콘 6세와 결혼했는데, 얼마 지나지 않아 남편이 죽어버렸어. 그러자 아들 올라프 2세가 왕에 올랐고, 마르그레테는 섭정이 돼 덴마크와 노르웨이를 통치했어. 그러나 올라프 2세도 얼마 후 세상을 떠나버렸어. 결국 마르그레테가 여왕이 돼 두 나라를 통치하기 시작했지. 영국에서 헨리 4세가 랭커스터 왕조를 세우기 10년 전인 1389년, 마르그레테는 스웨덴의 왕위에도 오름으로써 세 나라의 여

마르그레테 덴마크 왕족으로 남편과 아들의 죽음으로 덴마크, 노르웨이, 스웨덴 연합 왕국의 여왕이 됐다.

왕이 됐단다.

그 후로도 덴마크, 노르웨이, 스웨덴 3개국의 연합왕국은 계속됐어. 세 나라의 원로원에서 합의한 사람이 연합왕국의 왕이 됐는데, 실제로는 덴마크 왕이 다른 두 나라를 지배하는 것이나 다름없었어. 어쨌든 세 나라는 이런 형태의 연합왕국을 모두 승인했고, 그 결과 1397년에는 칼마르 동맹이 출범했어. 이 칼마르 동맹은 그 후 120년간이나 계속됐단다.

16세기로 접어들면서 칼마르 동맹이 무너질 조짐이 보이기 시작했어. 스웨덴이 칼마르 동맹에 강하게 반발한 거야. 덴마크는 스웨덴을 놓아주려고 하지 않았어. 이렇게 되면 전쟁을 치르는 수밖에 없겠지? 두 나라의 전쟁은 덴마크의 승리로 끝났어. 그러나 스웨덴의 독립 의지를 꺾어놓지는 못했단다.

로마 교황청이 마르틴 루터를 파문하고 1년이 지난 1523년, 스웨덴의 귀족 구스타브 바사가 다시 봉기했어. 이번에는 스웨덴이 이겼어. 마침내 스웨덴이 덴마크로부터 독립한 거야. 구스타브 바사는 스웨덴의 왕 구스타브 1세에 올랐지. 이로써 칼마르 동맹은 무너지고 말았어. 그러나 노르웨이는 여전히 덴마크의 지배를 받았지. 유럽 대륙에서 종교 전쟁이 한창이던 16세기 중반, 노르웨이도 자치권을 달라며 덴마크에 대한 저항운동을 벌였어. 덴마크는 이 저항을 모두 진압했고, 노르웨이는 자치권을 얻지 못했지.

그 후에도 덴마크는 스웨덴, 폴란드 등 주변국들과 전쟁을 자주 치렀어. 전쟁을 많이 하는 나라가 힘이 강해질 수는 없는 법. 덴마크는 갈수록 힘을 잃어갔어. 반면 스웨덴은 빠른 속도로 성장해, 결국 이 무렵부터 스칸디나비아 반도 주변의 바다를 모두 장악했단다.

♣ 2권에서 이어집니다.

외우지 않고 통으로 이해하는
통유럽사1

초판 1쇄 발행 2010년 3월 10일
초판 12쇄 발행 2022년 4월 1일

지은이 김상훈
펴낸이 김선식

경영총괄 김은영
콘텐츠사업8팀장 김상영 **콘텐츠사업8팀** 최형욱, 강대건, 김지원
마케팅본부장 권장규 **마케팅4팀** 박태준, 문서희
미디어홍보본부장 정명찬
홍보팀 안지혜, 김민정, 이소영, 김은지, 박재연, 오수미
뉴미디어팀 허지호, 박지수, 임유나, 송희진, 홍수경
저작권팀 한승빈, 김재원 **편집관리팀** 조세현, 백설희
경영관리본부 하미선, 박상민, 김민아, 윤이경, 이소희, 이우철, 김혜진, 김재경, 최완규, 이지우

펴낸곳 다산북스 **출판등록** 2005년 12월 23일 제313-2005-00277호
주소 경기도 파주시 490
전화 02-702-1724(기획편집) 02-6217-1726(마케팅) 02-704-1724(경영관리)
팩스 02-703-2219 **이메일** dasanbooks@dasanbooks.com
홈페이지 www.dasanbooks.com **블로그** blog.naver.com/dasan_books
종이 월드페이퍼(주) **출력·제본** 갑우문화사

© 2010, 김상훈

ISBN 978-89-6370-642-9 04900(1권)
ISBN 978-89-6370-648-1 04900(세트)

다산북스(DASANBOOKS)는 독자 여러분의 책에 관한 아이디어와 원고 투고를 기쁜 마음으로 기다리고 있습니다.
책 출간을 원하는 아이디어가 있으신 분은 다산북스 홈페이지 '투고원고'란으로 간단한 개요와 취지, 연락처 등을 보내주세요.
머뭇거리지 말고 문을 두드리세요.